本书出版获得聊城大学世界共运研究所、聊城大学马克思主义学院、山东省中外社会主义比较研究基地出版资助。

The Operation Mechanism of

China's
Public Diplomacy

中国公共外交
运行机制研究

李德芳　著

社会科学文献出版社
SOCIAL SCIENCES ACADEMIC PRESS (CHINA)

目　录

导　论

外交是人类文明的产物。伴随着人类文明的发展和进步，外交越来越成为解决国家间冲突、促进国际关系发展的有效方式。随着全球化进程的推进，包括各国公众在内的各种国际行为体的跨国互动日益频繁，国际关系已经远远超出了国家与国家之间关系的范畴，呈现多元交往格局。全球化时代一个显著的特点是各种非国家行为体——非政府组织、跨国公司、个人越来越多地参与到国际交往和国际事务中，成为国际社会重要的参与主体。这种跨国多元交往格局的出现，也促使以处理国际关系为己任的外交不断"与时"俱进，寻求新的外交理论和方式以应对和处理全球化时代复杂多变的国际关系。公共外交就是适应全球化时代非国家行为体作用上升而产生的一种现代外交理论和方式。

随着科技的发展，尤其是信息技术的推广和应用，20 世纪六七十年代以后，公众的跨国交往日趋便利，与国家对外关系的联系也日趋密切。伴随着公众对外交往的增多及对国际关系影响的增大，公众舆论、国家声誉与威望等"软实力"逐渐成为影响一国国际地位的重要因素，"软实力"外交在国家外交战略中的比重明显提升。概言之，在全球化时代"民有国籍而国无边界的世界"中，如何增进与他国公众沟通的能力，提升他国公众对本国的认知，进而塑造形象、提高声誉、促进认同，成为一国外交必须要面对并解决好的问题。公共外交从一开始的

"由政府开展的塑造海外交流环境的努力",到促进"民心相通"的重要方式,其本质都在于通过与他国公众之间的信息互动与观念交流,增进彼此之间的相互认知,夯实国家交往的民意与社会基础,间接促进国家利益的实现。美国、法国、英国等大国是较早成功借助公共外交提升本国软实力,进而维护和促进其全球利益的国家,并形成了各具特色的公共外交战略和运行机制。加拿大、瑞典、挪威等中小国家也在冷战后凭借它们的公共外交举措取得了远超本国实力的国际影响力。

公共外交对中国来说,是一个古老而又年轻的事物。中国"赢取民心"的理念与实践古已有之,从"合纵连横"到"远人来服",从"天时地利人和""不战而屈人之兵"到"得道多助失道寡助",都体现了对民心、民意的重视。不过,中国古代赢取民心的措施更多的只是一种配合战争的"心理战术"或策略,甚至谈不上是一种外交形式。"公共外交"(public diplomacy)一词对中国来讲确是"舶来品",直到20世纪90年代以后才被"引进"中国。不过,早在中国革命战争时期,中国共产党领导下的革命军队为配合战争的需要,就非常注重"民心相通"工作,借助外国记者的报道获取国内外民众的同情和支持。新中国成立后,为打破西方的封锁,中国政府也积极借助民间外交、人文交流等形式与世界进行积极沟通,这些公共外交尝试为中国公共外交的兴起奠定了实践基础,也提供了宝贵的经验。因此,对于中国来讲,公共外交实践要远远早于理论的建构。当然,公共外交作为一种外交形式在中国得到确立并在外交战略中发挥作用,是随着中国改革开放的实践进程而逐渐确立起来的。

20世纪90年代以后,随着中国在世界的影响力不断提升,中国越来越成为世界关注的焦点。尤其是进入21世纪以来,伴随着中国综合国力和影响力的不断增强,国际社会对中国的发展既表现出欢迎的一面,也存在诸多误解甚至敌视的一面。一些不甘于看到中国强大起来的西方势力甚至抛出诸如"中国威胁论""中国傲慢论""中国强硬论"

"中国债务陷阱论"等各种奇谈怪论。因此，不论是从改善自身形象还是从为"中国梦"的实现创造有利的国际舆论环境考虑，中国都应该有效地运用公共外交这一重要的外交武器，讲好中国故事，不断提升中国在国际社会中的地位和影响力。此外，更深层次的原因在于，中国公共外交要为"中国梦"的实现提供话语权和价值理念的支撑——把中国模式解释好，让中国的价值理念更具吸引力。与西方发达国家成熟的公共外交机制相比，中国公共外交起步较晚，中国公共外交理论构建还比较薄弱，处于摸索阶段。因此，剖析中国公共外交实践中的成功案例，总结和提炼中国公共外交运行机制，对于中国公共外交理论的建构与实践的开展都具有重要意义。

一 国内外研究文献述评

在 20 世纪 90 年代以前，国内外学者对中国公共外交几乎鲜有研究。冷战结束后，随着中国影响力的不断提升及中国公共外交实践的开展，国内外学者开始关注中国的公共外交理论与实践，并在理论建构、历史背景研究和个案分析等方面取得了丰硕的成果，为深化该问题的研究奠定了重要基础，准备了丰厚的学术资源。

（一）国外关于中国公共外交研究回顾

国外较早研究中国公共外交的是荷兰国际关系研究所（Clingendael）的简·梅利森（Jan Melissen）、高英丽（Ingrid d'Hooghe），日本学者青山瑠妙（Rumi Aoyama）、金子将史和北野充，美国南加州大学公共外交中心的菲利普·赛博（Philip Seib）、尼古拉斯·凯尔（Nicholas J. Cull）、王建（Jian Wang）等学者以及约舒亚·库兰齐克（Joshua Kurlantzich）、理查德·卢格（Richard Lugar）和一些欧洲学者。国外学者对中国公共外交的研究大体集中在三个方面。

1. 关于中国公共外交的实践及其类型

日本学者青山瑠妙是较早关注中国公共外交的学者，她在《多媒体时代的中国外交：公共外交与民间外交》① 一文中关注了中国媒体公共外交实践，认为信息传播技术推动的全球化已经深刻地改变了外交的形式，中国的公共外交和民间外交也开始借助电子媒体推行外交。门罗·普莱斯（Monroe E. Price）和丹尼尔·达扬（Daniel Dayan）等编著的《奥运会：新中国叙事》② 一书关注了中国奥运外交实践。荷兰国际关系研究所是国外较早研究中国公共外交的机构，该机构在 2005 年出版了《新公共外交——国际关系中的软实力》（简·梅利森教授编著）一书，书中首次收录了关于中国公共外交的文章——《中国的公共外交》。③ 此文是国外较早专门研究中国公共外交的文章，该文章的作者是荷兰国际关系研究所的高级研究员高英丽，她是国外较早研究中国公共外交理论与实践的专家。文章认为，中国公共外交实践由来已久，20 世纪 30 年代，中国共产党邀请美国记者埃德加·斯诺对中国共产党的革命斗争进行报道就是一次成功的公共外交实践，斯诺的《红星照耀中国》不仅让世界了解了中国的革命斗争，更是把毛泽东的英雄形象传递给了世界人民。新中国成立后，中国也非常重视对外宣传，不仅开通了英语、法语、西班牙语和日语等外语频道，而且经常"有选择地"邀请国外媒体记者访问中国。作者认为，中国早在20 世纪六七十年代就已经有了较为成熟的公共外交实践，"乒乓外交"和"熊猫外交"是典型的代表。青山瑠妙在其《中国公共外交的三要素》（2014）一文中则指出，中国开展真正意义上的公共外交始于冷战结束之后，而且经历了从防御型公共外交向积极型、进攻型公共外交的转变。俄罗斯学者斯韦特兰娜·克里沃希日（Svetlana Krivokhizh）在《公共外交的

① Rumi Aoyama, "Chinese Diplomacy in the Multimedia Age: Public Diplomacy and Civil Diplomacy", Dec. 2004, pp. 1 – 60, http://dspace. wul. waseda. ac. jp/dspace/bitstream/2065/800/1/200 50307_ aoyama_ engl. pdf.

② Monroe E. Price, Daniel Dayan, ed., *Owning the Olympics: Narratives of the New China*, Ann Arbor, MI: The University of Michigan Press, 2008.

③ Ingrid d' Hooghe, "Public Diplomacy in the People's Republic of China", in Jan Melissen, ed., *The New Public Diplomacy: Soft Power in International Relations*, New York: Palgrave Macmillan, 2005, pp. 88 – 103.

东方路径? ——中俄公共外交发展比较》（2014）一文中则认为，进入 21 世纪以来，公共外交才成为中国外交的重要工具。

在公共外交的形态和载体方面，西方学者对中国的孔子学院、教育援助、体育外交以及世博外交等都有所关注。斯图尔特·默里（Stuart Murray）在《超越乒乓球台：现代外交环境中的体育外交》一文中，阐述了中国的乒乓外交对全球体育公共外交的当代意义。[1] 韩裔美国学者维克多·查（Victor Cha）在《亚运会及亚洲外交：韩国、中国、俄罗斯》一文中，从对比的角度论及中国 1990 年北京亚运会、2008 年北京奥运会以及 2012 年广州亚运会在展现中国国家形象方面的作用，认为中国举办的这些体育赛事是中国"体育公共外交"的典范。[2] 瑞典学者格朗·斯文松（Göran Svensson）则对 2010 年上海世博会的影响力进行了研究，认为海外媒体（瑞典）对上海世博会的报道不多，对中国形象也呈现较少，上海世博会更多的是"世界走进来"，而"中国走出去"的力度不大。[3] 澳大利亚学者泰瑞·弗卢（Terry Flew），美国学者伦道夫·克卢维尔（Randolph Kluver）、安妮塔·维勒（Anita Wheeler）等人则对孔子学院在推动中国公共外交发展方面的作用进行了研究，他们认为，孔子学院是中国公共外交体系的重要组成部分，通过孔子学院的文化交流和语言教学，提升了中国的国家形象，也给中国带来了政治和经济利益。[4] 英国爱

① Stuart Murray, "Moving Beyond the Ping-Pang Table: Sports Diplomacy in the Modern Diplomatic Environment", *PD Magazine*, Vol. 9, 2013, pp. 11 – 16.

② Victor Cha, "The Asian Games and Diplomacy in Asia: Korea-China-Russia", *The International Journal of the History of Sports*, Vol. 30, No. 10, 2013, pp. 1176 – 1187.

③ Göran Svensson, " 'China Going out' or the 'World Going in'? The Shanghai World Expo 2010 in the Swedish Media", *Javnost – The Public*, Vol. 20, Issue 4, 2013, pp. 83 – 97.

④ Terry Flew, and Falk Hartig, "Confucius Institution and the Network Communication Approach to Public Diplomacy", *IAFOR Journal of Studies*, Vol. 1, No. 2, 2014; Randolph Kluver, "The Sage as Strategy: Nodes, Networks and the Quest for Geopolitical Power in the Confucius Institution", *Communication, Culture & Critique*, Vol. 7, No. 2, 2014, pp. 192 – 209; Anita Wheeler, "Cultural Diplomacy, Language Planning, and the Case of the University of Nairobi Confucius Institute", *Journal of Asian and African Studies*, Vol. 49, No. 1, 2014, pp. 49 – 63.

丁堡大学的肯尼斯·金（Kenneth King）则把中国对非洲的教育合作、培训与援助看作中国的公共外交形态。2013 年，他出版了《中国对非援助及在非洲的软实力：教育与培训的案例》一书，书中对中国与非洲的高等教育合作、中国的非洲研究、中国在非洲开展的培训项目及中国在非洲的软实力等进行了梳理和分析，认为中国对非洲的援助是一种双赢的"合作"，并指出中国的孔子学院运行模式不同于西方语言国际传播机构主动输出语言和文化，而是一种"回应模式"。[①] 此外，马修·布朗（Matthew Brown）、詹妮弗·库克（Jennifer G. Cooke）等学者认为中国在非洲等地的医疗援助也是中国公共外交的重要形态，中国在非洲的公共健康措施提升了中国的软实力。[②]

2014 年，高英丽出版了《中国的公共外交》[③] 一书，以独特的视角对具有中国特色的公共外交方式进行了研究，认为中国的公共外交目标在于通过公共外交活动与全球公众接触来改善中国的国家形象、推进国内和国际议程，以期进一步提升中国在世界上的地位和影响力。作者认为，中国公共外交受到中国的政治制度、高语境文化和中国观点的影响，因而具有相关的、互补的和动态的特点，并在推进过程中逐步形成公共外交的"中国路径"。作者选用了中国对亚洲和非洲的地区性公共外交、2008 年北京奥运会、2010 年上海世博会、中国政府应对"非典"、汶川大地震等 7 个案例进行研究，指出中国公共外交覆盖面广、手段和方式多样，既有战略性公

---

① Kenneth King, *China's Aid and Soft Power in Africa：The Case of Education and Training*, Rochester, NY：James Currey, 2013.

② Matthew Brown, et al., "China's Role in Global Health Diplomacy：Designing Expanded US Partnership for Health System Strengthening in Africa", *Global Health* Governance, Sep. 17, 2013；Jennifer G. Cooke, "China's Soft Power in Africa", in Carola MacGiffert, ed., *Chinese Soft Power and Its Implications for the United States*, Washington DC：Centre for Strategic and International Studies, 2009, pp. 27 - 44.

③ Ingrid d'Hooghe, *China's Public Diplomacy*, Brill Academic, 2014.

共外交，也有主动公共外交和危机应对模式。该书也对中国公共外交体系进行了梳理和总结，认为中国公共外交受到越来越多元化的行为主体的影响，如国家官方层面行为体（如外交部、国务院新闻办公室、国防部等）和非国家行为体（民间外交组织、知识精英和学术机构、志愿者和知名人士、公司和海外华人），并对中国公共外交举措及其影响进行了评估，是近年来国外研究中国公共外交的力作之一。

2. 关于中国公共外交的目标定位

高英丽在《中国的公共外交》一书中对冷战后中国公共外交的目标、机制、战略进行了论述，认为冷战后中国公共外交的主要目标是消除中国在西方的负面影响，塑造积极正面的国家形象。青山瑠妙在《中国公共外交》一文中则认为中国公共外交的目标在于寻求国际社会的理解，塑造中国负责任的大国形象。[①] 金子将史和北野充则指出中国公共外交的目标是为经济上扩大中国市场，外交上构筑新的关系、反对"台独"服务，同时，通过强化中国作为世界大国的形象以实现中国利益的最大化。[②] 2010 年，美国南加州大学公共外交研究中心（USC Center on Public Diplomacy）出版了王建博士编著的《塑造中国形象：沟通公共外交》[③] 一书，收录了 9 篇关于中国公共外交的文章，内容涵盖中国通过公共外交塑造国家形象的诸多路径和渠道，如中国的国际广播、中国新闻发言人制度、中国企业公共外交等。作者认为中国公共外交最重要的目标在于通过公共外交塑造中国国家形象，扩大中国影响

---

① Rumi Aoyama, "China's Public Diplomacy", Feb. 2007, pp. 1 – 21, https: //crawford. anu. edu. au/pdf/ajrc/conferences/public_ diplomacy/ Aoyama. PDF.

② 〔日〕金子将史、北野充：《公共外交："舆论时代"的外交战略》，《公共外交》翻译组译，外语教学与研究出版社，2009。

③ Jian Wang, ed., *Shaping China's Global Imagination: Public Diplomacy through Communication*, New York: Palgrave Macmillan, 2010.

力，增强中国软实力。① 菲利普·赛博也指出，中国公共外交的总体目标是"加强全球影响力"。此外，美国战略与国际问题研究中心（CSIS）发布的《中美关系中的巧实力》②、丹麦学者约翰尼斯·施密特（Johannes Schmidt）的《中国在东南亚的软实力外交》③、李淑荣（Sook Jong Lee）和简·梅利森编著的《公共外交和东亚软实力》④ 等论著也关注了中国公共外交的目标及其战略问题。

3. 关于中国公共外交的效果评估

高英丽在《中国的公共外交》一文中对冷战后中国公共外交的不足进行了论述，认为中国的政体决定了中国公共外交的"战略公共外交"（strategic public diplomacy）属性，不仅公共外交机构由国家掌控，公共外交的主体也主要是政府机构。⑤ 作者进一步指出，这种特点决定了中国公共外交在一些领域推行的有效性（如在西藏问题上中国成功地影响和塑造了国际公众舆论），但同时也带来了一些缺陷，如受众对政府主导型公共外交的不信任以及中国公众对公共外交的参与度非常有

---

① 参见 Jian Wang, "The Expansion of China's Public Diplomacy System"; Ingrid d'Hooghe, "China's Image Projection and Its Impact"; H. Wang, "China's International Broadcasting: A Case Study of CCTV International"; X. Zhang, "The Evolving Chinese Government Spokesperson System"; N. Chen, "Chinese Corporate Diplomacy: Huawei's CSR Discourse in Africa"; L. Tang & H. Li, "National Image Management Begins at Home: Imagining the New Olympic Citizen"; J. de Kloet, G. Pak, L. Chong & S. Landsberger, "Chinese Diaspora, the Internet, and the Image of China: A Case Study of the Beijing Olympic Torch Relay"; H. Li, "China's Image Management Abroad, 1920s – 1940s: Origin, Justification and Institutionalization"; Y. Z. Volz, "Itching the Scratches on Our Minds: American College Students Read and Reevaluate China".

② William Cohen, Maurice Greenberg, *Smart Power in U. S. – China Relations: A Report of the CSIS Commission on China*, March 2009, Certer for Strategic & International Studies.

③ Johannes Schmidt, "China's Soft Power Diplomacy in Southeast Asia", *Copenhagen Journal of Asian Studies*, Vol. 26, Issue 1, 2008, pp. 22 – 49.

④ Sook Jong Lee and Jan Melissen, ed., *Public Diplomacy and Soft Power in East Asia*, New York: Palgrave Macmillan, 2011.

⑤ Ingrid d'Hooghe, "Public Diplomacy in the People's Republic of China", in Jan Melissen, ed., *The New Public Diplomacy: Soft Power in International Relations*, Now York: Palgrave Macmillan, 2005, pp. 88 – 103.

限等，从而制约了中国公共外交的效用。此外，高英丽还在《中国公
共外交的兴起》（2007）①、《高速发展的中国公共外交》（2008）②、《中
国在欧洲软实力的局限：北京公共外交的困境》（2010）③、《中国公共外
交体系的扩展》（2011）④ 等论著中，对中国的公共外交战略、局限等
进行了分析，认为中国公共外交在传播与沟通的技巧、可信度以及投入
与回报方面存在很大的不足。

　　菲利普·赛博则在《中国公共外交战略与文化外交之我见》（2014）
一文中指出，中国仍然缺乏一个全面和完整的公共外交战略，因此制约
了中国公共外交效用的发挥。美国南加州大学的尼古拉斯·达诺
（Nicholas Dynon）指出，中国在公共外交上取得的效果不佳，这与中国
的公共外交过多地关注国内受众而忽略国外受众有关，即中国公共外交
比较注重内宣，在一定程度上弱化了中国对外的公共外交力。约舒亚·
库兰齐克认为中国借助公共外交"魅力攻势"推动中国软实力上升，以
此影响和改变世界。⑤ 卡罗拉·迈克基弗（Carola McGiffert）、尼古拉
斯·凯尔及理查德·卢格等人也从公共外交在提升中国软实力以及与美
国软实力竞争的角度、中国在发展中国家与发达国家形象对比的角度对
中国公共外交的效用进行了分析，认为中国的公共外交取得了一定的成
效，但与美国等发达国家相比还存在很大差距。此外，高英丽、BBC
民调中心、克里斯多夫·芬莱（Christopher J. Finlay）等对中国对欧洲、

① Ingrid d'Hooghe, *The Rise of China's Public Diplomacy*, The Hague: Netherlands Institute of International Relations Clingendael, 2007.

② Ingrid d'Hooghe, *Into High Gear: China's Public Diplomacy*, Hague Journal of Diplomacy, 2008.

③ Ingrid d'Hooghe, *The Limits of China's Soft Power in Europe: Beijing's Public Diplomacy Puzzle*, The Hague: Netherlands Institute of International Relations Clingendael, 2010.

④ Ingrid d'Hooghe, *The Expansion of China's Public Diplomacy System*, New York: Palgrave Macmillan, 2011.

⑤ Joshua Kurlantzich, *Charm Offensive: How China's Soft Power Is Transforming the World*, Yale University Press, 2007.

日本的公共外交实践及中国奥运外交、世博外交的效果进行了评估，他们对中国公共外交效果的评价普遍不高，认为中国的公共外交投入和目标国公众舆论之间基本没有建立起正相关性。

近年来，随着中国公共外交的发展，以荷兰国际关系研究所和美国南加州大学公共外交中心为代表的研究机构也在不断关注中国公共外交从"追求硬实力向软实力"的转变、中国公共外交对欧洲的影响、中国的第一夫人外交等新动态。总体而言，国外学者认为中国公共外交是一种政府主导型的公共外交，这种特征决定了中国的公共外交一方面可以得到中国政府的大力支持，另一方面也制约了中国社会各阶层参与公共外交的动力。国外学者对中国公共外交的研究，在一定程度上反映了中国公共外交的现实，但对中国公共外交的理念、目标、主体及运行模式的论述存在偏颇。如在案例的选择上，西方学者多以中国政府主导的大型公共外交实践作为分析对象，但对近年来日渐增多的中国非政府行为体对中国公共外交的参与关注比较少，只有极少数的文章关注中国企业（如华为）的公共外交行为。此外，对中国文化艺术领域的公共外交、中国侨务公共外交、中国智库公共外交等中国公共外交的重要组成部分关注也非常有限。这些都是值得我们在今后的研究中进行探讨的问题。

（二）国内关于中国公共外交研究回顾

进入 21 世纪以来，随着中国国力的不断提升，国际社会关于"中国威胁论""中国强硬论"的声音也不断增多，为应对国际社会对中国的"棒杀""捧杀"，国内学者开始探讨中国开展公共外交的重要性和紧迫性。早期研究中国公共外交的学者主要有唐小松、赵可金、王义桅、赵启正等人，发表了一些颇具理论性和实践性的论著。2003 年，王义桅在《解放日报》发表《公共外交：塑造中国国际形象》一文，首次提出开展"中国的公共外交"，这是国内学者探讨中国公共外交理论的开端。作者进一步提出要从公共外交的目标、手段、重点和机构四个方面建立"中国特色的公共外交战略体系"①。随后，王义桅又在《三个代表与中国的公共外交》一文中，首次将公共外交纳入中国政治指导思想框架下研究。② 而唐小松的《中国公共外交的发展及其体系构建》（2006）、钟龙彪和王俊的《中国公共外交的演进：内容与形式》（2006）及周庆安、胡显章的《中国公共外交的模式变革》（2009）等论文则为中国公共外交研究提供了基础性文献。

此后，随着中国公共外交实践的开展，关于中国公共外交理论与实践的研究也逐渐增多，一大批优秀研究成果问世。如赵可金的《软战时代的中美公共外交》、赵启正的《向世界说明中国》《公共外交与跨文化交流》、赵启正和雷蔚真主编的《中国公共外交发展报告（2015）》、北京外国语大学公共外交研究中心的《中国公共外交研究报告（2011/2012）》、孙治国主编的《"一带一路"公共外交报告（2016）》等。国内学者对中国公共外交的研究大体集中在三个领域。

1. 对中国公共外交理论建构的尝试

学者们从不同角度对中国公共外交的概念、目标功能、内外维度、模式及指导理论等进行了研究，指出中国公共外交在目标定位、指导理论和运行模式等方面都具有中国自身的特色和优势，也面临困难与挑战。代表作有唐小松的《中国公共外交的发展及其体系构建》（2006）、钟龙彪和王俊的《中国公共外交的演进：内容与形式》（2006）、周庆安和胡显章的《中国公共外交的模式变革》（2009）、俞新天的《构建中国公共外交理论的思考》（2010）、曲星的《公共外交的经典含义与中国特色》（2010）、杨洁篪的《努力开拓中国特色公共外交新局面》（2011）、王红续和汲立立的《论中国特色公共外交及其理论的文化内涵》（2012）、莫盛凯的《中国公共外交之理论与实践刍议》（2013）、

---

① 王义桅：《公共外交：塑造中国国际形象》，《解放日报》2003 年 9 月 25 日。
② 王义桅：《三个代表与中国的公共外交》，《学习月刊》2003 年第 10 期。

曹玮的《中国公共外交的效果及其影响因素——基于对国外学者研究的批判性综述》（2013）、赵启正主编的《公共外交战略》（2014）及其《"和主义"：中国公共外交的内核》（2015）、王毅的《"和主义"：当前中国公共外交的新思路》（2015）、余金城的《中国公共外交的内外维度：争论、概念、关系》（2015）、赵可金的《中国公共外交的创新与发展》（2017）、梁骏的《新全球化时代中国公共外交建设的思考》（2019）、田立加和高英彤的《中国公共外交中"多元互动"的推进机制构建研究》（2020）等著作和文章。

2. 对中国公共外交实践的个案研究

学者们对近年来中国典型公共外交案例，如奥运外交、世博外交、孔子学院外交、灾难外交、侨务外交、宗教外交、人民政协外交等进行了剖析。代表作有李繁杰的《北京奥运会的公共外交解读与启示》（2010）、朱航的《世博会与我国公共外交》（2010）、韩召颖的《孔子学院与中国公共外交》（2011）、阙天舒的《公共外交的危机反应》（2012）、金正昆和臧红岩的《当代中国侨务公共外交探析》（2012）、韩方明的《宗教公共外交的和平使命》（2014）、殷啸虎和安翊青的《推进人民政协公共外交的实践与思考》（2015）、涂怡超的《宗教与当前中国公共外交：理念、机制与效应》（2015）以及王理万的《中国宗教公共外交的发展转型与运行机制》（2020）等。此外，香港城市大学媒体传播学院的张赞国（Tsan-Kuo Chang）教授等在《从宣传到公共外交：评估 1950～2009 年中国的国际实践与国家形象》一文中，从纵深的角度探讨了中国国际传播的历史，认为中国国际传播中的"宣传"成分在逐渐减少，而"公共外交"则不断增多。①

---

① Tsan-Kuo Chang, Fen Lin, "From Propaganda to Public Diplomacy: Assessing China's International Practice and Its Image, 1950 – 2009", *Public Relation Review*, Vol. 40, No. 3, 2014, pp. 450 – 458.

3. 对中国开展区域与国别公共外交的研究

学者们梳理了近年来中国开展的一些区域与国别公共外交活动，对其路径、成效及不足进行了探究。代表作有赵可金的《软战时代的中美公共外交》（2011）、韩方明主编的《中国与东南亚国家公共外交》（2012）、赵新利的《中日传播与公共外交》（2012）、余泳的《中国对阿拉伯国家的公共外交：实践与评估》（2014）、黄忠的《新形势下中国对拉美国家的公共外交》（2015）以及门洪华的《中国公共外交与对日方略》（2016）、陈倩文的《葛兰西理论视域下的中国公共外交研究——以对拉美公共外交为例》（2019）、黄忠和唐小松的《中国对印度公共外交评析》（2019）、刘蓓蕾的《中国对东盟国家的公共外交研究》（2019）、景丽娜的《孟中印缅经济走廊背景下的中国公共外交》（2020）等论著。

从时间上看，2005～2009年，每年仅有两三篇关于中国公共外交的论文发表。随着中国政府对公共外交的重视，学术界对中国公共外交的研究也不断增多。2008年，外交部将"公众外交处"更名为"公共外交处"；2009年10月，外交部又成立新闻司公共外交办公室，不断加大对公共外交的投入，加强公共外交体制机制建设。2010年以后，学术期刊上关于中国公共外交的学术论文逐渐增多，每年都在10篇左右。从研究的重点来看，中国学者对中国公共外交的研究经历了一个从宏观阐述中国公共外交的现状、内容、体系等转向理论探索和案例探究的过程，从一开始应对西方社会"棒杀""捧杀"中国的角度转向深入探讨中国公共外交的理论与实践、动因与效果、路径及模式等方面。唐小松、王义桅等学者还对中国公共外交的类型进行了划分，认为中国的公共外交有进攻型、防御型之分；而王冲则认为公共外交有主动式和被动式、外推型和内引型、建设性和破坏性三组对应的模式。

此外，《中国公共外交研究报告（2011/2012）》《中国公共外交发展报告（2015）》《中国民间外交发展报告（2016）》《"一带一路"公共外交报告》（2016、2017、2018）等系列报告，结合中国公共外交实践，对中国公共外交发展状况进行了梳理和总结。同时，以《中国社会科学报》《人民日报》《南方日报》《光明日报》为代表的中国媒体也刊发了大量关于中国公共外交问题的文章。外交学院、华中师范大学、山东大学等高校的国际关系、国际政治专业也开始研究中国公共外交，自 2004 年以来，已有几十篇博士、硕士论文，研究范围涉及中国公共外交战略、路径、主体、孔子学院、文化传播、网络外交、媒体外交、企业外交以及中国公共外交与软实力、国家形象等诸多方面。其中，外交学院刘华的《中国公共外交的理论与实践——以对外涉藏问题为例》是最早的一篇关于中国公共外交研究的硕士学位论文。2014年，吉林大学曲文娜的《中国公共外交战略研究》是最早的一篇以中国公共外交战略为研究对象的博士学位论文。此后，随着"一带一路"倡议的实施，关于公共外交促进"一带一路"民心相通路径的研究也不断增多，论文涉及中国对泰国、韩国、巴基斯坦、马来西亚、印度尼西亚及东盟等多个"一带一路"共建国家（地区）开展公共外交的现状、效用、影响因素及对策。

　　国内外学者对中国公共外交的研究，为深化中国公共外交理论与实践的研究打下了重要基础，但仍存在许多尚需努力之处。就国外研究而言，第一，对中国公共外交目标的定位主要沿用公共外交外塑形象的理论路径，对中国公共外交的价值观目标缺乏论述；第二，对中国公共外交效果评估具有一定的合理性，也存在片面性。就国内研究而言，第一，对中国公共外交指导理论的建构还比较宏观，缺乏从历史研究的视角对中国公共外交理念进行梳理和理论化研究；第二，对中国公共外交实践的研究个体性有余，整体性不足，有待于把个案研究和比较研究结合起来，在具体剖析个案的基础上进行经验总结、效用评价，建构中国公共外交运行机制。总之，国内外对中国公共外交实践及运行模式的研究已经取得了一定的成果，但仍然存在一些问题，尤其是对中国公共外交运行机制的探究方面，不仅专门论述的著作有限，而且深度有待挖掘。

二　研究思路及内容架构

本书的研究立足于中国公共外交运行机制的建构，沿着中国公共外交的"理念探究—实践剖析—机制建构—理论反思"这一基本研究思路，在厘清中国公共外交理念内核的基础上，围绕目标定位考察和分析中国公共外交实践，总结和提炼出适应当前中国外交战略的公共外交运行方式，尝试从理念、目标、组织体制和运行方式等方面建构中国公共外交运作机制，为中国公共外交战略建构和公共外交体系的建设提供对策建议。本书的结构框架如下。

导论。介绍本书的研究背景、思路与逻辑框架，通过学术史的梳理对国内外关于中国公共外交的相关研究进行述评，提出本研究的价值与意义，阐明本书的研究方法、体系与架构。

第一章，公共外交理论概述。本章是关于公共外交的学理阐释，通过梳理国内外学界对公共外交概念的界定及其研究范式，探究全球化时代公共外交的特征与形式，并从国际政治权力变迁的视角阐述软实力为公共外交的兴起提供的理论支撑。

第二章，中国公共外交的发展历程。本章是关于中国公共外交兴起原因与历程的探究，首先对中国公共外交理念进行探究，并从中探寻中国公共外交兴起的原因，进而梳理中国公共外交兴起和发展的历程。

第三章，中国公共外交理念与运行机制。本章是关于中国公共外交理论路径的探究。中国公共外交是中国外交适应全球化时代权力变迁而产生的外交理论和方式，但其指导理念又深受中国"和合"传统文化的影响，形成了具有中国特色的公共外交理念和运行机制。

第四章至第六章为中国公共外交实践及其模式建构。本部分主要通过对新时期中国公共外交典型案例的分析，总结和提炼中国公共外交运

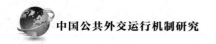

行模式。

第四章，中国媒体公共外交实践及其运行机制。本章是关于中国媒体公共外交理论与实践的探究，主要考察中国媒体公共外交兴起与发展历程，并选取 2008 年北京奥运外交的媒体运作作为典型案例进行剖析，分析并提炼总结中国媒体公共外交的有效运行机制。

第五章，中国战略沟通公共外交实践及其运行机制。本章是关于中国战略沟通公共外交理论与实践的探究，主要考察中国战略沟通公共外交的发展历程，并通过对中国文化年项目的运作进行个案分析，总结中国战略沟通公共外交的运行机制。

第六章，中国文化公共外交实践及其运行机制。本章是关于中国文化公共外交理论与实践的探究，主要考察中国文化公共外交的兴起与发展历程，通过对孔子学院实践和效用的分析，总结和提炼中国文化公共外交的有效运行机制，推动以孔子学院和教育文化交流为核心的"关系建立"平台建设。

第七章，中国公共外交的未来。本章作为本书的尾章，在考察中国公共外交在新时期面临的机遇与挑战的基础上，探究其未来发展趋势，并从公共外交目标、主体、渠道、路径建设等方面探究新时代中国公共外交运行机制。

结语部分，对本书基本内容和基本观点进行了回顾总结。中国公共外交经历了一个从萌芽、兴起到发展成熟的过程，形成了具有中国特色的公共外交运行模式，与中国外交战略相适应，中国公共外交正在走出一条具有中国特色的大国公共外交之路。

三 主要研究方法

公共外交的特点决定了它是一个多学科研究领域，本书以国际关系研究方法为主，辅之以外交学、传播学的研究方法，对中国公共外交运行机制进行了探究。具体研究方法如下。

（1）历史分析法。探究中国公共外交理念与运行机制必须从历史发展中、中国公共外交实践历程中寻求证据和规律，从而加以科学地分析和研究，得出尽可能客观、科学的结论。

（2）文献研究法。中国公共外交理念和实践大都隐含在中国外交的历史文献和外交事实中。只有充分收集与研究问题有关的文献，才能从中发现事实，挖掘证据，得出结论。

（3）个案研究法。选取近年来中国开展媒体公共外交、战略沟通公共外交和文化公共外交的典型个案进行分析，并进行经验总结、效用评价，进而探寻适合中国公共外交的运行机制。

（4）规范研究与实证研究相结合。本书在依据实证研究获取丰富资料的基础上具体剖析中国公共外交的典型案例，并进行经验总结、效用评价。

四　创新之处及研究难点与不足

（一）创新之处

（1）研究视角创新。从梳理中国公共外交兴起与发展的历程出发，探究中国公共外交的指导理念及目标定位，建构中国公共外交运行机制。

（2）研究方法创新。将理论研究与实证分析、历史研究与现状分析、综合研究与个案分析结合起来，探究中国公共外交的运行机制。

（3）研究内容创新。梳理新时期中国公共外交实践，探究中国公共外交的媒体外交模式、战略沟通模式和文化外交模式，以推动新时代讲好中国故事、传递中国价值观的公共外交实践的开展。

（二）研究难点与不足

第一，梳理中国公共外交实践，需要大量的第一手资料，同时，也需要走访大量公共外交活动的实施者及中国公共外交的受众。鉴于笔者能力有限，这些方面的工作可能会有一定的欠缺，造成书稿写作中需要

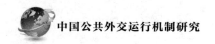

大量借用二手资料及引用他人的研究成果。当然笔者会尽量克服这些困难，以充实的史料支撑论点及结论。

第二，中国公共外交效用的评析存在一定的难度。公共外交实践能否取得成效以及取得怎样的效果，是评价一国公共外交效用的重要尺度。不过，公共外交是一种软实力外交，而软实力作用的发挥往往具有长时性和隐含性的特点，因此，在研究的过程中，对中国公共外交实践的效果进行评价也存在一定的难度。

第三，对中国公共外交实践的个案选择面临一定的困难。因为中国公共外交实践涉及的范围和途径非常广泛，从信息沟通、文化交流到侨务外交、宗教外交、企业外交，以及首脑外交、体育外交、休闲外交等各种类型的外交实践都发挥着公共外交的功能，但本书在研究的过程中不可能穷尽中国公共外交实践的各个方面。因此，本书在选择公共外交实践个案的过程中力图从公共外交实践所用时间长短作为分类方式，选取不同时间长度的公共外交成功实践案例，提炼适合中国公共外交发展的实践机制。不过，随着中国公共外交实践路径的不断拓展，尽管笔者尽量做到选取典型的公共外交实践进行个案分析，但存在一些遗漏和不当之处也在所难免。

第一章
公共外交理论概述

公共外交作为全球化时代兴起的一种外交理论，有其产生的国际社会条件和理论依据，也有其独特的运作机制和运行模式。因此，要研究中国公共外交，首先必须厘清公共外交的内涵与外延以及公共外交的路径与方式，进而才能探寻公共外交运行的规律，建构中国公共外交的有效运行模式。

第一节　公共外交概念界定

现代意义上的公共外交，无论理论建构还是外交实践，美国无疑都走在前列。早在 20 世纪 60 年代，美国公共外交学界就开始系统地探究公共外交的理论与实践。此后，随着软实力在国际关系中的功能和作用的上升，英国、法国、日本等国家逐渐开始把公共外交纳入外交战略范畴，也加大了公共外交研究力度。随着公共外交在国际社会软实力竞争中作用的显现，中国学术界从 20 世纪 90 年代开始关注公共外交研究。鉴于公共外交发挥作用的渠道和方式的复杂性，国内外不同的研究者和实践者对公共外交的主体、路径、功能和效用有着不同的看法，因此从不同的研究视角和研究范式出发给出了不同的"公共外交"定义。

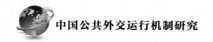

一 公共外交含义的演变

在公共外交研究领域，美国塔夫兹大学弗莱彻法律与外交学院埃德蒙·格利恩（Edmund Gullion）教授是较早对现代意义上的公共外交进行系统研究并加以界定的学者。格利恩认为"公共外交的核心是信息和观念的流通"，目的是"处理公众态度对政府外交政策的形成和实施所产生的影响"。① 有学者指出，格利恩并非"公共外交"一词的"创造者"，他只不过是为了服务于美国对外宣传的需要而赋予"公共外交"这个旧词一个新的含义，而之所以用"公共外交"取代"宣传"，是因为格利恩所偏爱的"宣传"一词具有的贬义性质已经难以服务于美国对外宣传战略的需要。此后，不同的研究者也给出了公共外交不同的界定。鉴于研究者视角的差异及对公共外交主体、内容、方式等看法的不同，公共外交的"含义"经历了一个发展演变的过程。

据美国南加州大学安尼伯格传播学院（Annenberg School for Communication and Journalism）公共外交硕士项目主任尼古拉斯·凯尔考证，"public diplomacy"一词最早见于 1856 年 1 月《伦敦时报》（*London Times*）的社论，但当时语境下使用的"公共外交"仅仅是"礼貌举止"（civility）一词的同义词，用于委婉地批评并建议包括美国总统富兰克林在内的美国政治家关注国内外的"民意"。② 1871 年 1 月，《纽约时报》（*New York Times*）在援引民主党议员塞缪尔·考克斯（Samuel S. Cox）在国会的辩论发言时也使用了"公共外交"一词，辩论中考克斯呼吁"开放、公共外交"（open, public diplomacy），反对秘密阴谋吞

---

① Allen C. Hansen, *USIA：Public Diplomacy in the Computer Age*（Second Edition），New York：Praeger, 1989, p. 2.

② Nicholas J. Cull, "'Public Diplomacy' Before Gullion：The Evolution of a Phrase", http：// uscpublicdiplomacy. org/blog/public – diplomacy – gullion – evolution – phrase, accessed on 2nd, August 2017.

并多米尼加共和国。第一次世界大战期间，"公共外交"一词被广泛用于描述一系列新的外交实践，从德国就潜艇战政策发表的一系列公开声明到威尔逊倡导的"公开的和平条款、公开达成""条约必须公开化"等倡议，国际社会开始出现了一种不同于传统秘密外交的"新"的外交形式。以列宁为代表的马克思主义者也公开谴责列强间的秘密外交，并公开了俄国革命前列强们与沙皇俄国签订的条约，把列强间的秘密交易和双面交易的丑闻公之于众，不仅极大地削弱了帝国主义政府在公众视野之外进行谈判的威信，也迫使他们不得不对公众解释他们的条约和国际事务。这种与秘密外交相左的"新"外交，已经显现现代公共外交的基本内涵，尽管当时大多数学者更愿意使用"公开外交"（open diplomacy）以区别于传统的秘密外交。伴随着威尔逊理想主义在一战后的兴起，体现"公开契约"（open covenants）精神的"公共外交"一度成为热词，甚至有人把一战与二战期间称为"公共外交的时代"（era of public diplomacy）。1928 年《基督教科学箴言报》（*Christian Science Monitor*）记者罗斯科·德拉蒙德（Roscoe J. Drummond）发表《媒体和公共外交》（The Press and Public Diplomacy）一文，强调准确、冷静地报道国际事务是媒体的道德责任，这种客观的报道有利于缓解紧张局势。① 由此可见，当时学者们所言的"公共外交"更多是强调"外交谈判在原则上应该透明化和公开化"，"公共外交"的目的是"通过公开外交事务的准确信息来建立被授权的民主公众"。② 然而，这种强调公开的外交与当时日渐紧张的国际形势不相符合，其理想主义诉求越来越远离现实中日益恶化的国际关系。随着二战的爆发，"公共外交"一词也几乎销声匿迹。

---

① Nicholas J. Cull, "'Public Diplomacy' Before Gullion: The Evolution of a Phrase", http://uscpublicdiplomacy. org/blog/public - diplomacy - gullion - evolution - phrase, accessed on 2nd, August 2017.

② 〔英〕詹姆斯·帕门特：《21 世纪新公共外交：政策和实践的比较研究》，叶皓等译，南开大学出版社，2016，第 24~25 页。

二战后，公共外交重新出现在国际政治视野中，不过人们对公共外交产生了两种截然不同的看法。1946 年 10 月，比利时政治家、时任联合国大会主席亨利·斯巴克（Henri Spaak）在联合国大会开幕式上热情洋溢地指出这是一个"公共外交时代"（this age of public diplomacy）。而当时的《伦敦时报》则抨击公共外交是一个"伪装成外交政策原则的信仰警句和口号"，支持外交家哈罗德·尼克尔森（Harold Nicolson）恢复秘密"私人外交"（private diplomacy）的呼吁。①

冷战开始后，美国和苏联在全球展开了争夺，公共外交成为配合美苏争霸的重要工具。1953 年 6 月，美国成立了直属白宫的美国新闻署（U. S. Information Agency，USIA），利用广播、新闻出版、影视等各种媒体，宣传美国的对外政策和意识形态，推销和宣传美国的形象。与此同时，为了应对"英美宣传的挑衅行为"，回应西方不断上升的反苏主义，苏联情报局（SIB）、苏联对外文化协会（VOKS）、塔斯社（TASS）、广播委员会、国际出版社（MK）等苏联宣传机构开始积极进行"反宣传运动"，提升苏联宣传的"进攻性"，积极开展"意识形态斗争"。尤其是随着大众媒体的兴起，对外宣传成为世界大国影响国际政治事务的重要政治武器。因此，一些早期研究公共外交的学者认为公共外交就是"对外宣传"，是通过信息的交流与沟通影响目标国民意的一种手段。美国学者奥伦·斯蒂芬斯（Aren Stephens）就把美国公共外交的海外信息交流活动称为"对外宣传"，认为《独立宣言》是美国第一个，也是最好的"宣传册子"。②

20 世纪六七十年代以后，随着经济全球化的兴起，世界各国的相互联系和交往日渐增多，"民意"在国际政治事务中的重要性不断增

---

① Nicholas J. Cull，" 'Public Diplomacy' Before Gullion：The Evolution of a Phrase"，http：// uscpublicdiplomacy. org/blog/public – diplomacy – gullion – evolution – phrase，accessed on 2nd，August 2017.

② Allen C. Hansen，*USIA：Public Diplomacy in the Computer Age*（Second Edition），New York：Praeger，1989，p. 4.

强。与此同时，参与经济全球化的各种非政府组织、跨国公司和"世界公民"也逐渐成为国际社会除了主权国家之外的国际事务的重要参与者。国际社会的这些变化对国家外交提出了重大挑战。如何与这些非国家行为体打交道？传统的"政府—政府"的双边外交和以国际多边舞台为主要载体的多边外交难以有效应对这种"非对等"的国际交往。为了适应经济全球化带来的这种国家对外交往的需要，各国开始寻求一种"超越"传统外交的外交形式。在欧洲，如英国、法国等国认为"文化外交"就发挥着这样一种获得他国公众和非国家行为体的理解、信任和支持的功能。而在美国，这类赢取民心的外交活动被称作"公共外交"。无论欧洲还是美国，之所以创造一个"新"的词语，一方面是原有的外交词汇难以涵盖这种新的外交形式；另一方面，能够发挥"赢取人心"作用的"宣传"一词又因为一战期间英国战略宣传的滥用及二战中被纳粹德国的宣传所"玷污"而带上了浓重的贬义色彩，不管欧洲还是美国都不想继续使用这种带有"欺骗""讹误"意味的"宣传"来表达这种新的外交形式。正如最早赋予公共外交现代意义的格利恩所言，他本人更倾向于使用"宣传"一词，因为它能明确表明把外国公众纳入美国外交战略的意图。但为了照顾西方民众的感情，格利恩选择了带有威尔逊主义色彩的"公共外交"这一相对温和的字眼，作为替代"宣传"的委婉语，并将公共外交定义为"超越传统外交范围的国际关系的一个层面"，这一层面的"外交"既可以是一国政府在其他国家境内培植舆论，也可以是两国利益集团在政府体制之外相互影响，也可以是外交官和记者之间的沟通联系，以及通过类似过程对政策制定和涉外事务的处理造成影响。①

　　此后，在 30 年左右的时间里，以美国的公共外交理论和实践为代

---

① "What is Public Diplomacy?", http：//www.publicdiplomacy.org/1.htm, accessed on 2nd, August 2019.

表，公共外交进入了一个发展上升的时期，无论在理论探究还是在外交实践中都得到了迅速发展。冷战的结束曾一度削弱了公共外交在美国外交战略中的地位，但公共外交的研究却更加细致，对公共外交的研究也开始引入传播学和公共关系学的相关概念，公共外交理论的研究趋向于跨学科发展。"9·11"事件之后，公共外交作为"赢得心灵和观念"的重要手段，再度成为美国外交战略的重要组成部分，学者们也纷纷反思公共外交，倡导更新公共外交的路径、手段，并提出借助网络等新媒体提升公共外交的效用。尤其是随着软实力在国际社会重要性的提升，不仅美国、法国、英国、日本等大国，世界上的其他国家如荷兰、挪威、加拿大也开始注重对公共外交的研究，各国纷纷把公共外交纳入外交战略的范畴，公共外交成为 21 世纪提升国家软实力、实现国家利益最大化的有效手段。

二 国外对公共外交的界定

20 世纪 60 年代以后，随着公共外交研究在西方的兴起，西方学者从自己的研究领域和实践出发，给出了不同的公共外交定义。

美国既是现代公共外交研究的主要阵地，也是公共外交的有力践行者。美国学者和外交实践者对公共外交有不同的界定，学者们多从公共外交的主体、客体及方式的角度界定公共外交，认为公共外交是指一国政府通过与他国民众之间信息沟通以实现"赢取民心"、维护国家利益的目的。如美国较早研究公共外交的学者汉斯·塔奇（Hans N. Tuch）认为，公共外交是"由政府开展的塑造海外交流环境的努力"，目的是更好地推行美国的对外政策，减少美国与其他国家的误解和猜疑。[①] 约舒亚·福茨（Joshua S. Fouts）认为公共外交是政府"通过提供信息并施加影

[①] Hans N. Tuch, *Communicating with the World: US Public Diplomacy Overseas*, New York: St. Martin's Press, 1990, p. 3.

响来促进外国公众对本国的理解并由此实现国家利益"。① 而美国公共外交的实践者则更注重从公共外交与传统外交相比较的角度界定公共外交。如美国前国务院公共外交和公共事务特别协调员克里斯托弗·罗斯（Christopher Ross）认为，"公共外交是传统外交的公开方面（public face）"。② 而美国前新闻署署长爱德华·穆勒（Edward Murrow）则认为公共外交不同于传统政府间外交，公共外交主要"着眼于非政府个人和组织的相互作用，通常以政府观点加各种个人和组织观点来表达"。③ 保罗·夏普（Paul Sharp）则主要从公共外交的目标来界定公共外交，认为公共外交是"通过与他国民众发展直接关系以追求提高本国利益和扩大本国所倡导的价值观的过程"。④ 尽管这些界定侧重点不同，但都认为公共外交作为维护国家利益的工具，通过对外国公众施加影响，以"赢得人心和思想、结交朋友以及左右敌人，建立政策联系，伸张本国价值观念"。⑤

冷战结束后，全球化和信息化的迅猛发展，不仅扩展了公众参与国际事务的渠道，也大大提升了公众在国际社会的地位和作用，软实力、"心灵政治"、"观念"成为国际社会权力结构中的重要组成部分。尤其是"9·11"事件后，公共外交作为"赢取观念之战"的重要手段得到了世界各国的青睐，公共外交一度成为国际政治领域的显学。各国在运用公共外交实现本国战略利益的同时，也给予了公共外交不同的界定，公共外交的内涵得到了扩展。英国前常驻欧盟代表迈克尔·巴特勒爵士

① Joshua S. Fouts, *Rethinking Public Diplomacy for the 21st Century*, paper prepared for presentation at the APSA Political Communication Conference on International Communication and Conflict, 2005.

② Mark Leonard, *Public Diplomacy*, London: The Foreign Policy Centre, 2002, p. 1.

③ Mark Leonard, *Public Diplomacy*, London: The Foreign Policy Centre, 2002, p. 1.

④ Jan Melissen, *The New Public Diplomacy: Soft Power in International Relations*, New York: Palgrave Macmilian, 2005, p. 11.

⑤ Christopher Ross, "Public Diplomacy Comes of Age", *The Washington Quarterly*, Vol. 25, No. 2, 2002, p. 77.

（Sir Michael Butler）指出，英国公共外交的目的是"影响目标国的看法，从而使英国政府、公司或其他组织更容易地实现它们的目标"。[1]日本学者则认为，公共外交是以目标国国民为对象开展的外交活动，目的是"提高本国的地位和影响力，提升国际形象，加深对本国的理解"，最终"达成本国的对外利益与目的"。[2]

在公共外交的实施渠道上，美国学者在反思美国公共外交实践及其效用的基础上，多把公共外交与公共关系联系起来，把公共外交看作一种政治公关战略，是一国政府为了增进与不同文化实体之间的相互理解和认知而开展的国家行销、塑造良好国家形象的战略策划。[3]法国、英国等文化大国更侧重于通过文化公共外交"重塑"大国形象，大力推动语言传播和文化交流，以弥补"文化分裂时代"造成的认知鸿沟。日本则更注重多种方式的并用，其公共外交涵盖了"作为政策宣传的信息发布、国际文化交流（人文交流、文化艺术交流、人员交流等）及国际广播"等活动。[4]而加拿大、瑞典、挪威等国家更多地把公共外交看作授权或委托非政府组织开展的社会外交，目的是增强国家的"知名度"和国际影响力。[5]约舒亚·福茨在《反思21世纪的公共外交》一文中给出了目前西方公共外交学术界较为公认的公共外交定义，"由政府所发起的教育文化和信息项目，以及市民交流和广播活动，旨在通过提供信息并施加影响来促进外国公众对本国的理解并由此实现国家利益"。[6]

---

① Mark Leonard, *Public Diplomacy*, London：The Foreign Policy Centre, 2002, p.1.

② 〔日〕金子将史、北野充：《公共外交——"舆论时代"的外交战略》，《公共外交》翻译组译，外语教学与研究出版社，2010，第5页。

③ Eytan Gilboa, "Mass Communication and Diplomacy：A Theoretical Framework", *Communication Theory*, Vol.10, No.3, 2000, p.291.

④ 〔日〕金子将史、北野充：《公共外交——"舆论时代"的外交战略》，《公共外交》翻译组译，外语教学与研究出版社，2010，第7~8页。

⑤ 韩方明主编《公共外交概论》，北京大学出版社，2011，第7页。

⑥ Joshua S. Fouts, "Rethinking Public Diplomacy for the 21st Century", paper prepared for presentation at the APSA Political Communication Conference on International Communication and Conflict, 2005.

三 国内公共外交研究范式

公共外交在 20 世纪 90 年代"引入"中国以后，学术界和外交实践者对公共外交的内涵和外延都有着不同的看法，因而也给出了不同的公共外交定义。

在学术界，公共外交一开始是作为一种不同于传统外交的"新"外交形式被介绍到中国的。如在 20 世纪 90 年代出版的《国外外交学》《外交学概论》等论著中，公共外交（公众外交）① 被看作一种类似于"国际交流""对外传播""跨文化交流"或"文化外交"的外交形式。② 我国最早系统评介美国公共外交的学者韩召颖把公共外交等同为"文化外交"，认为美国的公共外交实际上指的是"美国的对外文化宣传活动"。③ 张毓强认为美国的公共外交就是"对外宣传"。而赵可金则认为公共外交是"一种开展国家行销，塑造一个良好国家形象的战略策划"。④ 尽管这些学者对公共外交的内涵有不同的理解，但都认为公共外交是一国政府针对他国公众开展的活动，属于对外事务范畴。

以外交部为代表的中国公共外交实践者和一些研究者则认为，公共外交（公众外交）是政府外交的有益补充，有着对内与对外两个维度，将国内公众作为公共外交客体之一是"新时期中国公共外交的一大特

---

① "Public diplomacy"一词在 20 世纪 90 年代引入中国时，国内出现了公共外交和公众外交两种译名。较早研究公共外交的学者如韩召颖及由南开大学国际问题研究院和国际关系系主办的中国国关在线（www. irchina. Org）主张译为"公众外交"，而以唐小松、王义桅、赵可金为代表的学者则认为应译为"公共外交"。中国官方一开始也认同"公众外交"一词，并于 2004 年在外交部新闻司设立了"公众外交处"（2009 年更名为公共外交办公室）。2009 年以后，中国公共外交研究者基本都倾向于使用"公共外交"一词。

② 参见周启朋、杨闯等编译《国外外交学》，中国人民公安大学出版社，1990；鲁毅等：《外交学概论》，世界知识出版社，2004。

③ 韩召颖：《输出美国：美国新闻署与美国公众外交》，天津人民出版社，2000，第 33 页。

④ 赵可金：《美国公共外交的兴起》，《复旦学报》（社会科学版）2003 年第 3 期。

色"，① 认为中国公共外交具有"内向性特点"。如前中国国际问题研究院院长曲星认为，全球化的形势要求外交政策制定者和执行者们必须具有"国内国外两个大局"的意识，"必须从国内国外两个角度交叉看问题，必须给国内民众关心和参与外交打开方便之门。这样，内外并重就应运而生地成了新时期中国公共外交最重要的特色"。② 金灿荣也认为在存在公众外交的国家，"外交部门要有两个面向。一方面，要面向国际，要发挥一切才智争取本国利益最大化；另一方面，要面向国内，争取国内公众和其他政府部门对外交政策的理解和支持"。③ 较早界定公共外交的学者高飞认为公共外交是由一国政府出面组织或幕后支持，"向本国和外国公众、非政府组织提供消息，组织交流，间接影响公众支持本国的外交政策和外国政府的外交政策制定"。④ 杨洁篪也多次强调中国公共外交的内外维度，指出"公共外交的重要内容之一就是通过传播、交流等手段，向本国的公众和外国公众介绍本国的内外政策，以便增进了解，减少误解"，⑤ 强调中国公共外交应"坚持在统筹国内国际两个大局中加以推进"，不仅要"向国外公众介绍本国国情和政策理念"，而且要"向国内公众介绍本国外交方针政策及相关举措"，以营造两者相辅相成、相互促进的良性互动局面。⑥ 但大部分研究者还是认为公共外交不包括"本国政府和本国公众之间的沟通和相互影响"，尽管政府在国内的"公共关系活动"与公共外交整体密切相关。⑦

　　进入 21 世纪以来，随着中国公共外交实践的发展和公共外交研究

① 余金城：《中国公共外交的内外维度：争论、概念、关系》，《观察与思考》2015 年第 7 期。
② 曲星：《公共外交的经典含义与中国特色》，《国际问题研究》2010 年第 6 期。
③ 金灿荣：《均衡发展：外交的总体战略》，《世界知识》2004 年第 7 期。
④ 高飞：《公共外交的界定、形成条件及其作用》，《外交评论》2005 年第 3 期。
⑤ 杨洁篪：《公共外交是中国外交开拓方向　大有可为》，中国网，2010 年 3 月 7 日，http：//www.china.com.cn/news/2010－03/07/content_ 19547655. htm。
⑥ 杨洁篪：《努力开拓中国特色公共外交新局面》，《求是》2011 年第 4 期。
⑦ 赵启正：《公共外交与跨文化交流》，中国人民大学出版社，2011，第 7 页。

的深入，逐渐形成了中国公共外交研究的"外交范式""战略范式""传播范式""跨文化交流范式""公关范式"等不同研究范式，研究者从各自的范式出发给出了不同的公共外交定义，赋予公共外交新的含义。

以赵可金、庞中英、张志洲为代表的研究者倾向于公共外交的"外交范式"，认为公共外交理论的根本逻辑是软实力和"心灵政治"，围绕的理论核心是争夺"话语权"，是外交转型后的新外交范式，属于"非传统外交"。而"心灵政治"发挥作用的前提就是把信息准确地传递到目标公众那里，通过"软实力投射"，赢取人心。因而，对"公众"的把握是理解和实践公共外交（公众外交）的关键，而"公众"的范围包括"从《联合国宪章》表述的'我们联合国人民'——千差万别的各国社会，到具体特定的本国和外国的公民社会、集团以及有影响力的个人"，[①] 这些都有可能成为公共外交的对象。因此，"外交范式"研究者从非传统外交的视角给出了公共外交的定义："一个国家为了提高本国知名度、美誉度和认同度，由中央政府或者通过授权地方政府和其他社会部门，委托本国或者外国社会行为体通过传播、公关、媒体等手段与外国公众进行双向交流，开展针对全球公众的外交活动，以澄清信息、传播知识、塑造价值，进而更好地服务于国家利益的实现。"[②] 我国第一部公共外交教科书《公共外交概论》也采用了这一定义。[③]

以王义桅、唐小松、柯银斌为代表的公共外交研究者倾向于公共外交的"战略范式"，认为公共外交是信息时代的"国家战略工具"，"是

---

① 庞中英：《公共外交实践研究及其意义》，《山西大同大学学报》（社会科学版）2013年第1期。

② 赵可金：《公共外交的理论与实践》，上海辞书出版社，2007，第15~16页；韩方明主编《公共外交概论》，北京大学出版社，2011，第7页。

③ 韩方明主编《公共外交概论》，北京大学出版社，2011，第7页。

一国政府通过对外信息传播和对外文化交流等方式，对他国民众进行说明、说服工作，旨在创造有利于本国的国际环境，进而实现国家利益的最大化"。① 因此，基于不同的战略寻求，不同国家有进攻型公共外交战略和防御型公共外交战略的区别，有领导者战略、挑战者战略、追随者战略和补缺者战略等划分，决定公共外交的关键是战略管理。② "战略范式"研究者从中国公共外交的目标出发，提出中国应积极采用"进取性"公共外交，培植"自信、务实、开放、负责"的中国形象，营造"经济增长的良好国际环境"，循序渐进地促进"中国在国际社会中的形象从中性到正面—亲近的转换"。③ 同时，在公共外交战略选择上，应注重"竞争型"公共外交和"合作型"公共外交的结合，实现"在世界各国民众中树立中国的良好形象，消除国外民众对中国快速发展的负面认识"的目标。④

以李希光、周庆安、刘康、胡泳、苏淑民为代表的新闻传播学学者则倾向于公共外交的"传播范式"，认为公共外交的核心是传播国家形象，公共外交取决于传播机制和传播管理。⑤ "传播范式"研究者视公共外交为一种面向外国公众的"对外传播活动"，中国公共外交就是"通过对外事务的报道和宣传、文化教育交流、外交人员的私人关系等来传播有关中国的信息"，让世界人民了解真实的中国，"向世界宣传我们遵循独立自主的和平外交政策，树立和维护中国的正面形象"。⑥ 由此，国内外媒体成为公共外交信息沟通的重要渠道。而全球化和信息技术的发展，无疑极大地促进了全球媒体的发展，也提升了媒体在公共

---

① 唐小松：《中国公共外交的发展及其体系构建》，《现代国际关系》2006 年第 2 期。
② 北京外国语大学公共外交研究中心：《中国公共外交研究报告（2011/2012）》，时事出版社，2012，第 288 页。
③ 唐小松：《中国公共外交的发展及其体系构建》，《现代国际关系》2006 年第 2 期。
④ 唐小松：《论中国公共外交的两条战线》，《现代国际关系》2007 年第 8 期。
⑤ 北京外国语大学公共外交研究中心：《中国公共外交研究报告（2011/2012）》，时事出版社，2012，第 288 页。
⑥ 苏淑民：《公共外交与提升国家软权力》，《兰州学刊》2008 年第 2 期。

外交中的地位和作用。日益频繁的信息跨国界流动拓宽了各国公共外交信息流通的渠道，全球化时代的公共外交越来越依靠传播媒介发挥作用。因此，公共外交的研究必须注重国际传播或全球传播的规律，借鉴新闻传播学的理论框架和研究方法展开研究，探究公共外交主体（传播者）、客体（受众）、公共外交（传播）渠道及其内容之间的关系。① 正如刘继南等在《国际传播与国家形象》一书中所指出的："毋庸置疑，一国的国家形象在根本上取决于其综合国力与行为表现。然而……一国只有通过国际传播才能取得国外公众的理解、支持与共鸣，从而在国际社会树立预期的国家形象。"② 因此，为了在国际社会构建起良好的国家形象，中国的公共外交需要"从有效传播的角度，研究如何整合文化传播的国家力量，包括媒体、文化产业、学术、企业各领域的有效传播，打造中国品牌，建立中国的国际话语权"。③

以赵启正为代表的公共外交"跨文化交流范式"研究者更多是从公共外交实践者的视角阐释公共外交的概念，认为公共外交是一种跨文化的双向交流，是"政府外交以外的各种对外交流方式，包括了官方与民间的各种双向交流"。④ 进而强调开展公共外交的目的是"提升本国形象，改善外国公众对本国的态度，进而影响外国政府对本国的政策"。⑤ 公共外交和政府外交组成国家的整体外交，参与公共外交的各方从各种角度表达本国国情，说明国家政策，展现本国文化，其实质是通过信息的沟通和交流获得国际社会对本国的理解和支持。⑥ 因此，中国公共外交的基本任务就在于"向世界说明中国，促进外国公众认识

---

① 周庆安：《公共外交研究的四个理论维度》，GBD 公共外交文化交流中心，2012 年 4 月 9 日，http://www.charhar.org.cn/newsinfo.aspx? newsid = 4401。
② 刘继南等：《国际传播与国家形象》，北京广播学院出版社，2002，第 4 页。
③ 刘康：《全球传媒与中国国家形象》，《新闻与传播研究》2009 年第 6 期。
④ 赵启正：《公共外交与跨文化交流》，中国人民大学出版社，2011，第 5 页。
⑤ 赵启正：《公共外交与跨文化交流》，中国人民大学出版社，2011，第 4 页。
⑥ 赵启正：《公共外交与跨文化交流》，中国人民大学出版社，2011，第 3 页。

真实的中国——包括中国的文化传统、社会发展、经济状况、政治体制和对内、对外政策等"。①

以李正国、李华、檀有志等为代表的研究者倾向于公共外交的"公关范式",把公共外交看作政府的公关活动,如李华在《国际组织公共外交研究》一书中就认为"公共外交是一国政府为争取他国民心而采取的各类公关行动"。② 檀有志则指出,公共外交是"公共关系"在"外交"领域的运用,是国家把一种公共关系的思想、政策和管理职能运用到了外交领域,以此来影响外国公众,使其理解、认同进而支持该国的政策。③ 公共外交在本质上"是公共关系在国际关系中的一种运用,其使命有三:推销政策、推销形象、推销观念"。④

中国公共外交研究的学者们之所以从不同的理论维度界定公共外交,恰恰也反映出公共外交内涵的广泛性和路径渠道的多元化。全球化和信息化的扩展,给公共外交带来的不仅是理论的变革,更是极大地扩展了公共外交可资利用的方式和途径,促进了公共外交主体的多元化。因此,要对公共外交进行更准确和深入的研究,以上几方面的理论范式和学术方向或许都必须有所涉及,才能更加有效地推进公共外交理论的研究和公共外交实践的开展。公共外交的特点决定了公共外交是各种理论体系的综合运用,这不是"公共外交的泛化",而是真正能够"理解公共外交,并且对公共外交这一研究领域的理论构建有所裨益的学术尝试"。⑤ 因此,结合当前公共外交研究的理论范式和学术方向,笔者认为应该结合公共外交的特点,从更广泛的意义上界定公共外交,并尝试

---

① 赵启正:《公共外交与跨文化交流》,中国人民大学出版社,2011,第5页。
② 李华:《国际组织公共外交研究》,时事出版社,2014,第92页。
③ 檀有志:《国际话语权视角下中国公共外交建设方略》,中国社会科学出版社,2016,第22页。
④ 李正国:《国家形象构建》,中国传媒大学出版社,2006,第153页。
⑤ 周庆安:《公共外交研究的四个理论维度》,GBD公共外交文化交流中心,2012年4月9日,http://www.charhar.org.cn/newsinfo.aspx? newsid = 4401。

结合公共外交的主体与客体、目标与途径来界定公共外交：一国政府借助媒体、社会组织及个人与外国公众之间开展信息沟通和教育文化交流活动，旨在塑造良好的国家形象，促进民心相通，确保国家利益的实现和合作共赢的达成。

第二节　公共外交的特征与形式

外交作为处理国际关系的和平手段，其主要目标是"为了引导或影响对外关系的发展，使其有利于本国的最大利益"，不过，一国外交"即使为了一国的私利，它在制定对外政策和处理对外关系的时候，也有责任去考虑世界合作的利益，从而有助于防止战争与浪费财力"。[①]因此，如同传统的外交形式（如政治外交、经济外交、军事外交等），公共外交作为一种外交实践和手段，也是以维护和扩展本国的国家利益为最终目的的，是国家整体外交战略的重要组成部分。公共外交既有外交的共性，也有其特殊性。与公共外交的特性相适应，公共外交的方式和渠道也具有多样性。

一　公共外交的特征

公共外交作为一种新的外交形式，其信息沟通和文化、教育交流手段符合外交以"和平方式对外行使主权"[②]的特点。此外，公共外交也有其本身独有的特征。概言之，公共外交作为一种国家对外交往活动，有其特有的行为主体、行为对象（客体）、行为方式和行为目的。

（一）公共外交主体的多元化

公共外交的主体是一国政府，但其实施主体又具有多元化特征。在

---

① 〔英〕费尔萨姆：《外交手册》，胡其安译，中国对外翻译出版公司，1984，第1页。
② 鲁毅等：《外交学概论》，世界知识出版社，2004，第5页。

现代民族国家体系之下，政府作为一国唯一的合法性权力机构，是代表国家行使外交权的主体。公共外交作为国家整体外交的重要组成部分，其主体只能是一国政府，这是公共外交作为"外交"形式的共性所在。然而，公共外交的主体又具有特殊性。公共外交本质上是一种信息与观念的沟通与交流，其发挥作用的路径具有间接性，而现代政治的特点也决定了公众对政府具有天然不信任性。因此，政府虽然是公共外交的主体，但绝非与他国公众开展信息沟通的"有效"主体。换言之，为了保障公共外交的有效性，政府需要更多地借助媒体、社会组织、个人等与民众联系更加密切的非政府行为体开展公共外交活动。也就是说，最有效的公共外交不是"政府公共外交"，而是在政府授意下由非政府行为体开展的"媒体公共外交""企业公共外交""智库公共外交"等与国外公众的沟通与交流活动。而这些非政府行为体可以看作公共外交的具体实施主体或代理行为体。正如我国公共外交理论家和实践者赵启正所言，公共外交的"行为主体"包括政府、民间组织、社会团体、社会精英和广大公众等各个层面，其中"政府是主导，民间组织、社会团体、社会精英是中坚，广大公众是基础"。[1] 庞中英也认为在全球化时代，公众是公共外交的"真正主体，尤其是行为主体"。[2] 简言之，公共外交主体具有政府主体和非政府主体的"双重性"特点，尤其是在全球化和信息化的推动下，公共外交的实施主体日趋多元化，各种非政府主体在公共外交实践中发挥着越来越重要的作用。[3] 当然，没有得到政府授意的非政府组织、跨国公司、社会团体、科研院所和公民个人的对外文化教育交流活动和信息传输活动，只能算作民间交往，而不能纳入公共外交的范畴。

---

① 赵启正：《公共外交与跨文化交流》，中国人民大学出版社，2011，第 4 页。
② 庞中英：《公共外交实践研究及其意义》，《山西大同大学学报》（社会科学版）2013 年第 1 期。
③ 李德芳：《全球化时代的公共外交》，中国社会科学出版社，2014，第 88 页。

诚然，公共外交主体的这种"双重性"，也在一定程度上影响着公共外交的有效性。在公共外交实施的过程中，如果处理不好政府主体与具体实施主体之间的关系，往往会由于主体间外交理念的不同而导致公共外交效率不高，甚至矛盾冲突——作为政府代表的外交部门往往从传统等级理念出发制定公共外交战略，而作为公共外交活动具体实施主体的公民个人及社会团体需要的是平等理念，因为公共外交发挥作用的前提是"平等的双向交流"。此外，伴随着全球化和信息革命而不断扩展的全球公民个人及社会团体，逐渐成为公共外交发挥作用的基础。一国公共外交战略能否成功，很大程度上取决于能否成功地与全球公民社会打交道，这包括两个方面：一是能否成功地把本国的非政府行为体纳入公共外交体系中，使之成为本国公共外交的实施主体，借助其力量推行公共外交活动；另一方面是能否成功地与国外公民社会有效沟通与交流，以达到改善形象、提高认同度的目标。

（二）公共外交客体的复杂性

公共外交的客体是他国公众，这是公共外交不同于传统外交的显著特征。公共外交是一国政府开展的针对他国公众的信息沟通与文化交流活动，以取得国外公众对本国的了解、理解和支持。然而，作为公共外交客体的"他国公众"有着不同的群体类型和层次性，至少存在精英群体（包括舆论引导者和热心公众，即关键性公众群体）与大众群体（普通公众群体）两种类型。① 而不同的公众群体在本国所发挥的影响力和民意基础是不同的，因此，公共外交活动的客体也有重点对象与非重点对象之分，或者至少在一定时期内，有些公众群体属于关键"目标公众"，即外交工作的重点公众人群，而其他公众群体则不属于重点针对的对象。例如，如果一个时期一国公共外交的主要目标是试图影响

---

① 〔美〕杰里尔·A. 罗赛蒂：《美国对外政策的政治学》，周启朋、傅耀祖等译，世界知识出版社，1997，第341页。

或改变他国对本国的外交政策，那么公共外交的目标公众就应该是政策精英和舆论精英，而不是普通公众。因为，不同的公众群体对外交决策的影响力是不同的。政策精英和舆论精英，如重要的政府和商界领导人、著名的报界人士、学术权威和专业人员以及各行各业的知名人物，他们作为全国舆论的引导者，对于外交决策的制定有着不可忽视的影响力。① 而普通公众由于受教育程度和社会经济地位等对政治事务的参与度不高或缺乏兴趣，因此对国家外交政策的影响力有限。所以，理解和实践"公共外交"的关键就在于对"公众"的把握。因此，为了增强公共外交的有效性，在公共外交目标公众的选择上要加以细分，以增强公共外交的针对性。针对不同的目标公众可以采取不同的公共外交策略，开展不同的公共外交活动，要把公共外交的重点放在那些"对该国感兴趣或者利益关联度比较密切的公众"，尤其是"以一国政府和社会组织为核心而形成的特殊的利益共同体"身上。② 随着现代社会和外交行为的进步，目标国"草根阶层"（普通公众）在"民心相通"中的作用在不断上升。而且，一国只有在目标国普通公众中形成正面、积极的"国家观"，才能筑牢两国交往的民意基础和社会基础。换言之，普通公众作为国家与国家之间交往的"草根社会"层面，不仅从根本上决定着两个国家能否达成理解和互信，而且决定着两个国家交往的程度和水平。③

（三）公共外交内容与方式的多样化

公共外交在行为方式上的公开化和行为对象的大众化，决定了公共外交内容和方式的多样化。为保证公共外交的有效性，就必须根据不同对象的特点选择不同的内容，采取有针对性的方式和手段。美国是公共

---

① 〔美〕杰里尔·A. 罗赛蒂：《美国对外政策的政治学》，周启朋、傅耀祖等译，世界知识出版社，1997，第342页。
② 赵可金：《公共外交的理论与实践》，上海辞书出版社，2007，第210页。
③ 赵可金：《公共外交的理论与实践》，上海辞书出版社，2007，第211页。

外交实践领域的引领者，其公共外交活动从一开始就有不同的内容与方式，从达成公共外交目标的不同手段出发，美国的公共外交活动至少包括两类，即美国政策的宣传活动和文化交流活动。[1] 尼古拉斯·凯尔认为从公共外交活动所需要时间的长短出发，公共外交从内容上可以划分为短期模式、中期模式、长期模式和极长期模式，在方式上可以采用"倾听""倡导""文化外交""交流外交""国际广播"等不同手段和渠道。[2] 公共外交的内容与方式不仅包括信息沟通、文化交流、教育合作，还包括媒体交往、民意调查以及企业外交等。同时，各国可资使用的公共外交资源和渠道也各有侧重，在公共外交实践中也形成了各具特色的公共外交内容与运行模式。从广义的角度讲，公共外交包含除政府外交以外的其他所有对外交往。而从中国的公共外交实践来看，中国公共外交除了信息沟通与文化交流项目之外，还包括民间外交，"但比民间外交的内容更为丰富"。[3] 此外，无论是对外信息传播还是国际教育文化交流，都需要借助多种渠道与方式开展多种多样的沟通与交流活动。而且随着全球化和信息技术的发展，公共外交的渠道与方式也日趋多样化。除了传统的对外广播、教育文化交流之外，网络外交、数字媒体外交、企业外交、智库外交等各种新型公共外交方式也层出不穷。

此外，公开性也是公共外交的突出特性，而公共外交本身的性质及其运作方式的间接性决定了公共外交必须是公开进行的：信息公开、活动（项目）公开、结果公开。也就是说，公共外交通过公众舆论的力量发挥作用，要想获得公众舆论的支持，就必须把信息及时、准确地传递给公众，这一过程对政府的基本要求就是信息的公开化和透明化。假

---

① 韩召颖：《输出美国：美国新闻署与美国公众外交》，天津人民出版社，2000，第147页。

② Nicholas J. Cull, "Public Diplomacy: Taxonomies and Histories", *The Annails of the American Academy of Political and Social Science*, Vol. 616, No. 1, 2008.

③ 赵启正：《公共外交与跨文化交流》，中国人民大学出版社，2011，第3~4页。

如一国政府被发现有秘密操纵他国公众舆论之嫌，那么，该国政府先前所做的公共外交努力将功亏一篑，而且，要想再次赢得他国公众的信任可能要花费更多的时间和人力、物力，得不偿失。因此，各国在开展公共外交活动时，一定要保证信息的公开性和透明度，只有这样，公共外交才能顺利实施。

（四）公共外交目标实现的间接性

公共外交的最终目的是"使外国公众不仅理解，而且接受自己的国家利益，并将之转化为相应的内政和外交"。[①] 公共外交作为国家整体外交的组成部分，主要目的就是通过国家形象的塑造和"软实力投射"实现国家利益。不过，公共外交是通过迂回、间接的方式实现国家利益的，一国政府通过与他国公众的信息和思想的交流，促进他国公众对本国的观念认同，提升本国的国家形象，进而促进国家利益的实现。约瑟夫·奈指出，公共外交是"提高一国长期目标必不可少的部分，它使对外政策目标通过公共外交信息项目和其他软实力资源的比较优势得到巩固"。[②] 换言之，公共外交不是采取直接影响另一国政府的方式，而是借由改变另一个国家内部的舆论环境，努力塑造出一种有利于本国的政治生态，最终促进有利于本国的政策产出。[③] 当然，公共外交运作的间接性并不等于脱离政府自行其是，政府在公共外交运作过程中仍然起着重要的作用：政府不仅是信息的提供者和公共外交体制的维护者，而且也是公共外交战略的确立者和资金来源的保障者，只不过政府的这些作用是通过幕后运作而实现的。

事实上，除了增进本国的国家利益之外，公共外交在促进民心相通的过程中，也发挥着增进世界各国民众相互了解，增强互信的作用。

---

① 赵可金等：《公共外交的目标及其实现》，《公共外交季刊》2011 年春季号。

② Joseph S. Nye and William Owens, "America's Information Edge", *Foreign Affairs*, March/April 1996, p. 21.

③ 赵可金：《美国公共外交的兴起》，《复旦学报》（社会科学版）2003 年第 3 期。

"公共外交的价值不仅仅着眼于获取特定时限的目标，而具有惠及现时段所有国际事务的潜力。"① 因此，从长远来看，公共外交的发展有利于人类共同利益的维护，这也是中国把推进人类命运共同体建设作为中国公共外交远期目标，倡导新型公共外交的重要原因。在全球化时代，完全以自我利益为目标的公共外交行为，难以赢得国际社会的信任与认同，美国"9·11"事件后一系列非常有力度的公共外交举措并未能改善美国在世界尤其是伊斯兰世界的形象，就是很好的例子。因此，兼顾本国利益、双方利益及人类共同利益，是现代公共外交必须要遵循的重要理念之一，从长远来看也是公共外交的生命力所在。

二　公共外交的形式

公共外交不仅是一种区别于传统外交的新的外交理论，更是广泛运用于"赢取民心"战略的外交实践。公共外交行为主体的多元化、内容和方式的多样化以及作用发挥的间接性，决定了公共外交实现途径的多样性。公共外交的根本目标是实现和维护国家利益，而鉴于一国公共外交资源的有限性和公共外交战略实施的阶段性，一国可能在一定时间内多采取防御策略，而在另一时段又以进攻策略为主或两者并重。同时，一国公共外交目标的实现可能与他国的公共外交目标相冲突或相契合，在公共外交战略与策略的选择上就面临竞争与合作的问题。此外，公共外交战略目标的达成必须依托各种具体的公共外交活动和项目，这些具体的公共外交实践活动依据战略需求可能需要不同的时间、借助不同的渠道，才能最终达成公共外交的目标。因此，公共外交活动也有短期、中期和长期的区别，有媒体公共外交、战略沟通公共外交与文化公共外交之分。

---

① Joseph S. Nye and William Owens, "America's Information Edge", *Foreign Affairs*, March/April 1996, p. 21.

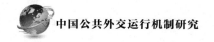

（一）进攻型公共外交与防御型公共外交

公共外交是一国政府通过各种信息沟通与交流渠道，有意识地针对外国公众开展的塑造和展示国家形象的外交活动。基于各国在不同时期公共外交战略目标的差异，在公共外交实施的进程中，公共外交战略可以分为进攻型公共外交与防御型公共外交。进攻型公共外交是指针对他国尤其是"敌意国家"采取攻势型手段，"说服对象国民众理解并接受公共外交发起国的政策或意图，改变对象国民众的价值观"。而防御型公共外交则指，当"一国在海外出现形象危机或国家利益受损"时而采取的一系列"公关活动"，目的是"化解国外民众和政府对公共外交发起国业已形成的消极印象，为本国的海外发展营造良好的国际环境"。①

冷战时期，美国新闻署为了配合美国政府的"和平演变"战略，积极推动进攻型公共外交，与以苏联为首的社会主义阵营大打"舆论战"。进攻型公共外交成为冷战时期美国宣传对外政策和意识形态，推销美国形象的有效战略武器。尤其是美国新闻署下属的美国之音广播电台（VOA）、自由欧洲电台（RFE/RL）等传播媒介以及蕴含美国价值观的大众流行文化和教育交流项目，更是在美苏"舆论战"中为美国赢得了先机，并最终为美国赢得冷战立下了汗马功劳。而苏联则在以美国为首的西方国家的排斥和遏制下，在公共外交中处于"防御"地位。为了应对美国咄咄逼人的公共外交攻势，改善二战后苏联在西方国家开始变"坏"的形象，在苏联资深宣传家所罗门·洛佐夫斯基（Solomon Lozovsky）领导下，苏联情报局、塔斯社、广播委员会、国际出版社、苏联对外文化协会等也开展了一系列针对西方社会的公共外交活动。不过，由于苏联公共外交领导机构分散、缺乏协调、宣传方式僵化等问题，冷战期间，苏联在与美国的舆论战中始终难以占据有利地位。

----

① 唐小松：《从世博会看中国防御性公共外交》，《公共外交季刊》2010年夏季号。

冷战的结束，使得美国国内"民主胜利"的呼声一度甚嚣尘上，公共外交也就失去了应有的应用价值。因此，在冷战结束后，公共外交在美国对外战略中的地位急剧下降，美国新闻署也在 1999 年被并入国务院。不过，"9·11"事件发生后，为了拯救美国在伊斯兰世界的"形象"，公共外交再次被提升到美国外交战略的高度。此后，美国政府采取了一系列公共外交措施，如任命前奥美广告公司的首席执行官、素有"品牌制造皇后"之称的夏洛特·比尔斯（Charlotte Beers）为主管美国公共外交和公共事务的副国务卿，建立针对中东地区的"萨瓦"（Sawa）广播网络，在国务院建立"联合信息中心"（Coalition Information Center），在白宫设立"全球外交办公室"（Office of Global Diplomacy），在五角大楼设立"战略影响办公室"（Office of Strategic Influence）[1]，同时增加公共外交项目，提高公共外交预算等。总之，全面加强美国在全球尤其是伊斯兰世界的公共外交"攻势"，"把美国的外交政策通告全球民众"，在全球塑造美国积极正面的形象，以对抗各地的"反美主义"。公共外交重新成为美国"国家安全的关键组成部分"。[2] 不过这些公共外交举措在维持其"进攻性"特征的同时，也在一定程度上体现出"防御性与应急性"，既担负着打造美国国家形象的重任，也是配合美国"反恐"战争的"软战"形式，公共外交成为与"先发制人"战略并重的美国"反恐"战争的两大战略支柱。[3] 然而，这种"应急性"的公共外交举措并没有达到扭转美国国家形象的目的，这其中既有"应急性"建立的公共外交机构效率低下和配合不力的因素，更是因为

---

① 五角大楼设立"战略影响办公室"的目的在于"协调不同信息活动，支持美国的海外军事行动"。但该部门设立不久，就被指责为过于露骨地张扬武力逻辑而被迫取缔。Cited in Maureen Dowd, "Office of Strategic Mendacity", *New York Times*, February 20, 2002.

② Elizabeth Becker and James Dao, "Bush Will Keep the Wartime Operation Promoting America", *New York Times*, February 20, 2002.

③ 唐小松、王义桅:《从"进攻"到"防御"——美国公共外交战略的角色变迁》,《美国研究》2003 年第 3 期。

小布什政府仅仅把公共外交作为推销外交政策、配合"反恐"战争的工具，而忽略了公共外交"民心沟通"的本质。2006 年美国审计总署（GAO）报告提出了新阶段美国公共外交的目标和任务，即美国的公共外交必须以支援美国取得战略利益为目的，并把对国外公众进行信息发布、接触并施加影响作为美国公共外交的整体目标。以此为指导，美国公共外交开始向"进攻性"和"常态化"的方向发展。同时，美国的公共外交活动开始从主要进行反恐宣传回归到推行价值观，美国又开始像冷战时期一样重新强调自由和民主的政治观念，并且在机构设置和人员调配上注重公共外交推行的长期性和战略性。① 近年来，美国进攻型公共外交战略的重点和范围更加宽泛化，战略内容也从传统的政治意识形态扩展为包括宗教、哲学、普通社会价值观、思维方式等在内的广泛文化因素。② 公共外交的进攻性、工具性和实效性进一步强化，成为美国拓展"软实力"，巩固、深化和扩大"世界唯一超级大国"地位和谋求"领导世界未来"的重要手段。③

而同处北美洲的加拿大，其公共外交战略被视为防御型公共外交的典型代表。面对美国强大的公共外交攻势，加拿大的公共外交更多地表现为一种"防御性"态势。长期以来，加拿大 95% 的电影、80% 的非电视新闻、80% 的杂志和 60% 的图书市场都在美国的"控制"之下。④ 面对美国文化和文化产品在加拿大的大面积传播和绝对优势，加拿大只能采取建立文化壁垒、保护和促进民族文化事业发展等方式，尽力抵制美国文化的"入侵"，但收效甚微。不过，在软实力竞争激烈的全球化时代，即使像加拿大这样采用防御型公共外交战略的国

---

① 张毓强、张文静：《重现"进攻性"和"常态化"——当前美国公共外交的发展趋势》，《现代传播》2011 年第 8 期。
② 李智：《文化外交——一种传播学的解读》，北京大学出版社，2005，第 85 页。
③ 廖宏斌：《公共外交：国际经验与启示》，《当代世界与社会主义》2009 年第 1 期。
④ 廖宏斌：《公共外交：国际经验与启示》，《当代世界与社会主义》2009 年第 1 期。

家，也并非没有积极开展公共外交的一面。尤其是冷战后在"新外交"理念的指导下，加拿大政府开始把公共外交提升到与安全、经济等量齐观的地位，视其为本国外交政策的"第三支柱"，并积极借助非政府组织开展公共外交，在国际社会塑造加拿大"和平缔造者"的形象。如1997年加拿大发起"国际禁雷运动"，成功地促成了全球121个国家和众多国际组织参加渥太华禁雷大会。《渥太华禁雷公约》的签署提升了加拿大的国际地位，也塑造了加拿大"和平塑造者"的形象。

此外，还有两种介乎这两者之间的公共外交战略模式，一是以法国为代表的"进攻—防御型"公共外交，二是以德国为代表的"防御—进攻型"公共外交。冷战时期，法国的公共外交战略表现出"进攻性"特征，每年投入10亿美元用于在欧共体内部和前法属非洲国家的文化交流项目，借以提升法国的国际威望和形象，维护其传统利益和大国政治地位，并一度成为西方国家公共外交资源投入最多的国家之一。① 冷战结束后，法国公共外交在美国公共外交的攻势下，"防御性"特征更加明显。尤其是美国文化在欧洲的"扩张"和"入侵"，不仅使法国的社会生活方式与价值观念染上了美国文化的特色，而且法兰西民族文化认同也受到了一定程度的负面影响。② 因此，法国公共外交的目标和任务，不仅在于要"继续向外部世界传播法兰西独具个性的价值观、标准和惯例，以追求和扩大法国的世界影响力"，还肩负着"防御美国文化入侵、保护法国民族文化、维护法国的文化价值观和民族文化认同的重要使命"，法国公共外交战略表现为一种"进攻—防御性"态势。③ 而同为欧洲大国的德国，随着公共外交战略目标的转变，其公共外交战

① Allen C. Hansen, *USIA: Public Diplomacy in the Computer Age*, New York: Praeger, 1989, p. 174.
② 陈卫星主编《国际关系与全球传播》，北京广播学院出版社，2003，第187～221页。
③ 廖宏斌：《公共外交：国际经验与启示》，《当代世界与社会主义》2009年第1期。

略则从二战后的"防御型"逐渐转向"进攻型"。二战后，作为战败国的德国，其公共外交最主要的目标在于通过与世界尤其是欧洲各国的沟通和交流，消除外部世界对其未来发展所存在的疑虑，走上"正常国家"轨道。因此，二战后德国采用了一种"防御型"的公共外交战略，积极修复国际形象，取得了良好的效果。以20世纪70年代勃兰特为德国谢罪的"华沙之跪"为标志，德国在欧洲乃至全世界逐渐树立起正面、积极的形象，德国与东欧诸国的关系也得到了迅速改善。此后，随着德国公共外交的战略目标转向为服从和服务于改变德国"经济大国、政治侏儒"地位和追求成为"政治大国"的外交诉求，德国公共外交的"进攻性"逐渐增强，通过文化交流、德语教学等各种公共外交渠道加强与世界的沟通，促进他国民众对德国的了解，全面提升德国的国际威望和形象，为争取成为世界级的"政治大国"服务。①

（二）竞争型公共外交与合作型公共外交

国家利益是驱动国家发展对外关系的最基本的要素，是一国外交战略的基本依据和根本目标。公共外交作为一种"软实力"外交，维护本国的国家利益是其基本目标。为了达到实现国家利益的目的，各国在推行公共外交的实践中，往往会采用不同的策略，因此，公共外交有竞争型公共外交（competitive public diplomacy）和合作型公共外交（co-operative public diplomacy）之分。一个国家在世界大大小小200多个国家和地区所追求和拥有的利益是不同的。对一些具有战略意义的国家和地区以及拥有重要资源的国家，几乎所有国家都拥有清晰的、无可争议的政治、经济、军事或文化利益。而资源的有限性势必导致各国在追逐本国利益时与同样在该国家和地区拥有利益的国家展开竞争，这种竞争有时是"零和"的，一国之所得就是另一国之所失。因此，在此类国家和地区拥有相似利益的国家必然在这些地区和

---

① 廖宏斌：《公共外交：国际经验与启示》，《当代世界与社会主义》2009年第1期。

国家展开竞争性的公共外交活动，以确保本国国家利益的实现。与此同时，在一些几乎毫无利益的弱小国家，各国在外交上或忽略之，或可能采取合作的态度以维护共同的利益，如地区的稳定、全球问题的解决等，因此，在这些国家和地区采取合作性公共外交活动的可能性较大。如表1-1所示。

表1-1 竞争型公共外交与合作型公共外交

	目标国	国家利益	公共外交方式
竞争型公共外交（大约50个国家）	20国集团 欧盟15国+准入国 20个主要的旅游、贸易和投资伙伴国 安理会五大常任理事国 北大西洋公约组织 移民联系国	政治影响 军事合作 贸易 投资 旅游 政府间国际组织内的合作 政策交流	特殊问题上的双边竞争 与他国共有问题上的多边竞争
合作型公共外交（大约140个国家）	其他所有的发展中国家	促进民主、人权、地区稳定	多边合作

资料来源：Mark Leonard, *Public Diplomacy*, London: The Foreign Policy Centre, 2002, p. 25。

一方面，在有战略利益的国家和地区开展竞争性的公共外交活动，是维护国家利益的重要举措，关系到各国公共外交资源的优先配置问题。例如，法国作为一个世界大国和重要的欧盟成员国及前老牌殖民大国，在欧盟和世界范围内以及前殖民地国家维护其政治影响、军事影响，追逐贸易、投资利益和扩大市场，都是其优先考虑的利益之所在。然而受人力、物力和资源所限，法国的公共外交部门不可能在所有国家都开展同等重要的公共外交活动、扩展法国的影响。因此，如何扩大在欧盟、北大西洋公约组织、联合国以及非洲地区（如尼日利亚）的影响，成为法国公共外交战略的重中之重。然而，美国、英国、德国等国家在上述这些地区、组织和国家中同样拥有重要的战略利益，同样会在这些地区、组织和国家积极开展公共外交活动，这就势必造成美、英、德等国与法国在这些地区、组织和国家中的公共外交活动的相互竞争，甚至是相互冲突。如英国广播公司（BBC）与法国国际广播电台（RFI）为扩大各自在非洲的政治影响而在法语非洲展开对听众、频率和影响度的争夺；为了使本国获得额外利益，得到国会大力财政支持的美国之音与英国广播公司在索马里展开频率之争；法国在阿富汗重开高等学校（大学预科）教育以及加强与艾哈迈德·沙阿·马苏德（Ahmed Shah Massoud）保持已久的联系的举措，旨在抗衡美国在这一地区的公共外交活动，以提高法国在这一地区的影响力。①

在民族国家仍然是国际社会主要行为体的今天，竞争性公共外交活动在国家公共外交战略中占有重要的地位。问题是如何确定本国应该在哪些国家和地区优先开展公共外交活动，换句话说，决定一个国家或地区对本国是否重要的标准是基于历史、政治、经济和背景，还是基于"潜在影响"，这是各国外交部门首先要解决的问题。② 毫无疑问，各国利益的优先考虑是不同的，因此，在哪些国家和地区优先开展公共外交活动的侧重点也是各不相同的。然而，如表1-1所示，无论20国集团，还是安理会五大常任理事国，以及印度、尼日利亚、南非和印度尼西亚等地区强国必然成为世界舞台上追逐利益的任何一个国家发展优先双边关系的中心候选国，世界各国尤其是西方大国在这些国家展开公共外交的竞争也是在所难免。

另外，在一些对于本国战略利益较少的国家和地区，与他国合作开展公共外交的可能性则增大。当然，合作型公共外交的发起是公共外交部门对国家利益、战略、资源综合考量的结果。例如，对于大多数发达国家而言，一些小国，尤其是广大的非洲、拉美国家，它们既没有较强

---

① Mark Leonard, *Public Diplomacy*, London：The Foreign Policy Centre, 2002, p. 25.
② Mark Leonard, *Public Diplomacy*, London：The Foreign Policy Centre, 2002, p. 29.

的政治影响力，也产生不了重大的经济效益，有时反而是各种全球性问题的发源地或薄弱环节。因此，对大国而言，这些国家既无政治利益可言，也缺乏经济利益的驱动，大国针对这些国家开展强大的公共外交攻势的可能性就大大下降。这些国家对世界上许多国家来说，都处于外交战略的边缘。然而，全球化的浪潮几乎席卷了整个世界，离开了这些国家的发展与稳定，发达国家的繁荣也不可能持续。因此，任何国家又不能忽视这些国家的存在和发展。换言之，促进这些国家和地区的稳定和经济发展，不仅仅是某个国家的事情，也是关乎几乎所有国家的共同利益。此外，环境污染、有组织犯罪、传染病、国际恐怖主义等全球性问题是没有边界的，这些问题的解决需要各国的合作，从这一意义上来说，各国的确是在同一艘船上，一旦船体的某一部位发生问题，就有可能导致整个船体的倾覆。艾滋病在全球的蔓延已经给人类敲响了警钟。世界各国，包括西方发达国家已经意识到问题的严重性，因此，它们提出在这些与个别西方国家没有特别重大的双边关系的国家，不是开展竞争性公共外交活动，而是联合它们的公共外交资源，共同致力于以促进这些国家的民主、人权、善治和地区稳定为目标的合作性公共外交活动。

进入 21 世纪以来，追求本国利益仍然是各大国的最大诉求，因此，竞争型公共外交仍然是各国公共外交活动的主要方面。不过，西方各国在一些国家开展的竞争性公共外交活动，由于相互抵消的作用，在一定程度上导致了公共外交的"失败"。例如，在阿富汗的战后重建中，美国"自由阿富汗电台"（Radio Free Afghanistan）、英国广播公司、法国国际广播电台都在阿富汗展开了对听众、频率和影响度的竞争，争夺在这一地区的影响力。然而，这些竞争性公共外交活动并没有使阿富汗人民对西方某国有特别的好感，反而使阿富汗人民对整个西方的厌恶感有加重的趋势。正如国际危机组织（International Crisis Group）亚洲项目主任罗伯特·坦普勒（Robert Templer）所言，阿富汗的战后重建展示了"西方公共外交的显著失败"。① 因此，西方各国尤其是欧盟各国开始注重在公共外交领域的合作。早在 2002 年，时任英国首相布莱尔就在丹麦举行的欧盟峰会上建议欧盟发起"公共外交合作"计划，为欧盟在世界大多数国家开展合作性公共外交活动提供资金，因为欧盟在这些国家没有可区分的利益而是有紧迫性的共同需要。随着世界各国相互依赖的加强和各国共同需要的增多，在世界各国政府之间建立一个非正式的责任分担系统，以促进合作型公共外交的开展是明智的也是必要的。

当然，一国在某些国家和地区的公共外交战略也不是一成不变的，随着该国家和地区在一国国家利益版图上战略地位的变化，竞争型公共外交也可以转化为合作型公共外交，反之亦然。典型的例子，就是大国在太平洋岛国地区的争夺。冷战结束后，随着太平洋岛国国际战略地位的下降，大国对太平洋岛国的关注有所下降，表现之一就是减少对太平洋岛国的经济援助（大部分太平洋岛国的发展都严重依赖西方大国的经济援助）。进入 21 世纪以来，随着太平洋岛国在国际海上战略通道地位的上升，西方大国转而开始在太平洋岛国地区展开公共外交争夺。美国视太平洋岛国地区为"重返亚太战略"和"印太战略"的重要一环，不断通过增加对太平洋岛国的经济援助、加强与太平洋岛国论坛的关系以及派高官访问太平洋岛国等方式增强在太平洋岛国的存在和影响力。2007 年，远离太平洋岛国地区已久的美国高级官员几乎遍访太平洋岛国诸国，并参加了太平洋岛国论坛。2007 年 5 月，时任美国国务卿赖斯在与太平洋岛国首脑举行多方会谈时宣布一系列公共外交活动，包括增加对这一地区的援助以及在斐济增设一个美国国务院在此区域的"公共外交"办公室。美国政府还史无前例地邀请 20 位岛国领导人到华盛顿开会，并将 2007 年定为"太平洋年"，力图扭转美国自冷战后

---

① Mark Leonard, *Public Diplomacy*, London: The Foreign Policy Centre, 2002, p. 25.

对这一地区"忽略"的状况，重新审视其战略价值。2012 年，时任国务卿希拉里更是率历史上"级别最高、规模最大的"代表团参加第 24 届太平洋岛国论坛，并着重阐述了美国与太平洋岛国的合作要务，以"增强与岛国关系的深度与广度"。① 日本曾经是太平洋岛国仅次于澳大利亚的第二大援助国，冷战后日本也曾一度减少对太平洋岛国的官方发展援助金额，但在 2009 年又重新把援助额度提升到 1 亿美元以上，希望以此来拉拢太平洋岛国，增强日本在太平洋岛国的影响力并为其"入常"拉票。此外，澳大利亚、新西兰、印度、韩国、俄罗斯以及欧盟各国也通过经济援助和文化交流等方式不断扩大在太平洋岛国的影响力。印度是近年来加强与太平洋岛国联系的大国之一。随着印度"世界大国"战略的推进，太平洋岛国无疑成为印度争取"入常"和增强在太平洋地区影响力的重要拉拢对象。自 20 世纪 90 年代启动回归亚洲的"东向政策"以来，印度不断增强在太平洋地区的存在感和影响力。2003 年，印度开始成为太平洋岛国论坛的对话伙伴国，而太平洋岛国数量庞大的印度侨民（仅斐济的印度侨民就有 30 万人之多），也成为印度在太平洋岛国开展公共外交的有力支撑。

（三）短期、中期和长期公共外交

公共外交作为一国总体外交的重要组成部分，不仅要有战略考量和策略的选择，在具体的实施过程中，也需要有目标、有计划。依据具体的公共外交目标定位的不同，达成目标的具体实施方案和路径也有所不同，有所侧重。我国较早研究公共外交的学者赵可金把一国的公共外交活动划分为公关外交（由政府直接出面组织实施）、媒体外交（由政府委托大众传媒实施）和文化外交（由政府中的教育文化部门组织实施）。② 这一划分基于政府公共外交主体的角度，按照公共外交具体的

---

① 郭春梅：《南太岛国聚焦大国关注》，《瞭望》2012 年第 37 期。
② 赵可金：《公共外交的理论与实践》，上海辞书出版社，2007，第 250 页。

组织实施部门进行划分，具有一定的合理性。美国政府一般把其公共外交活动分为侧重于宣传美国政策的信息活动（information activities）和立足于向他国民众推介美国社会文化与价值观的教育文化交流活动（education and cultural exchange），这一划分主要基于公共外交目标的不同。英国公共外交理论家马克·伦纳德（Mark Leonard）认为，一国公共外交战略可以有短期、中期和长期之分，不同公共外交战略的目标、实施方式及所需要的时间不同。政府公共外交活动包含三个层面，即短期的甚至是瞬时的新闻管理（news management）、中期的战略沟通（strategic communications）和长期的关系建立（relationship building）。[①]

1. 短期公共外交

公共外交的中心是"信息和观点的流通"，[②] 因此，以信息管理为主的日常新闻管理是一国公共外交的首要任务。这种日常的新闻管理包括两个层面的内容，一是主动输出信息和观点的"日常沟通"，二是"危机反应"，即对突发事件迅速做出新闻反应。而从时间上来看，无论"日常沟通"还是"危机反应"都需要迅速、及时地进行信息的流通，因此，这种以小时和天来计算的日常新闻管理属于短期公共外交。而从公共外交发挥作用的角度来看，这种日常新闻管理主要借助媒体作为信息与观念传输的中介，因此，短期公共外交也被称为媒体公共外交。媒体公共外交是政府借助大众传媒的力量，"在特定的领域向其他国家的民众释放信息、影响舆论、塑造行为"的活动，目的是"在其他国家的民众中间建立信任、获得支持以及增强联系，进而间接影响他国政府行为"。[③] 媒体作为连接政府与公众的媒介，不仅对大众舆论和公众对一国的看法起着重要的引导作用，而且有时候对政府的决策也会

---

① Mark Leonard, *Public Diplomacy*, London：The Foreign Policy Centre, 2002, pp. 8 – 21.

② "What is Public Diplomacy?", http：//www. publicdiplomacy. org/1. htm, accessed on 2nd, August 2019.

③ 赵可金：《媒体外交及其运作机制》，《世界经济与政治》2004 年第 4 期。

起到"引导性"作用。① 例如，1991 年海湾战争期间 CNN "7 天 24 小时"式的不间断报道所产生的"CNN 效应"，不仅激起了美国民众和国际社会的参与意识，也迫使美国政府不得不采取行动以回应媒体的报道。因此，政府日常沟通的主要任务就是通过新闻发布会、媒体吹风会、记者会、新闻发言人等形式向新闻媒体尤其是外国新闻媒体"输出"有关本国的政策信息，介绍本国内政外交决策的背景及内容，借助媒体的中介作用和引导者角色向外国公众及政府传递本国信息，从而达到信息沟通、获取信任与支持的目的。

应对突发事件的"危机反应"是日常新闻管理的另一层面。这种"危机反应"能力要求公共外交机构对于突发事件要有迅速做出反应和反击的能力，尤其是对有关本国的错误言论和信息能够迅速做出回应，使信息的流动符合本国的战略意图和目标。应对突发事件的"危机反应"能力不仅是一国公共外交信息管理能力的体现，有时候还会成为国家形象重塑的契机抑或"滑铁卢"。危机处理与国家形象之间存在着"成也萧何败也萧何"式的关系，因为它集中体现着一个国家的价值取向和行为能力。② 美国对"9·11"事件的迅速反应不仅赢得了国内民众的理解与支持，也增强了美国作为世界领导者的地位——反恐联盟得以迅速建立，美国领导的反恐战争得到世界舆论的广泛支持。尽管这种支持因为美国反恐战略的"双重性"及其单边主义很快遭到了世界广大民众的反对，但美国借助反恐无疑重塑了其在国际社会的领导者形象。与此相反，1985 年 5 月 29 日晚发生在比利时布鲁塞尔海瑟尔体育场（Heysel Stadium）的一场暴力冲突，不仅暴露出英国政府危机反应和应对能力的缺失，也导致英国人传统的绅士形象荡然无存。尽管事后英国首相撒切尔夫人和英国女王先后在正式场合向意大利和比利时球迷

---

① 史安斌：《媒体在公共外交中的三重角色》，《公共外交季刊》2011 年冬季号。
② 刘明：《当代中国国家形象定位与传播》，外文出版社，2007，第 309 页。

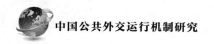

致歉，但此后很长一段时间"足球流氓"几乎成为英国人的代名词。①

2. 中期公共外交

从国家形象传播的角度来看，依靠日常的新闻管理还远远达不到在国际社会塑造和树立形象的目的。因此，公共外交机构还必须"主动出击"，通过设立相关形象传播项目，有计划地推进国家形象的海外传播，进而达到塑造或重塑国家形象的目的。一国公共外交机构的这种有目的、有计划推进国家形象传播的活动被称为"战略沟通"，② 时间可能从几周到一年不等，是一种类似于政治宣传或广告宣传活动的做法。战略沟通的形式可以是国际学术交流、文化艺术展演，也可以是国际会展、世博会或文化月、文化交流年、国家旅游年等。

近年来，随着信息技术的迅猛发展，战略沟通所能够借助的技术手段越来越多，对受众的吸引力和取得的效果也比过去有了显著提升。各国采用的战略沟通形式更注重具有现代特色和以吸引特定目标群体为主的各类主题活动。例如，从20世纪90年代开始，为改变英国在世界民众眼中的"老古董"形象，塑造其富有"创新和创造力"的现代化国家形象，英国政府制定了"创造性的未来"国家文化发展战略，组建了"公共外交战略委员会"，向世界积极推销英国充满活力和具有创造力的形象。③ 其中，2003～2004年，英国政府斥巨资先后在中国、中东欧国家及北美开展的一系列"重塑不列颠"战略沟通公共外交项目，不仅改变了目标国公众对英国的印象，也提升了英国的美誉度。从

---

① 1985年5月29日，英格兰利物浦与意大利尤文图斯在比利时布鲁塞尔海瑟尔体育场举行欧洲冠军杯决赛。赛前，利物浦球迷制造骚乱，导致一面墙倒塌，38名意大利人和1名比利时人因此丧生，300多人受伤，这就是欧冠赛历史上著名的海瑟尔体育场惨案。惨案发生后，英国首相撒切尔夫人和英国女王先后在正式场合向意大利和比利时球迷致歉，英格兰俱乐部（球会）也因此被禁止参加欧洲赛事达5年之久。此后，海瑟尔体育场再也没有被使用过，直到2000年欧洲杯前，体育场被改建，更名为波德因国王体育场。

② Mark Leonard, *Public Diplomacy*, London: The Foreign Policy Centre, 2002, p. 11.

③ Mark Leonard and Andrew Small with Martin Rose, *British Public Diplomacy in the "Age of Schisms"*, London: The Foreign Policy Centre, 2005, p. 2.

2003 年 4 月开始，在近一年的时间里，英国文化委员会和英国驻华使馆先后在北京、上海、广州、重庆等地举办了规模宏大的"创意英国"宣传活动，全面展示现代英国的创新成果和革新意识，力图在中国民众尤其是年轻人心目中塑造英国富有创造力的新形象。此后的评估显示，"创意英国"成效显著，高达 71% 的被调查者对英国持正面的看法。① 这种主题活动式的战略沟通公共外交活动能够在一段时间内向目标受众集中展示某些特定的内容，给目标受众留下深刻的印象，是塑造和传播国家形象的有效形式，因此，这一形式也为许多国家广泛运用。

3. 长期公共外交

联系是"外交的核心"。② 国家间关系的建立和维持不仅要依靠处理政府间官方关系的政府外交，还需要增进和加强民众之间的理解和沟通。"民心相通"是国家间良好互动的社会和民意基础，而文化、教育交流等方式是拉近民众间的关系、增进民心相通的最佳途径。不过，无论通过设立奖学金、教育援助还是海外文化传播与文化交流，都不是短时间内能够取得成效的，有时候需要数年甚至数十年才能取得成效。因此，这种通过"奖学金、学术交流、培训、研讨会"等形式与他国民众尤其是精英人物"发展持久关系"的"关系建立"活动，③ 是一种长期公共外交。而文化交流不仅是"关系建立"的中介，也是促使精英受众认同公共外交实施国价值和观念的工具，因此，这种长期的"关系建立"是一种文化公共外交活动。

始于 1946 年的美国富布赖特项目可能是这种长期的文化公共外交最成功的典范。据统计，在美国富布赖特项目的"受益者"中，至少

---

① Mark Leonard and Andrew Small with Martin Rose, *British Public Diplomacy in the "Age of Schisms"*, The Foreign Policy Centre, 2005, p. 3.

② 〔美〕威廉·奥尔森等编《国际关系的理论与实践》，王沿等译，中国社会科学出版社，1987，第 189 页。

③ Mark Leonard, *Public Diplomacy*, London：The Foreign Policy Centre, 2002, p. 18.

有 200 位现任或前任各国政府首脑，其中包括安瓦尔·萨达特（Anwar Sadat）、赫尔穆特·施密特（Helmat Schmidt）和玛格丽特·撒切尔（Margaret Thatcher）这样的国家领导人。这种培养和造就"关键的他国精英人物"的活动对于美国来说无疑是"最合算的交易"。① 美国前主管公共外交与公共事务的副国务卿夏洛特·比尔斯就曾毫不讳言地指出，"没有什么项目可以比得上富布赖特项目和国际访问学者项目所产生的生产力"。② 因此，尽管这一公共外交方式所需时间较长，投入资金庞大，但作为公共外交最有效的手段之一，还是得到了各大国的推崇。日本早在 1988 年就将"加强国际文化交流"看作实现"国际合作构想"的三大支柱之一，并通过国际文化交流促进会加强与他国的文化交流，加深"相互理解"，使国际社会"了解日本"。③ 德国前外交部长乔西卡·费舍尔曾指出，与海外民间社会发展文化关系，尤其是向国外"有学识的群体"讲述德国的价值观和准则是"德国外交政策的重大课题"。④ 因此，以推广德语、开展文化交流活动为主要任务的歌德学院成为德国公共外交的主要运行机构。此外，英国的文化委员会、法国的法语联盟、西班牙的塞万提斯学院及中国的孔子学院都成为推行文化公共外交的重要机构。

不过，随着信息技术的发展，精英人物的舆论引导力大大削弱。因此，一国文化公共外交项目除了借助传统的奖学金、访问学者等项目培育"关系建立"的关键人群外，也需要在更广泛的人群中确立不同的目标公众，借助网络和自媒体等各种交流平台拉近与他国公众的距离。全球化时代信息传递的瞬时性和几乎全覆盖的特征使得普通公众影响内政外交决策的作用在不断提升，有时候恰恰是"草根阶

① Mark Leonard, *Public Diplomacy*, London: The Foreign Policy Centre, 2002, p. 19.

② Mark Leonard, *Public Diplomacy*, London: The Foreign Policy Centre, 2002, p. 19.

③ 周永生：《冷战后的日本文化外交》，《日本学刊》1998 年第 6 期。

④ 唐小松：《公共外交：信息时代的国家战略工具》，《东南亚研究》2004 年第 6 期。

层"的"民心相通"筑牢国家关系发展的社会基础。以"乒乓外交""棒球外交""奥运外交"为代表的体育外交以及旅游外交在增进国家关系、塑造国家形象中发挥的作用，就是"草根"文化交流的重要体现。

此外，还有学者指出，与网络时代信息传播的实时性、交互性、立体呈现特点相适应，为有效开展公共外交，可以采用两种理想的公共外交模式，即"花心模式"和"游击队模式"。前者是指公共外交要像花儿一样有魅力，要有"花心"（政府）和"花瓣"（其他公共外交主体），要让"花儿"（公共外交项目）次第开放，最终达到公共外交花园的百花盛开、春色满园；后者是指公共外交中的机构和个人要像"游击队"，是一个个去中心化的自治组织，既有统一目标（树立良好的国际形象），又有自己的运行逻辑，针对不同的对象采取不同的策略，形成一个在"共同目标下高度自由自主的联动机制"。[①] 事实上，为达成公共外交目标，一国所采用的公共外交形式和具体活动方式除了传统的信息活动和对外教育文化交流活动外，还包括诸如对当前各国关系产生重大影响的首脑外交、以互联网为平台开展的网络外交、以政党为主体进行的政党外交等，这些对于一国国家形象的塑造都发挥着重要作用。因此，关于公共外交的具体形式可以有不同的划分视角和不同的活动类型，只要是由政府主导的、以他国政府和公众为对象，以提高本国形象为目的的活动，都可以看作公共外交活动。[②]

第三节　软实力与公共外交

公共外交作为一种实践无疑有着久远的历史，但作为一种理论建构

---

① 张精升：《网络时代公共外交的两个模式》，《公共外交季刊》2017 年春季号。
② 赵启正：《公共外交与跨文化交流》，中国人民大学出版社，2011，第 9 页。

则是全球化和信息化时代的产物。20 世纪六七十年代以后，随着经济全球化的扩展和信息技术的飞速发展，国家间相互依赖不断加强，公众成为影响国家关系的重要因素。仅仅依靠以硬权力为后盾的政府间外交处理跨国事务难以应对自如，国家形象、价值观、文化认同等无形权力在国际社会的作用在不断提升。软实力为公共外交的理论建构和实践提供了理论路径，公共外交成为软实力的主要机制之一。

一　国际政治权力变迁

国际社会的无政府特征决定了权力是国际政治永恒的主题。但正如约瑟夫·奈（Joseph S. Nye）所言，"国际政治中的权力犹如天气"，[①]大家都在谈论却难以准确把握。在汉斯·摩根索（Hans J. Morgenthau）看来，权力是一种关系，包含"从实际暴力到一个人从思想上控制另一个人的微妙的心理联系"。[②] 而罗伯特·基欧汉（Robert O. Keohane）、约瑟夫·奈则认为权力是一种能力，即"某行为体促使其他行为体做其原本不会去做的事情"，权力也可以被视为"对结果进行控制的能力"。[③] 而无论关系还是能力，都是"易于体验却难以衡量"。因此，我们讨论国际政治权力时，往往是通过考察初始权力资源或对结果的实际影响来衡量权力的大小。简言之，权力可以被视为"对资源的控制或对结果的潜在影响"。[④] 毫无疑问，在过去数个世纪的国际政治斗争中，军事实力是这种支配力最重要的资源。然而，"自第二次世界大战结束

---

① 〔美〕约瑟夫·奈：《硬权力与软权力》，门洪华译，北京大学出版社，2005，第 112 页。

② 〔美〕汉斯·摩根索：《国家间政治——为权力与和平而斗争》，杨岐鸣等译，商务印书馆，1993，第 24 页。

③ 〔美〕罗伯特·基欧汉、约瑟夫·奈：《权力与相互依赖》，门洪华译，北京大学出版社，2002，第 12 页。

④ 〔美〕罗伯特·基欧汉、约瑟夫·奈：《权力与相互依赖》，门洪华译，北京大学出版社，2002，第 12 页。

以来，权力的组成要素、使用及其所能达到的目的发生了根本性的变化"。① 这种变化不仅表现为权力性质的变化，也体现在权力从大国向其他国家和国际行为体扩散以及无形权力作用的上升。

（一）国际政治权力性质的变化

自威斯特伐利亚体系建立以来，国际政治主要表现为"政府—政府"（G1 - G2）的国家间互动，一国政府与他国社会之间基本没有直接的联系，国际政治关系呈现一种简单的"倒 U 形"关系，如图 1 - 1 所示。

图 1 - 1　国际政治"倒 U 形"结构

注：G 代表政府，S 代表社会。

资料来源：〔美〕约瑟夫·奈：《硬权力与软权力》，门洪华译，北京大学出版社，2005，第 3 页。

20 世纪六七十年代以后，在经济全球化和信息革命的推动下，"跨国关系"发生了巨大的变化。与全球化相伴而生的跨国公司、国际组织、公民团体都成为国际社会互动的重要参与者。"国际政治"开始向"世界政治"转化，国际社会互动越来越呈现一种复杂的"星形"结构。世界政治不仅包括政府间互动（G1 - G2），也包括一国政府与他国社会的互动（G1 - S2，G2 - S1）、一国社会与他国社会的互动（S1 - S2）以及一国社会与国际组织之间的互动（S1 - IGO，S2 - IGO），如图 1 - 2 所示。

① Stanley Hoffmann, "Notes on the Elusiveness of Modern Power", *International Journal*, Vol. 30, No. 2, 1975, pp. 183 - 206.

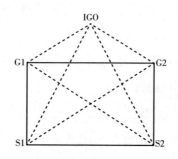

图 1－2　世界政治"星形"结构

　　注：G 代表政府，S 代表社会，IGO 代表政府间组织。

　　资料来源：〔美〕约瑟夫·奈：《硬权力与软权力》，门洪华译，北京大学出版社，2005，第 3 页。

　　全球化时代国际政治结构的变化直接导致了权力性质的变化。国际政治权力性质的变化首先体现在权力的强制性作用下降。过去依靠军事威胁、武力威慑等强制力影响和控制他国的能力（G1－G2），显然难以直接用于处理一国与跨国公司、非政府组织和市民社会的关系。其次，国际政治权力转化的能力在减弱。人口、领土、自然资源、军事力量、经济力量等都可以成为一国权力之源。在农业社会，"人口是最关键的权力资源"，因为人口不仅提供了"征税、征兵的基础"，[①] 也是促进社会生产力发展最重要的因素。同样，经济力量与军事力量也比较容易相互转化。例如，18 世纪欧洲富有的君主可以雇用军队征服新领地，这反过来也会增加其财富。但是在全球化时代，世界政治分化为政治、经济、文化、外交等诸多不同的领域，这使得权力资源从一个领域转化到另一个领域的难度加大，甚至几乎无法转化。例如，经济实力雄厚的日本，有足够的经济力量支撑其发展为核大国或常规军事力量大国，甚至也可以通过经济援助等方式不断为其"政治大国"助力，然而，受国际政治环境和二战的影响，这种权力资源的转化所要付出的代价可能是

---

　　① 〔美〕约瑟夫·奈：《硬权力与软权力》，门洪华译，北京大学出版社，2005，第 98 页。

日本难以承受的。因此，二战前的日本可以借助经济实力迅速成为一个军事大国，而现在的日本却难以从经济大国转化为军事大国。同样，现代化战争的特征——信息化、机械化、高科技化也使得人口资源难以直接转化为军事力量。此外，全球化时代国际政治权力的"无形化"趋势更加明显。国际政治性质的变化使得"无形"的权力变得更加重要。国家形象、国际威望、国家凝聚力、文化吸引力、设置国际议程的能力等，这些"无形"权力资源的作用在不断上升。例如，如果一个国家的"文化与意识形态具有吸引力，其他国家将更愿意追随其后"，① 这样，这个国家相对于追随者而言就具有更大的软实力。

（二）国际社会权力的扩散

20世纪以前的国际社会，国际政治权力分配往往呈现大国支配权力的特点，即大国控制权力。16世纪的西班牙、17世纪的荷兰、18世纪的法国、19世纪的英国和20世纪的美国，尽管它们控制的权力资源有所不同，但毫无疑问都是以其强大的权力资源成为当时国际社会的大国。例如，自由贸易时期，一国控制了贸易通道就拥有了"支配他国做事的能力"，而17世纪的荷兰正是凭借其强大的"海上马车夫"资源一跃成为支配国。当然也有学者认为17～19世纪300年间处于一种"均势和平"态势，即使这种态势存在，国际政治权力也主要控制在英国、法国、俄国等少数几个大国手中。然而，进入20世纪下半叶以来，国际社会权力格局在全球化和信息革命的推动下开始扩散，即使掌握最充沛权力资源的美国也无力控制世界政治环境，使其他国家完全按照美国的意愿行事。早在20世纪70年代，亨利·基辛格就指出，人类正在进入一个"新时代"，旧的国际模式处于崩溃之中。而在经济、交流和人类理想等方面，世界已经变得"相互依赖"。②

---

① 〔美〕约瑟夫·奈：《硬权力与软权力》，门洪华译，北京大学出版社，2005，第107页。
② 〔美〕约瑟夫·奈：《硬权力与软权力》，门洪华译，北京大学出版社，2005，第100页。

全球化时代国际社会的权力开始从一个支配国（或几个大国）向更多的国家和非国家行为体扩散。同时，全球化进一步加剧了国家之间的相互依赖，"债务人的权力"① 从一定程度上说明了这种相互依赖带来的权力的变化。如果落后的发展中国家无法防止森林的毁灭、无力控制传染病的传播，而又得不到其他国家尤其是大国的帮助，那么由此可能产生的气候灾难和传染病的扩散将会影响全球所有国家。而早在20世纪80年代，国际商用机器公司（IBM）的年利润额远远超过哥伦比亚、肯尼亚政府的预算额。同样，绿色和平组织处理某些环境保护问题的能力可能远大于某些发展中国家。国际社会权力的扩散意味着大国在处理跨国事务时，不仅要处理好与少数其他大国之间的关系，还需要处理好与其他更多的国家以及与非国家行为体之间的关系。国际社会权力的扩散意味着以处理跨国事务为己任的外交也必须做出相应的改变以适应国际环境的变化，相应地，外交理念和方式都需要做出改变。在处理国家与非国家行为体之间的关系时，公共外交比传统外交更行之有效。即使是政府外交，要想顺利达成目标也需要有民意基础的支撑。

（三）国际政治权力由"硬"向"软"转向

如前所述，国际政治权力作为一种"控制他者的能力"往往与拥有某种或一些重要的权力资源相关，如人口、领土、自然资源、经济实力、军事力量等。在不同社会发展阶段，"控制他者的能力"所依靠的资源是不同的。正如汉斯·摩根索所言，"权力的内容和使用方式是由政治和文化环境决定的"。② 在农业社会，人口数量是一国关键的权力资源。因此，古战场上军队人数的多寡往往决定了战争的胜负，而战胜国最大的收益莫过于把战败国国民变成自己的"集体战

① 一般认为，如果一个人欠银行1000美元，银行对他有权力（银行要求其归还欠款）；如果他欠银行1亿美元，则他对银行有权力（银行怕其不归还欠款）。
② 〔美〕汉斯·摩根索：《国家间政治——为权力与和平而斗争》，杨岐鸣等译，商务印书馆，1993，第24页。

俘"。随着科学技术的发展，当人类社会进入机器大生产时代，人口数量在权力资源中的作用下降，而工业发展所需要的原材料、物质资源、技术以及市场等权力资源的作用上升。先进的武器装备成为一国重要的"控制他者能力"的来源。无论近代对殖民地的争夺还是像第一次世界大战这样的帝国主义战争，无不伴随着对这些权力资源的争夺。

20世纪下半叶以来，全球化和信息技术的发展增强了全球的相互依赖，使得"军事力量和征服"难以发挥"控制他者的能力"。同时，技术、信息、教育等"无形"的因素在国际政治权力中的作用逐渐上升。相互依赖的加强不仅使得运用军事力量的成本越来越高昂，也使得经济力的运用可能导致"两败俱伤"的结果。正如德国《时代潮》杂志主编约瑟夫·约菲（Josef Joffe）所指出的，在20世纪，战争几乎是唯一的"仲裁者"。而冷战后的国际社会，最有意义的权力形式并不来源于"枪杆子"。当下，"使得他者期望你所期望的"能力能够获得更大的收益。[1] 这种"使得他者期望你所期望的能力"或"影响其他国家预期的能力"被称为软实力或同化权力，它与一个国家的"文化、意识形态、制度等无形的权力资源"相关。[2] 国际政治和国际环境的变化使得软实力变得更加重要，国际政治权力正在从"拥有雄厚的资本"转向"拥有丰富的信息"，从以军事力量和经济力量为主要权力资源的"硬权力"转向以文化、价值观和制度为主要权力资源的"软权力"。

总体而言，在全球化时代，国际政治权力的性质和方式都发生了重大变化。在过去，国际政治权力的争夺更多地体现在"攻城略地""掳人抢物"，军事实力是最重要的权力资源。然而，全球化时代国际政治的争夺则更多地表现为"观念之战""民心争夺"。即使在最传统的国

---

① Josef Joffe, "America the Inescapable", *Portland Oregonian*, June 22, 1997, p. D1.

② 〔美〕约瑟夫·奈：《硬权力与软权力》，门洪华译，北京大学出版社，2005，第107页。

家安全领域，随着非传统安全因素的增多，国家安全目标"不再完全通过军事和经济力量来实现，而更多地是通过合法化的政治文化及其认同来确保"。① 简言之，以文化、价值观等观念力量为主要权力来源的软实力，在全球化时代的重要性日渐上升。诚如约瑟夫·奈所言，在后现代国际关系中，更具吸引力的国家可能是那些能有助于设定议题，文化和观念接近于被广泛接受，海外可信度被它们的价值观和政策所加强的国家。国际社会权力行为主体的多元化、权力资源的无形化促使处理"跨国事务"的外交随之改变，"实力外交"逐渐向"公共外交"转移。因此，从一定程度上来说，一国用以处理与非国家行为体关系的公共外交是全球化时代权力变迁的产物。软实力上升为国际社会的主要权力类型、观念作用的上升，"思想政治"（noopolitik）的出现是公共外交得以产生和发展的主要理论前提。

二 软实力：公共外交的理论基石

约瑟夫·奈是"软实力"（soft power）一词的缔造者。1990 年，约瑟夫·奈分别在《政治学季刊》和《外交政策》等杂志上发表了《变化中的世界力量的本质》和《软实力》等一系列论文，提出了"软实力"概念。约瑟夫·奈提出，软实力是一种能够影响他人喜好的能力，是一种通过吸引力而不是胁迫或收买来达到所期望的结果的能力。② 从权力运用的层面来说，软实力是"一种间接地使用力量的方法"，③ 即通过迂回方式达己所愿的能力，属于"力量的第二层面"。④ 此后，软实力逐

① 李智：《文化外交——一种传播学的解读》，北京大学出版社，2005，第 6 页。
② Joseph Nye, "Soft Power and Higher Education", http：//www. educause. edu/ir/library/pdf/FFY0502S. pdf, accessed on 2nd, August 2019, p. 11.
③ 〔美〕约瑟夫·奈：《美国霸权的困惑：为什么美国不能独断专行》，郑志国等译，世界知识出版社，2002，第 9 页。
④ 〔美〕约瑟夫·奈：《软力量——世界政坛成功之道》，吴晓辉、钱程译，东方出版社，2005，第 5 页。

渐成为后冷战时代"最畅销"的词语之一。事实上，软实力作为一种"无形"的权力或同化权力，并非冷战后才有的权力形式。早在冷战时期，摩根索在阐述国家权力的构成因素时就指出，民族性格、民族士气、外交技巧、政府能力等无形的因素也是一国权力的重要来源。当然，软实力重要性的提升及其在实现国家目标方面作用的上升则是全球化时代的产物。全球化与信息革命改变了国际社会的权力构成，使得软实力的作用日益重要。

相对于硬实力而言，软实力主要通过文化、价值观等"软"力量发挥作用，表现在外交理念上则是强调国际关系的合作、互利、共赢，体现在外交方式上则要求公开、民主、信息共享。而公共外交的使命就在于通过公开的信息沟通与观念交流，沟通民意，创造一个和谐、共赢的国际体系。因此，软实力既是公共外交的理论基石，也是公共外交追求的目标。

（一）软实力

权力作为一种"控制他者"的能力，可以通过多种方式实现。约瑟夫·奈在阐述权力的类型时，曾按照"影响他者"的行为方式不同将权力分为硬实力和软实力（尽管这种二分法有其弊端所在，但的确有助于人们"发现"过去不被重视的无形权力）。硬实力，也就是传统意义上的权力，往往以强迫或利诱的方式控制或改变他者的行为，是一种"支配性"的权力；而软实力则依赖于一国文化和价值的吸引力左右他者的愿望，是一种"吸引力和说服力"。[①]　因此，软实力发挥作用的路径是"以非强制手段，通过影响外国的政府决策和公众意愿，扩大在国际上的理解和认同，维护和拓展自身的国家利益"。[②]　简言之，软实力是注意力（attention）、吸引力（attractiveness）和说服力（persuasiveness）三个维

---

① 〔美〕约瑟夫·奈：《软力量——世界政坛成功之道》，吴晓辉、钱程译，东方出版社，2005，第 7 页。
② 李杰：《软实力建设与中国的和平发展》，《国际问题研究》2007 年第 1 期。

度的统一。① 其中，注意力是前提，因为只有成功地引起他者的"关注"，才有可能吸引对方（也可能没有吸引力），进而产生说服力或同化力。

1. 软实力是一种引起他者"注意"的能力

国际社会是一个由诸多国家行为体和非国家行为体相互作用构建起来的无政府体系。在这一体系中，并非所有的行为体都有能力按照自己的意愿控制或影响他者的行为。软实力是一种依赖于自身某些有吸引力的因素"说服"他者的能力，因此首先要让自身被他者关注。然而，因为国家实力的差异以及在国际社会发挥的作用不同，大国与小国、强国与弱国、处于世界舞台中央的国家与边缘国家，自身所具有的引起他者注意的能力存在很大的差异。例如，美国和加拿大领土广袤，在20世纪以来的国际舞台上，美国以其拥有的强大力量无疑是最耀眼的明星，而它所引起的注意力又将其处于世界的中心位置；而同为美洲大国的加拿大所能够凝聚的全球注意力则非常有限，这是由两者所能够引起他者注意的权力资源差异造成的。美国之所以更具有吸引力绝不仅仅是因为拥有最强大的军事力量，它的文化、科技、制度等也具有强大的影响力。同样，冷战后美国一系列的单边主义行为也大大削弱了美国的软实力。

当然，能够让自身引起他者关注的能力除了自身所拥有的软实力资源以外，也可以通过"创设"新的权力资源引起他者的注意。例如，北欧国家挪威，几乎没有可引起他者关注的软实力资源。但是，挪威通过诺贝尔和平奖的颁奖盛典、积极援助发展中国家的人道主义援助者形象和"和平使者"的声誉，成功地引起了全世界的关注。挪威引起他者"注意"能力的提升得益于挪威"集中化的、社团主义的"公共外

---

① 〔美〕布兰德利·沃麦克：《"软权力"评析》，《吉林大学社会科学学报》2006年第5期。

交战略的推动。

2. 软实力是一种"吸引"他者的能力

吸引力可以成为一种左右他者愿望的能力。对于国家行为体而言，这种能力一方面来源于该国文化和价值观所具有的吸引力，另一方面"依赖于通过操纵政治议程的选择，让别人感到自身的目标不切实际而放弃表达个人愿望的能力"。[①] 如前所述，一国为他国所关注，并不代表该国对他国一定具有吸引力（也可能是被厌恶的对象）。曾经种族主义盛行的南非一度是国际社会关注的对象，但关注的原因是它对待黑人不公正的歧视政策，进而施加国际舆论压力促使其取消种族主义歧视政策。因此，注意力是一种行为体单方面的行为，而吸引力则具有双向性。一方面，他者从具有吸引力的国家获取满足自己的利益，如建立相似的制度以促进自身的发展；另一方面，拥有软实力资源的国家也需要向他者"兜售"其立场与观点。例如，美国和日本在其文化和价值观的传播中，好莱坞和动漫公司分别起到了重要的推动作用。同样，尽管大英帝国的辉煌已经不复存在，但在英国文化委员会的推动下，遍及全球的英语教育与文化交流仍然在一定程度上让英国保持了一定的影响力。

3. 软实力是一种"说服"或"同化"他者的能力

如前所述，如果一国拥有引起他者注意的软实力资源，并通过有意识地输出这些资源，从而可以达到吸引他者的目的。而当他者被一国文化、价值观和制度所吸引，就有可能追随该国或者仿照该国的文化、价值观和制度。因此，软实力还是一种"说服"或"同化"他者的能力。这种说服力一方面可以通过文化的交流与沟通达到让他者认同本国文化、价值观和制度的目的，进而达到同化他者的目的；另一方面，也可

---

① 〔美〕约瑟夫·奈：《软力量——世界政坛成功之道》，吴晓辉、钱程译，东方出版社，2005，第7页。

以通过外交在全球范围内制造"同意"。从外交发挥作用的角度看，说服是外交的本质，也是外交发挥作用的主要途径。通过外交传递本国信息并让对方接受，是一国软实力发挥作用的重要体现。当然，一国外交是否具有说服力的关键是使他者确信该国是明智、可信和亲善的，因为说服力是一种主客体之间相互影响、相互作用的能力。说服的前提是让对方觉得可信，才能产生信任，进而达成合作。尤其是对于拥有不同权力资源的双方来讲，这种信任更是需要建立在共同意图和相互尊重的基础上。也就是说，在非对称关系中，一定要让"弱方不感觉自己受到强者的威胁"。① 只有建立在相互尊重基础上的外交目标才真正具有说服力。

（二）软实力资源

约瑟夫·奈在最初提出"软实力"时，把信息、知识和相互依赖看作软实力的主要来源。② 后来在不断完善其软实力理论的过程中，约瑟夫·奈又把"文化、价值观、国内实践及其被视为具有合法性的外交政策"视为软实力之源，③ 并强调"文化、政治价值观及外交政策"是软实力的主要资源。④ 此外，外交决策、信息权力、科学技术、经济吸引力等都曾出现在约瑟夫·奈对软实力资源的论述中。尽管约瑟夫·奈对软实力的来源有不同的表述，也存在一定的争议，但这与国际政治文化和环境的变化不无关系。因为，在不同的国际政治文化和环境中，"能让其他人做你想要他们做的事"⑤ 的能力资源是不同的。总体而言，

---

① 〔美〕布兰德利·沃麦克:《"软权力"评析》,《吉林大学社会科学学报》2006 年第 5 期。
② 〔美〕约瑟夫·奈:《硬权力与软权力》,门洪华译,北京大学出版社,2005,第 105 ~ 106 页。
③ 〔美〕约瑟夫·奈:《硬权力与软权力》,门洪华译,北京大学出版社,2005,第 7 页。
④ 〔美〕约瑟夫·奈:《软力量——世界政坛成功之道》,吴晓辉、钱程译,东方出版社, 2005,第 11 页。
⑤ 〔美〕约瑟夫·奈:《美国霸权的困惑:为什么美国不能独断专行》,郑志国等译,世界知识出版社,2002,第 9 页。

在全球化时代，文化（价值观）吸引力、塑造国际舆论和国际规则的能力是国际行为体最主要的软实力资源。

1. 文化吸引力

"文化"一词来源于拉丁文 cultura，原意指农耕及对植物的培育，15 世纪以后逐渐被引申使用并被赋予丰富的内涵。较早给文化下定义的近代英国人类学家 E. B. 泰勒（Edward Burnett Tylor）曾指出，"文化是一个复杂的整体，它包括知识、信仰、艺术、伦理道德、法律、风俗和作为一个社会成员的人通过学习而获得的任何其他能力和习惯"。① 建构主义学者亚历山大·温特（Alexander Wendt）认为，文化不仅是个体成员大脑中"共有观念"的聚合，而且也是"群体支撑"的现象，因此从本质上说是一种"公共现象"，"具体的文化形态，如规范、规则、制度、习俗、意识形态、习惯、法律等，都是由共同知识建构而成的"。② 现在为许多西方学者所接受的文化定义，是美国文化人类学家 A. L. 克罗伯（Alfred Louis Kroeber）和 C. 科拉克洪（Clyde Kluckhohn）在分析考察了 100 多种文化定义后综合的结果："文化存在于各种内隐的和外显的模式之中，借助符号的运用得以学习和传播，并构成人类群体的特殊成就。这些成就包括他们制造物品的各种具体式样。文化的基本要素是传统思想观念和价值，其中尤以价值观最为重要。"③

文化有广义和狭义之分。广义的文化总括人类物质生产和精神生产的能力，包括物质和精神的全部产品。狭义的文化指精神生产力和精神产品，包括一切社会意识形态，有时又专指教育、科学、文学、艺术、卫生、体育等方面的知识和设施，以与世界观、政治思想、道德等意识

---

① 杜丁丁：《对文化国际化趋势的思考——浅析文化国际化趋势对国际关系的影响》，《国际观察》（哲学社会科学版）1998 年第 5 期。

② 〔美〕亚历山大·温特：《国际政治的社会理论》，秦亚青译，上海人民出版社，2000，第 202～206 页。

③ 《中国大百科全书》（社会学），中国大百科全书出版社，1991，第 409 页。

形态相区别。① 从文化吸引力的角度来看，发挥软实力作用的"文化"，主要是思想、观念层面的文化，是一种"以思想、意识、精神为特征的、无形的集体认同力和感召力"。文化作为一种软实力资源，可以深入他国公众的观念层面，"感染、感动、感化其民心，改变其信仰和价值偏好，使其'归化'（converted），从而对他国政府针对本国的外交决策施加影响，最终采取有利于本国（利益）的态度、政策和行动"。② 作为一国外交政策"第三支柱"③ 的文化软实力，越来越成为国家外交政策强有力的推动力。文化软实力主要"通过文化扩散感召和吸引他国民众和国际社会"，唤起他国民众对本国外交政策的理解和支持，为国家对外政策的实施创造有利的舆论环境。④ 而文化传播的路径包括文化输出、电影、电视节目、艺术和学术著作等，也包括语言的国际化传播和推广。简言之，一个国家，如果能够让其他国家接受本国文化，仰慕本国的价值观，以本国为榜样，就对他国拥有软实力。

2. 引导或塑造国际舆论的能力

公众舆论是一个与价值观念和合法性紧密相关的概念，可以说，公众舆论作用的发挥是对二者的体现，是软实力的表现形式之一，为公共外交提供了最直接的理论来源。公众舆论又分为国内舆论与国外舆论，随着全球化和民主化对公众权力的提升，国内舆论和国外舆论越来越成为制约国家外交政策目标达成的重要因素。

关于国内舆论对一国外交政策的影响，我国学者姜安从理论和实践层面归结为四个方面：其一，外交政策必须以合理原则为基础，也就是要尽力符合公民的认同度，因此，国内舆论在外交决策中的作用十分突

---

① 《中国大百科全书》（哲学卷），中国大百科全书出版社，1987，第 924 页。
② 李智：《文化外交——一种传播学的解读》，北京大学出版社，2005，第 53 页。
③ Robert T. Taylor，"Culture Diplomacy—The Future"，http：//business. hol. gr/bio/HTML/PUBS/VOL2/id - taylo. htm，accessed on Sept. 10, 2017.
④ 李智：《文化外交——一种传播学的解读》，北京大学出版社，2005，第 12 页。

出；其二，一项外交政策能否有效地被实施，很大程度上取决于它是否具有"合法性"和"权威性"，而合法性和权威性的取得与国内舆论的认同性是分不开的；其三，在一国外交政策的调整过程中，国内舆论所形成的政治氛围、所影响的评价趋向及所引导的国家关注的中心，都会对外交政策的调整产生重要影响，有时，甚至会促使和导致一国外交政策中止或改变；其四，国内舆论还可能成为政治集团竞争的砝码，一个参与竞选的政治集团往往利用舆论指责另一个政治集团外交上的种种失误，或提出自己的外交设想，以提高自己的形象。① 有鉴于此，如果能影响一国的舆论，就能在很大程度上对其外交政策的制定和实施产生影响。这也是针对他国民众积极开展公共外交活动的逻辑和目标之一。美国政治学家杰里尔·A. 罗赛蒂（Jerel A. Rosati）也指出，公众舆论对国内政治和决策过程有较为"间接和长期"的影响。公众通过选举"挑选"负责制定对外政策的政治领导人，同时，政治领导人在任职期间影响决策过程的能力主要是他们的公众威望起作用的结果。此外，公众舆论常常划定了合法的政治言论和国内政治的范围，限制了决策者所考虑的决定的种类。虽然公众舆论具有不确定性、摇摆不定的特点，但它一般是在某个为整个社会所普遍持有的特定的意识形态和文化信仰框架内波动的。② 换言之，整个社会普遍持有的意识形态、文化价值观和对外政策观点划定了合法的政治言论的范围，公众舆论在这个范围内影响着国内政治和决策过程。任何外交政策都不能无视国内社会所普遍持有的观念、原则，否则将不被公众所接受，从而也就不能顺利实施。

国外舆论对本国外交政策的影响也确实是存在的。鉴于国际关系仍然主要是主权国家间关系的现实，任何一项具体针对某个问题、某个领域的外交政策最终都要落实到与某个国家的关系，而如果该项政

---

① 姜安：《外交谱系与外交逻辑》，中国社会科学出版社，2004，第 131～132 页。
② 〔美〕杰里尔·A. 罗赛蒂：《美国对外政策的政治学》，周启朋、傅耀祖等译，世界知识出版社，1997，第 352 页。

策不能被目标国的舆论所认可、公众所了解和理解，该项外交政策就不可能有效地被实施。而且，如果遭到目标国公众舆论的反对，该项外交政策的效果就将大打折扣，甚至以失败而告终。冷战后，美国在海湾地区实施的"大中东政策"和"民主改造"计划的失利，就是一个比较典型的例子。反之，得到目标国公众舆论支持的外交政策，成功的概率就大得多。同样是美国的"扩展民主"政策，在中东遭到了失败，而在中亚却取得了"成功"——中亚五国相继在"颜色革命"的推动下，纷纷建立了亲美的"民主"政权。究其原因，影响（甚至操纵和控制）目标国的舆论，得到目标国公众的"支持"，是美国"扩展民主"战略得以有效实施的重要原因之一。总之，公众舆论对国际关系的影响决定了公共外交发挥作用的逻辑，即公共外交实施国通过与目标国民众的信息沟通、教育文化交流向目标国民众传递自己的政策、国家身份认同等信息，目标国民众接受并理解这些信息，进而形成公众舆论影响本国对公共外交实施国外交政策的制定和实施，最终形成国家间的良性认知循环系统，达到正向认同的建构。由此可见，公众舆论能否发挥作用是公共外交是否成功的重要一环。

此外，塑造国际规则和决定政治议题的能力，也是软实力的重要体现。如果一个国家可以通过建立和主导国际规范（international norms）及国际制度（international institutions）左右世界政治的议事日程，那么它就可以影响他人的偏好和对该国国家利益的认识，从而具有软实力或曰"制度权力"（institutional power）。不过，软实力作为一种吸引力或同化能力，因其无形化及其作用发挥的间接性、长期性而更加难以评判其成效。因此，评判和衡量软实力是否真正有效，关键在于考察软实力的拥有者是否能够利用这种权力达到自己的目的。对于软实力而言，文化、价值观、塑造国际规则的能力是其主要的资源，因此，评判软实力是否能够发挥作用，可以通过考察这些软实力资源是否有助于国家行为和目标的实现来确定。公共外交作为软实力的主要机制之一，其发挥作用的逻辑路径就在于通过"信息的沟通与交流"增强本国文化与价值观的影响力和吸引力，即增强本国的软实力，以促进本国利益和目标的达成。简言之，公共外交就是通过信息沟通和文化教育交流等各种形式，增强本国的价值观、文化、政策、制度等多方面的吸引力，从而确保国家利益的实现。因此，只有软实力才能为公共外交的顺利开展奠定坚实的基础和保障。而如果缺乏"让他人想己之所有、达己之所愿"的强大软实力，公共外交就难以取得更大成效。从一定程度上来说，考察一国公共外交的效用就可以评判软实力是否真正有效。

小　结

公共外交作为全球化时代兴起的一种新的外交理论与形式，引起了学术界和外交界的广泛关注。自公共外交这一术语出现以后，国内外学者从各自的研究领域出发，给出了不同的定义，也出现了外交、传播、跨文化交流等各种研究范式。公共外交的"含义"也从最初与"秘密"外交对应的"公开"外交、对外宣传发展到"赢得人心与思想"的新公共外交。国内外学术界之所以有不同的界定和研究范式，与公共外交自身主体的多元化、客体的复杂性和实施途径的多样化不无关系。再加上公共外交内容与方式的多样性和目标实现的间接性，以及各国具体公共外交实践的差异性，公共外交成为全球化时代最热门也是最难以界定的问题之一。而公共外交之所以成为全球化时代的一门"显学"，与冷战后国际社会权力的变迁息息相关，权力的扩散，软实力作用的上升，国家形象、价值观、文化成为国际社会的重要权力资源都为公共外交的兴起提供了前提和理论支撑。而软实力不仅为公共外交的兴起提供了理论路径，也成为公共外交的主要机制之一。

第二章
中国公共外交的发展历程

中国公共外交萌芽于中国共产党在革命战争时期的外宣活动，但真正意义上的公共外交实践则是新中国成立以后的事情。早在中国革命战争时期，中国共产党领导下的革命队伍就非常注重"宣传"的作用，并开展了一些具有影响力的公共外交或带有公共外交色彩的外事活动。新中国成立后，与中国外交战略相适应，蕴含在中国外交发展进程中的公共外交实践经历了从肇始到兴起再到全面发展的历程，是中国外交适应全球化时代权力变迁及国际格局转换而进行的外交战略的转型，也是中国融入国际社会并逐渐走向国际舞台中央的战略需要。

第一节　中国公共外交的肇始

中国公共外交理念与实践萌芽于中国革命战争时期，为中国革命赢得了广泛的同情和支持。新中国成立后，面对西方国家的封锁和敌视，中国公共外交在"和平共处"理念的指导下开启了艰难地争取国际社会承认、打破西方封锁的"人民外交"（民间外交）进程，经过 20 多年的努力，实现了在国际社会广交朋友、"重返"国际大家庭的目的。

一　革命战争年代中国共产党的公共外交尝试

中国共产党历来非常重视宣传的作用，自诞生之日起就积极创办报刊，宣传党的纲领和主张，积极开展舆论斗争。在大革命时期，中国共产党通过创办《劳动周刊》《工人周刊》等全国性工人报纸杂志积极引导革命舆论，争取联合各派革命力量，结成反帝反封建统一战线，促成了国共合作和北伐战争的成功推进。进入土地革命战争时期后，中国共产党遭到了国民党政府的打击、封锁和丑化，中国共产党在领导人民积极进行革命战争的同时，也开始有意识地加强对外宣传工作，邀请外国记者参观访问革命根据地，借助外国记者之笔让国际社会了解真实的中国革命。同时，还积极创办广播电台，向国际社会提供事实，说明事情真相，以增进国际社会对中国共产党及其领导军队的了解，消除误读和误解。中国共产党早期的这些对外宣传活动，不仅争得了国际社会对中国共产党领导的革命斗争的理解，也扩大了中国共产党的影响。中国公共外交就是肇始于革命战争时期中国共产党对外传播真相、争取国际社会理解与支持的对外宣传活动和对外交流活动。

（一）《红星照耀中国》的影响力

在土地革命战争时期，饱受国民党政府封锁和丑化的中国共产党领导的革命队伍，亟须让国际社会了解中国革命的真相，也深谙国外媒体的强大力量对中国革命的影响，因此积极邀请美国记者埃德加·斯诺对中国革命进行报道。1936 年 6 月 3 日，斯诺到达中共中央驻地——陕西保安。随后，斯诺在陕北苏区进行了长达 4 个月的旅行采访，并同毛泽东、周恩来和彭德怀等红军领导人多次会谈。在会谈中，毛泽东等党的领导人向斯诺详细介绍了中国共产党和红军的历史与现状以及党的各项对内对外政策。1936 年 10 月下旬，斯诺带着十几本日记、采访笔记和大量材料回到北平，在当时的《密勒氏评论报》《大美国晚报》《民主》等英文报刊上发表了多篇对毛泽东的采访和苏区特写报道，使国内外民众首次清晰地看到了一直被视为洪水猛兽的中国共产党人和中国红军的真实面貌，在国际社会引起了极大轰动。1937年10月，斯诺在英国出版了《红星照耀中国》（*Red Star Over China*）一书，次年又在美国出版。在书中，斯诺盛赞红军长征的壮举，让世界第一次了解到在中国除了蒋介石及其腐败的政府外，还有一支代表着中国未来和希望的政治力量。《红星照耀中国》一经出版，迅速引起了全世界的关注，几周内就售出十几万册，因为需求量巨大，到当年12月，该书连续追加印刷5次。《红星照耀中国》在美国发行后，很快就登上美国"非小说读物"畅销书的榜首。此后，该书又相继被译成法、德、意、俄、西、葡、日等十几种外文出版，一时风靡全球。1938年2月，《红星照耀中国》的中译本《西行漫记》在上海出版，不几天便销售一空，连印5次仍供不应求，以至出现了无数翻印本。斯诺对红军长征的客观报道，不仅向世界传播了中国共产党人的光辉形象，更促进和唤起了全球正义力量对中国革命的理解、同情与支持。美国总统罗斯福在读过《红星照耀中国》一书后，曾经三次约见斯诺，了解中国共产党的情况。也正是因为斯诺的报道所产生的巨大宣传效应，为中国赢得了国际社会对中国抗日的同情和支持。因此，邀请并接受美国记者斯诺的访问也被看作中国共产党进行公共外交实践的开端。

继斯诺1936年陕北之行后，先后又有十几位西方国家的记者、学者前往陕北和华北进行采访，其中包括美国著名女记者艾格妮丝·史沫特莱、斯诺夫人、英联邦记者詹姆斯·贝特兰的1937年延安之行以及安娜·路易斯·斯特朗和瓦尔特·博斯哈德对中国共产党领导人的采访。1944年6月，美联社、路透社、塔斯社、合众社、美国《时代》杂志、伦敦《泰晤士报》等西方媒体的记者也到延安和其他解放区进行考察采访。还有一些没有机会到延安和解放区采访的外国记者，也通过各种渠道采访了中国共产党在国统区的代表，从外国人的视角观察和记述中国共产党人领导下的抗日战争。例如，英国女记者弗雷达·阿特丽的《扬子前线》，美国记者白修德的《延安印象记》，美国记者、陆军军官卡尔逊的《中国的双星》等著作，促进了世界对中国共产党领导下的抗战、中国军队、中国人民的了解。[①] 抗战时期，中国共产党借助这些外国记者的报道，向国际社会传递了中国共产党及其领导的抗日武装队伍积极的形象，扩大了中国共产党和根据地的影响力。

（二）"媒体外交"的发端

在抗日战争和解放战争时期，中国共产党及其领导的革命队伍开始设立自己的新闻传播媒介，积极开展对外宣传活动。新华社、中国国际广播电台、中央人民广播电台的前身都成立于这一时期。

成立于1931年的红色中华通讯社（简称红中社），是中国共产党设立的首个广播电台。红中社的成立，标志着中国共产党开始通过广播电台的形式向外界发出自己的声音。西安事变后，红中社在西安设立分社，扩大党的宣传范围。1937年红中社更名为新华通讯社（简称新华社）。1940年新华社又创办了延安新华广播电台（中央人民广播电台的前身），并于次年开办日语广播（中国国际广播电台的前身）。1944年延安新华广播电台又开办了对外英语广播。新华社、延安（陕北）新华广播电台的对外广播和《中国通讯》等在介绍我们党的政策主张、争取国际社会对中国抗日的同情和支持方面作出了巨大贡献。

同时，中共中央借助第二次国共合作，积极在全国各地设立八路军、新四军办事机构。这些公开的办事机构，既是同国民党方面进行联络的机构，也担负着广泛开展对外宣传和交往的任务。1939年，周恩来在主持中共中央南方局时，直接领导外事宣传组（1940年改称外事组），积极开展"媒体外交"，扩大党的影响。外事宣传组的主要工作对象是云集重庆的外国新闻记者和外交官，通过与他们的接触和沟通，宣传我们党的对外政策，扩大党的影响力和朋友圈。时任周恩来外事秘

---

① 王亚妮：《抗战时期外国记者眼中的中国共产党》，《党史博览》2015年第9期。

书的龚澎成为中国共产党第一位"新闻发言人"，她的日常工作之一就是每天下午到外国记者站发布中共中央南方局和解放区的消息。同时，为了进一步发挥外国记者在扩大中国共产党影响方面产生的积极作用，1940 年 12 月，周恩来亲自起草了《关于对待英美籍新闻记者态度的指示》。"指示"要求我们党对英美记者采取"更加积极的欢迎态度"，以便"经过他们的口和笔"继续说明我军在敌后抗战之英勇战绩，扩大中国共产党的影响。①

1946 年 4 月，中共中央提出了"全党办通讯社"的口号。次月，新华社总社改组机构，同时向各主要战场派出随军记者或记者团。之后，又在中国人民解放军各野战部队陆续建立前线分社和野战军总分社，在各兵团和军建立分社和支社。1947 年，陕北新华广播电台创办英语广播。在解放战争时期，除了陕北电台以外，东北新华广播电台也开办过英语和日语广播，后来停办，改为转播陕北电台的英语节目。张家口新华广播电台也开办过英语广播。对外广播为外语听众直接了解中国的真实情况提供了便利。1949 年陕北新华广播电台更名为北平新华广播电台。此外，党领导下的解放区工运组织、青联和妇联也积极派代表参加国际工联、青联和妇联的活动，与各国人民建立联系，把中国共产党的消息传出去，宣传解放区，揭露国民党，发挥了民间外交官的作用。

简言之，在革命战争时期，中国共产党及其领导下的革命军队在进行艰苦卓绝的斗争的同时，也通过开展各种"公共外交"活动，增进国内外民众对中国共产党及其政策主张的了解，扩大了我们党和军队的影响，赢得了国际社会的同情和支持，提高了我们党在国际社会的影响力和地位，为新中国的成立奠定了舆论基础。中国共产党在革命战争年代的"公共外交"尝试，为新中国成立后的公共外交实

---

① 王红续：《周恩来的公共外交实践与思想》，《公共外交季刊》2011 年秋季号。

践积累了丰富的经验，也为新中国公共外交事业的发展提供了借鉴与启示。

二　新中国成立初期践行公共外交的举措

新中国成立后，为了打破西方的封锁，尽快融入国际社会，中国政府开始大力拓展外宣渠道，加强文化交流，增进国际社会对中国的了解，并逐步发展出具有中国特色的公共外交形式，其中"熊猫外交""乒乓外交""民间外交"成为中国公共外交的典型代表，成功地打开了新中国与世界交往的大门。

（一）拓展外宣渠道，让世界了解新中国

新中国成立后，由于西方国家对中国采取拒绝承认和封锁遏制政策，新中国公共外交的首要目标就是争取国际承认，打破西方封锁，向世界人民全面介绍新中国。不过，受制于国际形势及中国有限的对外宣传能力，新中国成立初期的对外宣传范围相对狭小，渠道和内容也比较有限。此时的对外宣传主要面向社会主义阵营以及部分亚非拉国家，通过宣传加强与社会主义阵营国家的交流和了解，并针对两种不同制度与西方国家展开口舌之战。不过，受东西方阵营对峙的影响，新中国成立初期我国的对外宣传活动大多具有较强的意识形态色彩，与外界缺少融通与互动，沟通的方式也以单向宣传为主。宣传的渠道以新华社在社会主义国家和亚非拉国家设立的分社为主。同时，还加强了中国国际广播电台的宣传力度，通过中国国际广播电台的对外广播向世界传递中国声音，是新中国成立初期中国对外宣传的主要渠道。新中国成立后，中国对外广播能力不断提升，对外广播范围也不断扩展。到 1950 年，中国对外广播的语种已经扩大到英、日、越、泰、缅、印度尼西亚、朝鲜语等 11 种外语语种，并开通了面向海外华人华侨的广州话、潮州话、客家话等语种的广播。为推动中国对外广播能力建设，中国政府还制定了中国广播事业五年计划，从 1953 年开始实施。到 20 世纪 50 年代末，

已经建立起中国对外广播独立发稿部门。20 世纪 60 年代以后，又有 12 个新外语语种陆续开播。中国对外广播的听众也越来越多，仅 1965 年就收到从 133 个国家和地区寄来的 28.6 万多封听众来信，和 1951 年听众来信数量相比，增加了 14 倍。[①] 新中国对外广播在通信手段严重落后的情况下，向海外听众发出了新中国的声音，促进了世界人民对新中国的了解。

通过创办外文报刊，向世界展示新中国的变化，也是新中国早期公共外交的重要形式。为了让国际社会对新中国有更多的了解，中国先后推出了一系列对外宣传刊物，并逐步用英、俄、日、法等多种外文出版。如 1950 年发行的《人民中国》《人民画报》，1952 年创刊的《中国建设》及 1958 年创刊的《北京周报》等，用多种外文向国外民众报道和展示新中国的建设和发展情况。1951～1958 年，《人民画报》英、俄、法、日、西、德、阿等外文版相继创刊，以中文和多种外文文种面向世界发行，向全世界展现了新中国政治、经济、文化、生活诸方面的发展和变化。而创刊于 1952 年的英文版《中国建设》，也陆续增出西、法、阿、德、葡文版及中文版，向国际社会介绍中国社会主义建设的成就及人民生活的巨大变化。

同时，借外国记者之笔介绍新中国，也是新中国成立后公共外交的有效方式。由于西方国家对中国的封锁和敌视，西方媒体一直对"红色中国"充满质疑和恐惧。为了能够让西方世界了解"红色中国"的真实情况，这一时期新中国政府也非常重视国外记者报道所产生的舆论效应，并邀请一些外国记者、学者访问中国。不过，受到当时国际形势的限制，来华的外国记者非常有限，因此，外国记者的报道产生的效果也比较有限。

---

① 《岁月留声之对外广播》，中广网，2009 年 7 月 10 日，http：//www.cnr.cn/zggbb/jmxs/200907/t20090710_ 505394897.html。

（二）大力推进"民间先行，以民促官"的"民间外交"

新中国成立后，由于西方国家拒绝承认，中国不仅与西方国家几乎不存在官方交往，就连非官方的交往也受到诸多限制，致使中国公共外交可选择的路径非常有限。20 世纪 50 年代初，为推动中国与世界各国关系的发展，新中国在外交领域提出了和平政策六大外交方针，其中，"团结世界人民"是新中国重要的外交方针之一。为了配合新中国争取国际承认的外交战略，在和平共处理念和"团结世界人民"外交方针的指导下，新中国积极借助"民间外交"团结和争取世界人民，扩大新中国的影响，并开创了"民间先行，以民促官"的"民间外交"模式。

从新中国成立起，中苏双方就积极开展文化交流和其他领域的民间交往活动。1949 年 10 月成立的中苏友好协会，成为新中国与苏联开展民间交往和文化交流的重要推动者，两国社会各界专业团体和学者互访频繁，极大地促进了两国人民之间的相互了解和友谊。此后，又先后成立了中缅友好协会、中印友好协会、中国一拉丁美洲友好协会、中国一非洲友好协会和中日友好协会，成为促进中国与这些国家和地区民间交流的重要组织者和促进者。各友好协会大力开展各种民间交流活动，促进了中国与世界各国人民的交流与了解。此外，中国还先后与波兰、匈牙利、罗马尼亚、捷克斯洛伐克、保加利亚、蒙古国、越南等国签订《文化合作协定》，积极推动与这些国家的文化教育交流活动。同时，除继续加强原有的工会、共青团、妇女联合会和保卫世界和平大会四大组织的对外交流外，又先后成立了中国人民外交学会（1949 年 12 月成立）、中国国际贸易促进会（1952 年 5 月成立）、中国人民对外友好协会（1954 年 5 月成立）以促进民间交流的开展。为了统筹管理和指导民间外交和公共外交活动，1953 年 4 月，中共中央决定成立国际活动指导委员会。1958 年 3 月，又设立国务院外事办公室，代替国际活动指导委员会指导公共外交活动的开展。

同时，中国还积极借助民间交往打开与西方建交的大门。周恩来特别强调文化交流和经济贸易在与尚未建交国家交往中的作用。他指出，可以先通过文化交流增进中国与未建交国之间的了解，通过贸易活动不断满足双方需要，以此为建交创造必要条件，起到"民间先行，以民促官"的作用。在这一外交思想的指导下，到 20 世纪 50 年代中期，中国已经与尚未建交的近百个国家开展了广泛的经贸、文化往来。"民间外交"不仅打破了西方国家对中国的遏制，而且为促进双边关系的建立奠定了民意和社会基础。为促进中国与法国之间的文化交流，1954 年中国妇女代表团访问法国，受到法国各阶层人民的热情欢迎和接待。1955～1956 年中法文化交流计划及中法间的民间交流活动，为中法关系的建立打下了基础，对于中法建交起到了重要的推动作用。而 20 世纪 70 年代中日邦交正常化也得益于从 1952 年开始的长达 20 年的中日民间交往所奠定的民意和社会基础。"熊猫外交""乒乓外交"成为促进中美建交的重要力量。而且也正是中国与西方国家之间长期的民间往来以及经贸、文化交流，促成了 20 世纪 70 年代中国与西方国家建交的高潮。此外，中国与第三世界的许多国家也是在"民间先行"的基础上"以民促官"，逐步走上建交之路。不过，由于受到"文化大革命"的影响，在 20 世纪 60 年代中国对外文化交流项目和民间交往也一度锐减。直到 20 世纪 70 年代以后，中外文化交流项目才逐步恢复常态。

总体而言，"公共外交"在新中国初期的外交战略中虽然未被正式提及，但"公共外交"实践已经成为新中国外交的重要组成部分。新中国成立后，中国通过一系列"公共外交"举动，在国际社会塑造了"红色中国"爱好和平、生机勃勃的形象，同时也驳斥了西方国家对中国的失实宣传和歪曲报道，得到国外民众的同情和理解，打开了与世界交往的大门。不过，这一阶段的"公共外交"实践受意识形态影响比较大，公共外交活动以国家形象宣传和民间交往为主，很多时候只是政府间外交活动的附属品，因而也限制了公共外交作用的发挥。

第二节　中国公共外交的兴起与发展

进入 20 世纪 70 年代以后，随着经济全球化的兴起，中国与世界各国的相互依存与相互影响日渐上升，为了尽快融入世界发展进程、促进中国现代化的实现，中国开启了改革开放进程。相应地，中国外交的主要任务也开始转向为中国的发展争取和平的国际环境，推动中国进一步融入世界。从改革开放至 21 世纪初，在追求合作、维护世界和平的发展理念指导下，中国公共外交不断增强向世界传播中国和平发展形象的能力。中国公共外交体系逐渐形成，成为增进世界对中国的了解、增强中国在国际社会影响力的重要推动力量。

一　打造全方位对外传播格局

改革开放后，随着中国与世界交往的增多，国际社会对中国的认知度也显著上升，中国对世界各国的吸引力也越来越大。因此，这一时期的中国公共外交不仅要在国际社会树立有利的国家形象，而且也要为中国发展创建有利的国际声誉和国际环境。因此，"中国政府开始加快步伐，通过增进与外国读者、观众的接触来影响国际舆论"。[①] 这一时期，对外传播成为中国公共外交的主要方式，在对外传播的机构建设和渠道拓展方面都取得了显著进展。

在对外传播的机构建设方面，1980 年建立的中央对外宣传小组成为领导和协调中国对外传播的主要机构。在对外传播的渠道拓展方面，外交部、中央部委及省市相关政府机构先后设立了新闻发言人制度，并创办发行《人民日报》（海外版）、《中国日报》等一批新的对外宣传

---

① Ingrid d'Hooghe, "Public Diplomacy in the People's Republic of China", in Jan Melissen, ed., *The New Public Diplomacy: Soft Power in International Relations*, New York: Palgrave Macmillan, 2005, p. 92.

媒介。此外，中央电视台开通了国际卫星频道，对外传播范围也得到进一步拓展。随着中国对外传播能力的增强，中国对外传播的重点也从强调宣传策略转向复合传播战略，中国开始有意识地把对外传播的重点转向国外普通民众，并通过扩展传播的渠道积极开展各种说服性宣传，开启了中国真正意义上的媒体公共外交实践。进入 21 世纪以来，随着网络的兴起与发展，中国也开始重视互联网在对外传播中发挥的重要作用，积极拓展数字媒体这一新型媒体外交形式，借助互联网传播的即时性和互联网平台增强传播的有效性。

二　拓展"媒体外交"渠道

媒体是让世界了解中国，了解中国改革开放的重要平台，改革开放后中国媒体公共外交"走出去"和"请进来"的渠道也得到不断拓展。改革开放的总设计师邓小平曾多次强调，要"走出去，请进来"，让更多的国际人士"看到、听到、谈到"一个改革开放后的真实的中国。[①]因此，为了让世界更好地了解中国，改革开放后中国开始通过各种方式吸引国外媒体到中国采访，报道中国的发展。1979 年，《华尔街日报》成为首批获准在华设立办事处的西方媒体，美国华裔记者秦家骢成为《华尔街日报》驻北京机构首任负责人。此后，原先撤出中国的西方媒体机构纷纷回到北京。1979 年 4 月，秦家骢飞到北京，和《纽约时报》《华盛顿邮报》《洛杉矶时报》记者一起，成为"文化大革命"后第一批来到中国的美国记者。[②] 不过，对于外国记者来说，"那时候想离开北京到其他地方采访都很困难，很多部门也不对外开放"。[③] 随着中国

---

① 新华社新闻研究所：《邓小平论新闻宣传》，新华出版社，1998，第 50～55 页。

② 陈君、王艳：《外国记者体验中国变化：从"外宾"到普通记者》，中国新闻网，2009 年 9 月 30 日，http://www.chinanews.com/gn/news/2009/09-30/1895650.shtml。

③ 陈君、王艳：《外国记者体验中国变化：从"外宾"到普通记者》，中国新闻网，2009 年 9 月 30 日，http://www.chinanews.com/gn/news/2009/09-30/1895650.shtml。

开放的不断深入，这种状况到 20 世纪 80 年代开始逐渐改观，到 20 世纪 90 年代，对外国记者的管理逐步放松，外国媒体和记者可以自由选择办公地点，也可以比较自由地到中国各地进行采访。不过，受韬光养晦外交理念的影响，这一时期中国的"媒体外交"呈现"防御态势"，即只有在我国形象受损时以被动的"媒体外交"手段弥补"形象漏洞"，"走出去"的步伐还比较缓慢。尽管这一时期对外传播的渠道和方式有所增加，具有一定的主动性，但宣传的内容大多集中于经济方面，尚缺乏以全方位国家形象工程为主题的自我意识。

三　"文化外交"作用凸显

随着改革开放政策的实施，中国在经济领域加快融入世界的同时，也积极推动对外文化交流，促进中国与世界各国人民的相互了解。从 1978 年底到 1991 年，中国与外国签订了 91 个政府间文化合作协定。[①] 到 1986 年，中国对外文化交流的次数已经达到 1075 起，共有 9499 人次参与对外文化交流活动，分别是"文化大革命"以前年平均数的 16 倍和 40 多倍，文化交流的范围也从传统友好国家扩展到包括美国在内的西方国家和周边国家。[②] 1980～1991 年，中国与外国签订的文化交流执行计划达 253 个，交流的内容涉及文化、艺术、教育、新闻、出版、广播、电影、电视、图书和博物馆等诸多领域。[③] 除了与世界各国进行文化交流外，还通过设立海外中国文化中心等方式，积极推动中国文化"走出去"。从 1988 年开始，中国先后在毛里求斯、贝宁、埃及、法国、马耳他、韩国和德国等国家设立了中国文化中心，通过开展各类文

---

① 中华人民共和国文化部对外联络局编《中国对外文化交流概览：1949～1991》，光明日报出版社，1993，第 78 页。
② 蔡武：《新中国 60 年对外文化工作发展历程》，《求是》2009 年第 15 期。
③ 中华人民共和国文化部对外联络局编《中国对外文化交流概览：1949～1991》，光明日报出版社，1993，第 78 页。

化活动、教学培训和提供信息服务等方式增进所在国民众对中国和中国文化的了解，增强中外民众间的相互理解和友谊。为促进中外文化交流的发展，文化部还在 1998 年成立了中外文化交流中心，专门从事中外文化交流工作。中外文化交流中心自成立以来，在中国各驻外使领馆、文化中心、文化机构的协助下，全面致力于对外推广中华文化价值理念，展示中华文化艺术的魅力。同时，增强了文化"引进来"的力度，大力引入世界各国优秀文化艺术，促进与世界的文化交流。中外文化交流中心每年都会与百余个国家、地区和城市的文化组织、文化机构合作，举办各类文化交流活动，成为中外文化交流的重要组织机构。

总之，改革开放以来，尤其是冷战结束后，随着中国与世界联系的不断增强和国际社会对中国关注度的增加，中国公共外交在积极开展防御性公共外交、破解中国和平发展舆论困境的同时，主动性趋势也逐渐增强。媒体外交、文化外交展示中国形象、向国际社会传递中国善意的能力都得到了增强，并逐步建立起全方位对外传播格局。

第三节　中国公共外交的全面推进

进入 21 世纪以来，随着中国综合实力的不断提高，中国与世界的关系发生了巨大的变化。面对中国的日益强大，国际社会尤其是西方国家不甘心甚至歪曲、敌视中国的心态在不断增强。因此，如何向世界说明中国的发展是和平发展，在国际社会展示中国负责任大国形象，成为中国公共外交新的战略目标和任务。在和谐共赢公共外交理念的指导下，中国公共外交更加注重与世界各国的交流与沟通，媒体公共外交、战略沟通公共外交和文化公共外交成为中国公共外交的主要运行模式。随着各种新兴的沟通和交流平台的拓展，越来越多的非官方力量也开始成为公共外交活动的"主角"，中国公共外交进入全面推进时期。

一　设立公共外交领导和协调机构

进入 21 世纪以来，中国公共外交被提升到外交战略的高度，不仅加强了对公共外交的投入，也开始设立专门的公共外交领导和协调机构，制定公共外交战略和策略，全面推进公共外交实践。2004 年，外交部设立了专门负责公共外交的职能部门——公众外交处，负责协调公共外交工作。2008 年，公众外交处更名为公共外交处。2009 年 10 月，公共外交处升格为新闻司公共外交办公室，专门负责外交部、驻外使领馆公共外交工作的统筹规划和综合协调。2012 年 8 月，新闻司公共外交办公室又升格为外交部公共外交办公室。

同时，为配合全面公共外交工作的开展，各类民间公共外交机构和组织也纷纷成立。2009 年，首个公共外交民间外交机构——GBD 公共外交文化交流中心成立。同年，还成立了中国首家非官方的公共外交智库——察哈尔学会。2010 年 8 月，由资深外交官和专家学者组成的公共外交咨询委员会成立，积极向国内外公众介绍、解读中国外交政策和发展理念。2012 年又成立了以前外交部长李肇星为会长的中国公共外交协会。此外，从 2010 年开始，北京外国语大学、清华大学、海南大学等高校和研究机构相继成立公共外交研究中心，致力于推动公共外交研究，向政府公共外交实践提供智力支持，为公众参与公共外交活动提供平台。随着这些机构和组织的建立，中国公共外交在战略制定和策略实施方面不断走向成熟。

二　建构中国公共外交运行模式

进入 21 世纪以来，中国公共外交的途径和渠道有了更大的扩展，逐渐发展出具有中国特色的媒体公共外交模式、战略沟通公共外交模式和文化公共外交模式等有效的公共外交运行方式，发挥着塑造大国形象、增强中国的影响力和感召力的作用。

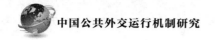

（一）媒体公共外交模式的建构

随着中国与世界联系的日渐深入，中国与外国媒体的交往也越来越密切，中国公共外交更加注重通过媒体塑造负责任大国形象，传播中国价值理念。自 2007 年 1 月 1 日中国取消外国记者异地采访的限制后，外国记者可以自由到中国各地进行采访。《华尔街日报》是最早入驻北京的外国媒体之一，其驻华记者不断增加，记者驻地也从北京扩大到上海等中国其他大城市。同时，为适应中国网络时代的到来，早在 2001 年《华尔街日报》就开办了中文网，以吸引中国网民的参与。而到 2009 年，道琼斯公司在北京的新闻从业人员已超过 130 人，上海有 50 多人。①

同时，中国媒体的对外传播能力也得到不断加强，逐渐形成多层次、宽覆盖的媒体公共外交格局。各大主流媒体一方面借助网络平台开拓新媒体传播渠道，另一方面也不断增加驻海外站点的数量，提高传播能力。2012 年 1 月，中央电视台在肯尼亚设立第一个海外分台——非洲分台，并开通了中国网络电视台"我爱非洲"手机电视。到 2016 年，中央电视台已经在全球建立了 70 个海外台站，建成了覆盖广泛、融合交互的内容采集和传播网络。2013 年 5 月，中国国际广播电台第 90 家整频率落地电台——格鲁吉亚第比利斯调频台开播，至此，中国国际广播电台对外传播语种增至 64 种，成为全球使用语种最多的国际传播机构，中国国际广播电台海外分台数量跃至全球前列。此外，中国国际广播电台拥有 32 家驻外记者站、13 家海外广播孔子课堂、4114 家海外听众俱乐部，每天播出 2000 多个小时节目，每年收到 300 多万件受众反馈。②

国务院新闻办、外交部也通过组织定期或不定期的外国记者招待会

① 陈君、王艳：《外国记者体验中国变化：从"外宾"到普通记者》，中国新闻网，2009 年 9 月 30 日，http：//www. chinanews. com/gn/news/2009/09 - 30/1895650. shtml。

② 《国际台第 90 家海外分台开播——对外传播语种增至 64 种》，人民网，2013 年 5 月 6 日，http：//world. people. com. cn/n/2013/0506/c57507 - 21374333. html。

的形式与外国媒体建立联系。尤其是两会和大型多边会议期间，中国政府都会召开新闻发布会，邀请外国记者参加采访活动，让更多的外国民众了解中国。同时，新闻发言人制度得到了不断完善，不仅在国家各部委建立起新闻发言人制度，地方政府也相继建立了新闻发布制度。到2004年底，在国务院新闻办公室、各部门和省级政府三个层次上建立了新闻发布和新闻发言人制度。此后，中共中央纪律检查委员会、组织部、宣传部等十几个中央部委也设立了新闻发言人。新闻发言人制度的设立和完善，成为中国对外传播的重要平台，也成为"中国政府向世界快捷、有效地表达中国立场最好的方式之一"。①

（二）战略沟通公共外交项目的运行

自2003年以来，中国先后在法国、美国、意大利、英国、俄罗斯、拉丁美洲等国家和地区成功举办了"文化（交流）年""国家（旅游）年""语言年"等战略沟通项目。作为中国对外文化传播、展示中国形象的重要载体，"文化年""国家年"成为中国战略沟通公共外交的标志性项目。

2003年10月至2004年7月，中国在法国举办文化年；2004年秋季至2005年7月，法国在中国举办文化年。中法文化年历时近两年，成为中国与西方国家开展的最大规模的文化交流活动之一。中法互办文化年，不仅增进了两国文化的交流与碰撞，更加强了两国人民的相互理解。此后，"文化年""国家年"成为中国公共外交的亮丽名片，得到了世界各国民众的极大欢迎。2006年，中国在意大利举办了以"意向中国"为主题的"中国意大利文化年"，与邻国印度共同举办"中印友好年"；2007年，又举办了"中日体育文化交流年""中韩文化交流年""中国希腊文化年"；2008年，在英国举办了以"时代中国"为主题的为时半年的英国"中国文化节"，活动的内容达到800多项。而启

---

① 赵启正：《公共外交与跨文化交流》，中国人民大学出版社，2011，第39页。

动于 2007 年的"德中同行"文化交流活动历时 3 年，直到 2010 年 10 月才落下帷幕。此后，2012 年举行的德国"中国文化年"因为盛况空前，一直持续到 2013 年 3 月底才结束。2015 年举办的"中英文化交流年"对于推动两国文明交流互鉴、增进两国民众间的相互理解和友谊发挥了重要作用。2016 年在中国与拉丁美洲和加勒比地区举办的"中拉文化交流年"，涉及拉美和加勒比地区近 30 个国家，成为新中国成立以来中国同拉美地区共同举办的最大规模的年度文化盛事。此外，2004 年中国文化部在北京组织举办了"相约北京"非洲主题年和"中华文化非洲行"活动。2008 年，中国与毛里求斯共同举办了盛大的文化交流活动。

这些大型战略沟通公共外交项目的举办，使得他国公众可以近距离接触、参与中国文化，从而在这种"零距离"接触和参与中，深刻感受和体验中国文化的博大精深，增强对中国和中国文化的向往。中法文化混合委员会法方主席让·皮埃尔·昂格鲁米（Jean Pierre Angremy）在中法文化年成功举办后感叹，"法国人从没有像现在这样关注中国、向往中国"，"我要去中国"成为众多法国民众的心愿。①

（三）文化公共外交传递中国价值

孔子学院和海外中国文化中心成为 21 世纪中国文化公共外交的重要平台，也是中国文化"走出去"的重要举措。

自 2004 年 11 月全球首家孔子学院在韩国成立以来，孔子学院（孔子课堂）的数量迅速增加，在全球掀起了学习汉语热。到 2008 年，中国已在全世界 81 个国家设立了 256 所孔子学院和 58 所孔子课堂，而到 2013 年底，已在全球 120 多个国家和地区建立了 440 多所孔子学院和 646 个孔子课堂。② 截至 2017 年 12 月，已在全球 146 个国家（地区）

---

① 李杰：《软实力建设与中国的和平发展》，《国际问题研究》2007 年第 1 期。
② 孔子学院总部/国家汉办网站，2014 年 2 月 5 日，http：//www.hanban.edu.cn/confuciou sinstitutes/node_ 10961.htm。

建立了 525 所孔子学院和 1113 个孔子课堂。①

　　与此同时，海外中国文化中心的数量和影响范围也在不断增长。同时，随着中国对外文化交流合作的深入，海外中国文化中心从 2002 年起进入快速发展阶段。2002～2012 年，中国先后在法国、德国、韩国等国家建立了 10 个中国文化中心。② 随着中华文化"走出去"步伐的加快，2012～2017 年，共有 23 个海外中国文化中心陆续建成，并计划到 2020 年建成 50 个海外中国文化中心，形成覆盖全球主要国家和地区的中国文化对外传播推广网络。③ 近年来，海外中国文化中心立足于国情宣介、文化交流、思想对话、教学培训以及信息服务五大职能，在当地开展了一系列文化交流活动，成为中国文化"走出去"的重要载体。自 2016 年起，文化部开始统一筹划海外中国文化中心举办全球联动的品牌项目。2016 年，"跨越时空的对话——纪念文学巨匠汤显祖和莎士比亚"主题活动，以演出、展览、讲座等形式累计举办了 160 场活动，得到了国内外媒体的广泛关注。2017 年，又推出了"传承与创新——中国非遗文化周"和"天涯共此时"中秋节品牌活动，同样吸引了大批当地观众的参与。据统计，2016 年和 2017 年，每个海外中国文化中心平均每年举办活动近 100 场，35 个海外中国文化中心平均每年总的直接受众超过 400 万人次。④

　　总之，进入 21 世纪以来，随着中国综合实力的提升，中国需要一个更广阔的发展空间，世界也希望看到一个负责任的大国。中国公共外交在和谐共赢理念的指导下，开启了在国际社会塑造负责任大国形象、

---

① 孔子学院总部/国家汉办网站，2018 年 2 月 5 日，http：//www. hanban. edu. cn/confuciou sinstitutes/node_ 10961. htm。

② 马逸珂：《海外中国文化中心：布局全球，传播中华文化》，中国文化传媒网，2018 年 1 月 31 日，http：//www. ccdy. cn/yaowen/201801/t20180131_ 1374081. htm。

③ 马逸珂：《海外中国文化中心：布局全球，传播中华文化》，中国文化传媒网，2018 年 1 月 31 日，http：//www. ccdy. cn/yaowen/201801/t20180131_ 1374081. htm。

④ 马逸珂：《海外中国文化中心：布局全球，传播中华文化》，中国文化传媒网，2018 年 1 月 31 日，http：//www. ccdy. cn/yaowen/201801/t20180131_ 1374081. htm。

建构价值理念认同的"全面公共外交"时期，中国公共外交也逐渐从最初的单一对外宣传向构建公共外交战略、创立公共外交体系转变。尤其是双向沟通、面对面的交流越来越成为中国公共外交的主要方式，文化年（国家年）、奥运外交、世博外交、峰会外交、侨务外交、首脑外交、夫人外交以及孔子学院和海外中国文化中心等都成为中国展示负责任大国形象、增强影响力和感召力、建构价值理念认同的重要方式。

小　结

中国公共外交萌芽于革命战争时期中国共产党为摆脱被封锁、被污蔑困境而进行的"媒体外交"实践，肇始于新中国打破西方封锁的对外宣传和民间外交的努力。但中国真正通过信息的沟通与交流在国际社会"赢取民心"、塑造中国国际形象、增强世界对中国的了解，则是随着中国的改革开放才逐渐增强的。换言之，中国真正意义上的公共外交始于 20 世纪 70 年代末，而在冷战后公共外交才真正成为中国外交的重要组成部分。究其原因，20 世纪六七十年代以后经济全球化运动的兴起、世界格局变革和外交转型为公共外交的发展提供了广阔的空间，伴随着中国改革开放进程，公共外交逐步成为中国外交战略的重要组成部分。20 世纪 90 年代以后，中国公共外交进入快速发展时期，公共外交制度建设和公共外交实践都取得了较快发展，为中国和平发展提供了软实力支撑。进入 21 世纪以来，中国公共外交在发展中不断完善，新的公共外交形式也不断出现，成为传递中国负责任大国形象的重要渠道。"一带一路"建设的推进和"人类命运共同体"的提出，为中国公共外交的发展提供了新的更加广阔的空间，中国公共外交成为推动中国立体化外交战略的重要支柱。

第三章
中国公共外交理念与运行机制

  尽管"公共外交"一词在 20 世纪 90 年代之后才"传入"中国，但公共外交理念与实践中国古已有之。从《孙子兵法》的"上兵伐谋""不战而屈人之兵"到苏秦"三寸不烂之舌，胜于百万雄兵"周游列国"合纵"之说，中华民族是一个深谙"得民心者得天下"之道的民族，在几千年的历史中积极践行"赢取民心"之举，造就了"远人来服"的中华朝贡体系。不过，在中国古代，这些"赢取民心"理念指导下的"公共外交"之举，更多的时候是一种对战争或"霸道"的补充。尤其是随着近代中国国力式微、外强凌辱，中国在国际社会几乎没有发言权，更谈不上通过公共外交展示形象、赢取民心。直到新中国成立后，中国公共外交才逐渐在实践中形成了以和平外交思想为核心的指导思想和价值理念，并在这一思想的指导下开展了积极有效的"赢取民心"公共外交实践，取得了卓越的成效。

  新中国成立后，在和平共处外交理念的指导下，从"熊猫外交"到"乒乓外交"，从民间外交到文化外交，新中国公共外交实践为中国打开与西方建交的大门、赢得更多朋友作出了巨大贡献。改革开放后，与中国所处国际环境和国家战略相适应，向世界说明和平发展的中国成为中国公共外交重要的战略目标和任务，中国的公共外交理念也由和平共处转向和平发展。中国的公共外交实践展示和塑造了中国维护世界和平、促进共同发展的积极形象。不过，由于冷战时期东西方阵营的对立，中国的公共外交空间非常有限，从而也限制了中国公共外交理论与实践的发展。冷战结束后，尤其是进入 21 世纪以来，随着中国的逐渐强大，国际社会对中国的正面和负面看法都有所增多。因此，中国公共外交理念也逐渐由和平发展转变为和谐共赢，推动实现在国际社会展示和塑造负责任大国形象、传播中国发展经验的公共外交的目标和任务。公共外交也因此逐渐上升至国家外交战略层面，并在公共外交实践中构建起以媒体公共外交、战略沟通公共外交和文化公共外交为主的公共外交体系及其有效运行模式。

第一节　中国公共外交理念

外交理念是国家外交实践的基本指导思想和观念，是一国开展外交活动的根本依据。新中国成立后，中国在外交实践的过程中逐渐形成了和平外交理念。中国公共外交理念是中国和平外交理念的重要组成部分，也是指导我国公共外交实践的基本思想和观念。为维护和实现国家利益，应对国际形势的挑战，国家的外交理念会随着国际形势的变化和国家战略的转变而不断调整。新中国成立以来，在促进国家外交战略实施的进程中，中国公共外交理念也在不断调整，从"和平共处"到"和平发展"，再到"和谐共赢"，逐渐形成了以"和合"思想为核心的公共外交理念。这一理念的形成与发展为我国在不同国际形势下的公共外交实践提供了理念指导和原则导向。

一　中国公共外交理念的内涵

从本质上来说，外交理念是一种文化理念，根植于一国的文化传统和历史积淀，是一国文化的基本价值和精神在外交领域的体现。中国在几千年的文明发展历程中，逐渐形成了以"和合"思想为核心的文化价值内核。这种凝结在中国传统文化中的"和合"思想也成为中国外交实践的重要指导理念。

"和合"思想作为中国传统文化的核心价值，贯穿在中国文化发展的历史进程中，有着深厚的精神和价值积淀。在中国商周时期，已经出现关于"和""合"的思想。"和"是指和平、和谐，"合"是指融合、合作。《左传·晏婴论和与同（昭公二十年）》中记载了晏婴对"和"的解释，指出"和如羹焉，水火、醯醢、盐梅以烹鱼肉，燀之以薪，宰夫和之，齐之以味，济其不及，以泄其过，君子食之，以平其心。……若以水济水，谁能食之"。也就是说，"和"是多种不同成分以一定关系结合而构成的和谐状态。"和"不是"以水济水"，不是单个成分的简单相加，而是通过"济其不及，以泄其过"，去掉各个成分的过与不及，才能做出"平其心"的美味之"羹"。先秦时期的"和"被赋予了"合"的含义，在春秋时期又出现了"和合"的连用。左丘明编著的《国语·郑语》中记载，"契能和合五教，以保于百姓者也"，赞扬商契能"和合"父义、母慈、兄友、弟恭、子孝之"五教"，使百姓安定和谐地相处与生活。《国语·郑语》中还记载了西周末年史伯对"和同"关系的论述："夫和实生物，同则不继。以他平他谓之和，故能丰长而物生之，若以同裨同，尽乃弃矣。故先王以土与金、木、水、火杂以成百物。"此后，"和合"思想广泛而深入地融合于中国文化之中，逐渐发展成为中华传统文化的核心和精髓。

从儒家的"礼之用，和为贵"（《论语·学而》）、"君子和而不同，小人同而不和"（《论语·子路》）、"天时不如地利，地利不如人和"（《孟子·公孙丑下》）到"天地合而万物生，阴阳接而变化起，性伪合而天下治"（《荀子·天论》），"和"成为儒家人文精神的核心。道家则把"和"视为宇宙万物的本质，是人类社会生存和发展的基础。老子提出"万物负阴而抱阳，冲气以为和"（《老子·四十二章》），庄子指出"天地者，万物之父母也。合则成体，散则成始"（《庄子·达生第十九》），管仲则将"和""合"并举，认为"畜之以道，则民和；养之以德，则民合。和合故能谐，谐故能辑。谐辑以悉，莫之能伤"（《管子集校·兵法》）。墨家也认为国家之治乱在于能否达到"和合"，墨子指出"内之父子兄弟作怨仇，皆有离散之心，不能相和合"（《墨子间诂·卷三》）。此外，《尚书》中的"百姓昭明，协和万邦"（《尚书·尧典》）、《诗经》中的"既且和平，依我馨声"（《诗经·商颂》）以及《易经》中的"保合大和，乃利贞"（《易经·乾卦·象》）都对"和合"思想进行了阐发。"和合"不仅成为贵和持中的和谐意识，也成为实现自然界与人类社会及人类社会内部"和谐"理想关系状态的重要途径。

当代著名哲学家张立文教授在挖掘古代中国"和合"思想的基础上创建了"和合学"，提出了"和生、和处、和立、和达、和爱"五大原理，认为"和合"是指"自然、社会、人际、心灵、文明中诸多元素、要素的相互冲突、融合，与在冲突、融合的动态过程中各元素、要素和合为新结构方式、新事物、新生命的总和"。① 简言之，"和合"思想是一种"以人为本"的人文精神，秉承"和为贵"，以求"致中和"。这种以"和合"思想为核心的中国传统人文精神，不仅体现在人与自然的和谐共生，也是人际间、国家间交往的指导思想。中国和平外交理念和原则正是这种"和合"人文精神的体现。公共外交作为一种"赢取民心""民心相通"的外交形式，与"和合"思想有着相同的价值追求和目标。因此，"和合"思想成为指导中国公共外交的核心理念，内化于公共外交的理论与实践中。以"和合"思想为核心价值的中国公共外交理念，秉承"以人为本"，

---

① 张立文：《和合与东亚意识——21世纪东亚和合哲学的价值共享》，华东师范大学出版社，2001，第36页。

认同"和而不同"，强调通过"和平共处""合作共赢"最终建立
"人类命运共同体"。

（一）"和合"思想秉承以人为本的价值理念

公共外交是一国政府通过赢得他国"民心"、促进民心相通进而确
保本国国家利益实现、促进国际合作的外交形式。然而，公共外交的
"赢取民心""民心相通"战略，不是靠政府一己之力就能完成的，也
不是政府单向度的信息输出所能奏效的，因为公共外交的中心是"信
息和观点的流通"。[①] 因此，公共外交最有效的方式在于本国民众与他
国民众之间思想和观念的沟通，这种互信可以为两国交往提供社会民意
基础，从而有利于合作的达成和相互利益的实现。也正因为如此，"和
合"思想的以人为本理念成为中国公共外交所秉承的首要理念。中国
公共外交秉承"以人为本"理念开展活动包含两层含义：一是依靠本
国民众开展公共外交实践，二是通过公共外交活动争取他国民众的理
解、信任和支持。

从公共外交的实施主体来看，国内民众是开展公共外交活动最有效
的主体之一。"民间先行，以民促官""以官带民，官民并举"不仅是
新中国人民外交的形象概括，也为新中国融入国际社会、打开外交局面
作出了巨大贡献。依靠人民办外交成为新中国外交的重要特点之一，具
有独创性的中国民间外交在新中国外交事业中发挥了重大作用，形成了
新中国"官方、半官方和民间相结合"的外交战略布局。[②] 20 世纪 70
年代中美"乒乓外交"、中日民间外交以及中葡、中韩体育外交，都是
依靠本国民众推动外交关系发展的典范。在国内事务与国际事务界限日
渐模糊的全球化时代，依靠国内民众开展公共外交活动具有更加重要的
意义。全球化时代的国际舞台上不仅仅是国家之间的交往，日益卷入国

---

① "What is Public Diplomacy", http：//www.publicdiplomacy.org/1.htm, accessed on 2nd, August 2019.

② 王红续：《国际战略视野下的中国公共外交》，《国际关系学院学报》2010 年第 6 期。

际事务的非政府组织、公民社会乃至个人都成为国际交往的重要行为体，各国民众在本国外交活动中的地位和影响力也越来越大，国内民众成为一国公共外交活动的重要参与者和实施者。

从公共外交的目标受众来看，他国公众越来越成为公共外交活动的实施对象。简言之，公共外交是一种赢得国外"民心"的"民心相通"外交。从外交发展的历程来看，无论近代外交还是现代外交，精英主导型的外交一直占据传统外交的主流，无论国内民众还是他国民众基本上都被排除在外交事务之外。然而，随着全球化和信息化进程的推进，越来越多的民众日益成为国际交往的参与者，他们的态度和行为也日渐成为影响国家间外交关系的重要因素。因此，一国外交政策能否奏效，在很大程度上取决于能否赢得目标国公众的认可和支持。事实上，就外交的本质而言，"所有的外交政策，都是为了争取人心而进行的斗争"。①积极与国外公众沟通和对话，已经成为影响国家有效推行其外交政策的重要因素。因此，通过赢取他国民心进而推动国家关系发展的公共外交，业已成为全球化时代国家外交战略必不可少的重要组成部分。概言之，努力争取在他国拥有"永久的朋友"，成为国家对外交往的重要目标。而为了沟通民意、赢取民心，一国外交部门不仅需要积极动员本国民众支持其外交政策，"还必须争取其他国家的公众舆论，来支持它的内外政策"。②

（二）"和合"思想体现为对"和而不同"的认同

"文明多样性是人类社会的客观现实，是当代世界的基本特征。"③承认世界的多样性是"和合"思想的主要内容之一，因为，唯有"和而不同"的世界才能"和实生物"，繁衍生息。如前所述，春秋时期齐

---

① 〔美〕汉斯·摩根索：《国家间的政治》，杨歧鸣等译，商务印书馆，1993，第422页。

② 〔美〕汉斯·摩根索：《国家间的政治》，杨歧鸣等译，商务印书馆，1993，第203页。

③ 《加强文化交流，促进世界和平——习近平在第六十一届法兰克福国际书展开幕式上的致辞》，《人民日报》2009年10月14日。

国上大夫晏子的"和""同"之辨，就是对"和合"思想的"和而不同"理念的阐发。正如自然界的多样性一样，人类社会也是由历史传统、发展程度和社会制度各异的国家和民族组成的。纵观人类社会发展的历史，从来不曾出现仅存一个民族、一种文明的现象。"如果只有一种生活方式，只有一种语言，只有一种音乐，只有一种服饰，那是不可想象的。"① 文明的多样性是人类社会的基本特征，也是推动人类社会不断发展的力量。"人类社会的发展过程，就是各种文明不断交流、融合、创新的过程。"②

当今世界，有 200 多个国家和地区、2500 多个民族以及数以万计的国际组织共存于地球村。唯有遵循"和而不同"，才能在不同文明的交流、碰撞和融合中交融互鉴，才能推动人类社会的发展。中国作为地球村的一员，中华文明经历了 5000 多年历史变迁，中华文明既是中华民族独特精神的一脉相承，也在与其他文明的交融互鉴中不断取得进步。"我们主张建设持久和平、共同繁荣的和谐世界。而加强世界各国文化交流，扩大不同文化背景下人们的心灵沟通，则是推动建设和谐世界的重要途径。"③ 因此，"和而不同"一直是中国公共外交所秉承的基本理念，在坚持中华民族自身鲜明的独特性的同时，不断增强多样性和统一性结合的意识，使自己的特殊性更加普遍化，使公共外交事半功倍。④

（三）"和合"思想蕴含着"和谐共赢"的目标追求

"和而不同"是"和合"思想的基本理念，但"不同"共存的最终目标是实现多样性基础上的统一。当然，这种统一性，不是同质化，

---

① 《习近平在联合国教科文组织总部的演讲》，《光明日报》2014 年 3 月 28 日。
② 《加强文化交流，促进世界和平——习近平在第六十一届法兰克福国际书展开幕式上的致辞》，《人民日报》2009 年 10 月 14 日。
③ 《加强文化交流，促进世界和平——习近平在第六十一届法兰克福国际书展开幕式上的致辞》，《人民日报》2009 年 10 月 14 日。
④ 俞新天：《构建中国公共外交理论的思考》，《国际问题研究》2010 年第 6 期。

而是在多样性基础上的飞跃。① 多样性不仅是自然界的客观现实，也是人类社会的必然性所在，但是这种多样性不是无限度的。自然界的多样性在物竞天择的规则下，物种的多样性不断推陈出新。世界民族的多样性也是历史的选择和各民族奋斗的结果。不过，这不能成为极端民族主义存在的依据，更不能成为过度强调民族自决而导致地区冲突乃至种族灭绝政策的理由。"和而不同"最终要实现的是"和"，如果过度强调民族特殊性，不仅使得这个民族难以融入全球民族大家庭，而且也容易导致不同文明间的隔阂和冲突。联合国教科文组织的研究表明，人类已经达到了多样性的极限，没有整合就没有最深远意义上的生长、进化和发展。② 尤其是随着全球化的扩展和深化，不同文明在解决人类面临的共同挑战中不断碰撞、渗透、融合，逐渐增强统一性。当然，这样一种文明统一性的实现不是一蹴而就的，需要各个民族之间积极主动地超越各异的"文明群落"和"认同板块"。在这一进程中，加强彼此之间的交流和沟通显然是唯一的选择，③ 而信息的沟通和观念的交流恰恰是公共外交发挥作用的主要渠道和方式。中国历来主张承认世界文明的多样性存在，并积极主张通过相互交流、相互影响，使不同的文化思想在交流碰撞中达到和谐共赢。因此，"和谐共赢"成为指导中国公共外交实践的重要理念，通过与不同文化和思想的交融互鉴，超越既有文明和认同的局限性，建构一个和谐的全球精神共同体，实现共存共赢的"永久和平"的世界。

二　中国公共外交理念的特点

中国公共外交理念是中国和平外交理念在公共外交领域的重要体现

---

① 〔美〕欧文·拉兹洛：《多种文化的星球：联合国教科文组织国际专家小组的报告》，戴侃、辛未译，社会科学文献出版社，2001，第 232 页。

② 〔美〕欧文·拉兹洛：《多种文化的星球：联合国教科文组织国际专家小组的报告》，戴侃、辛未译，社会科学文献出版社，2001，第 232 页。

③ 赵可金：《公共外交的理论与实践》，上海辞书出版社，2007，第 53 ~ 54 页。

和重要组成部分。与中国公共外交战略相适应，中国公共外交理念经历了从"和平共处"到"和而不同"再到"和谐共赢"的发展演变，既具有承续性的特点，也不断发展完善。

（一）中国公共外交理念的承续性

中国公共外交是中国总体外交战略的重要组成部分，因此，作为中国公共外交基本指导思想的中国公共外交理念，与中国总体外交指导思想相一致。新中国成立后，毛泽东、周恩来等新中国第一代国家领导人在领导新中国外交实践中汲取中国传统文化"和合"思想的精髓，形成了以"和平共处""求同存异"为主要表现形式的和平外交理念，为新中国外交实践的开展提供了基本观念和指导思想，也成为中国公共外交活动开展的基本指导理念和原则依据。从新中国成立初期秉承"和平共处"的民间外交，到改革开放后中国对外传播格局的形成和发展，再到全球化时代中国公共外交的全面推进，体现为和平外交理念的"和合"思想一直为中国公共外交实践提供基本理念和原则指导。同时，与中国和平外交战略相适应，这种和平外交理念在不同的时期又表现为不同的理念形态，经历了从新中国成立初期的和平共处理念到改革开放时期的和平发展理念，再到进入 21 世纪以来的和谐共赢理念，体现出中国公共外交和平理念的承续性和坚持"和合"思想的原则性。

（二）中国公共外交理念的发展性

作为指导中国公共外交实践的理念和原则，中国公共外交理念是与不同时期的中国公共外交战略目标相适应的。随着中国公共外交战略目标和战略重点的变化，中国公共外交理念也随之发生变化。新中国成立后，与不同时期中国所处的国际环境和战略目标相适应，新中国公共外交理念在承续"和合"思想的基础上经历了三次大的变化，其内涵不断丰富和发展。新中国成立之初，面临大多数西方国家敌视和不承认的局面，如何争取国际社会的承认并融入国际社会，是新中国公共外交的首要战略目标和任务。因此，"和平共处""求同存异"成为指导中国公共外交实践的基本原则，通过民间外交打开了与西方交往和建交的大门。改革开放后，如何为中国发展争取和平的国际环境、传播开放的中国国家形象成为中国公共外交的主要目标和任务。因此，中国公共外交理念在"和平共处"理念的基础上更加强调"和平发展、和而不同"，塑造了中国在国际社会开放、进取的良好形象。进入 21 世纪以来，如何向世界说明中国、展示中国负责任大国形象，成为中国公共外交新的战略选择和目标，中国公共外交理念也由此从"和平发展"延伸为构建"和谐世界"，实现"和谐共赢"。从和平共处到和平发展，再到和谐共赢，中国公共外交理念在秉承"和合"思想的基础上不断与时俱进，体现了中国公共外交理念的发展性。同时，在不同时期公共外交理念的指导下，中国公共外交也不断发展完善，为国家战略的实施提供了重要的国际社会民意基础。

简言之，一个国家公共外交体系的建立和完善，不仅要有强大的资源支撑和制度保障，更要有自己的公共外交理念和在此理念指导下制定的公共外交战略。而缺乏理念指导的公共外交实践是没有目标性和导向性的，难以形成有效的公共外交战略，从而导致公共外交实践难以取得成效。同样，先进的外交理念，不但可以扩大一国在国际上的话语权，提升该国的感召力，而且可以使该国的外交更具说服力，从而为该国在国际格局和国际秩序的建设中赢得主动。中国是国际社会大家庭的一员，中国的发展离不开世界，世界的发展也离不开中国。实现中华民族伟大复兴的中国梦需要国际社会的理解与支持，同样，强大起来的中国也有责任为世界的繁荣进步贡献自己的智慧和力量。中国公共外交必须继续以"和合"思想为指导，秉承"和谐共赢""命运与共"的理念，积极开展与国际社会的沟通与交流，在向世界说明中国和平发展、塑造中国负责任大国形象的同时，积极为国际社会的发展提供价值理念引导，构建人类命运共同体。

第二节　中国公共外交运行机制

公共外交是一国政府借助本国公众、大众媒体、社会组织及相关政府机构开展的以他国公众为对象的外交活动。这种外交活动是以赢取他国民心、影响他国公众舆论和公众态度的方式间接地影响目标国对公共外交活动实施国的政策、态度，进而推动两国关系良性互动，实现维护国家利益的目的。与政府间外交"政府—政府"运行机制不同，公共外交遵循的是一种"政府—公众—政府"的运行机制和运作逻辑。从体系的角度来看，一个完整的公共外交战略体系的建立及正常运作，必须包括对象、目标、资源、方法、体制等体系内容。① 作为国家整体外交的重要组成部分，一国公共外交的运行或公共外交体系需要诸多要素的支撑：公共外交的目标、公共外交的资源、公共外交的主体、公共外交的客体或对象以及开展公共外交的路径等。简言之，要开展公共外交，首先要解决为什么要开展公共外交的问题，然后还要回答依靠什么资源开展公共外交，由谁来组织和开展公共外交，公共外交的对象或客体是什么，以及通过什么渠道或路径开展公共外交的问题。

一　中国公共外交目标定位

中国公共外交作为国家整体外交的重要组成部分，其目标定位必然体现国家整体外交战略，服务于国家整体外交战略目标。新中国成立70 多年来，无论传统的政府间外交，还是公共外交，都是我国实现和维护国家利益的和平手段，都服从和服务于国家战略目标和经济社会发展的战略全局。与不同时期中国所处的国际环境和不同战略目标相适应，中国公共外交的目标也会随之发生变化。

---

① 赵可金：《公共外交的理论与实践》，上海辞书出版社，2007，第 486 页。

在新中国成立初期，中国所处的国际环境非常恶劣，以美国为首的西方国家对新中国采取敌视和不承认的政策，只有少数社会主义国家和周边国家承认新中国的合法地位。因此，与中国和平外交战略相适应，中国公共外交的首要目标就是通过"民间外交"增进西方国家民众对中国的了解，从而打开与西方国家建交的大门，争取国际社会的承认。中国公共外交开创了"民间先行，以民促官"的"民间外交"模式。同时，通过各种人文交流加强与社会主义国家和亚洲周边建交国家之间的友好往来，增进友谊，相互支持。

进入20世纪60年代以后，尤其是在"文化大革命"期间，包括中国公共外交在内的中国整体外交战略受到"左"倾思潮的严重干扰，中国和平外交、民间外交一度受挫。公共外交被宣传、推动世界革命以及不切实际的说教所取代，不仅影响了中国与世界其他各国关系的正常发展，也极大地损害了中国在国际社会的形象。"文化大革命"后期，党中央及时拨乱反正，也重新调整了中国的外交战略，中国公共外交在和平外交理念的指导下，重新转向为中国融入国际社会打造舆论基础和社会民意基础，积极开展以对外文化交流为主要内容的公共外交活动。"乒乓外交""熊猫外交"成为中国公共外交的典范，不仅成功打开了中美建交和中日邦交正常化的大门，也成为增进世界各国民众了解中国、增强对中国好感的重要方式。

随着中国改革开放战略的实施，中国的发展不仅需要和平的外交环境，也需要以更加开放的姿态融入国际社会。因此，中国公共外交的目标也相应地转变为在国际社会展示中国和平发展的形象，为中国发展争取和平的国际环境，推动中国进一步融入世界。中国公共外交通过"对外传播"积极向世界介绍中国，说明中国的和平发展。从改革开放到21世纪初，在国际社会传播中国和平发展的形象不仅成为中国公共外交的主要任务，也成为中国公共外交的重要方式。

进入21世纪以来，随着中国大国地位的日渐凸显，中国越来越成为世界瞩目的焦点。国际社会尤其是一些西方国家受"强大必称霸"思想的影响，担心强大起来的中国威胁它们的地位，而一些发展中国家和弱小国家也对大国有疑虑，担心其利益受到大国的损害，一时间"中国威胁论"甚嚣尘上。因此，通过与世界的交流与沟通，在国际社会树立中国负责任大国形象，成为中国公共外交的重要目标。同时，随着中国发展进程的不断加快，尤其是党的十八大以来，中国在经济全球化和全球治理进程中发挥着越来越重要的引领者和建设者的作用，中国提出和践行的"合作共赢""人类命运共同体"理念逐渐为国际社会所认同。因此，中国公共外交不仅需要向国际社会说明中国的和平发展，更需要借助心灵沟通在国际社会建构共同价值理念认同，推动世界走向和谐共赢，构建"人类命运共同体"。

简言之，中国公共外交服务于国家的总体外交战略，以促进和实现国家利益为己任。其目标定位随着国际形势变化和国家战略的调整而有所不同。当前，中国的公共外交定位于三个层级递进的目标：一是向世界说明中国的和平发展，增进国际社会对中国和平发展的了解和认同；二是在国际社会树立"开放、包容、负责任"的大国形象，增强中国的亲和力和感召力；三是促进国际社会共同价值理念认同，推动建设"人类命运共同体"。

二　中国公共外交资源

明确了为什么要开展公共外交的问题，即公共外交的目标确立后，还要明确的问题是依靠什么来实现目标，即公共外交的资源问题。中国是一个发展中大国，也是一个有着 5000 年文明的历史悠久的国家，拥有丰富的公共外交资源。中国公共外交可资利用的资源既包括传统文化资源，也包括体制性、政策性资源和国际社会资本等外交资源。

（一）传统文化资源

中国数千年的文明进程，为中华民族留下了丰富的历史文化遗产。

以"和合"思想为核心的中华优秀传统文化，是中华民族精神的积淀和承载，是中国最深厚的文化软实力，因此也成为中国公共外交的宝贵资源。[①] 运用优秀传统文化讲好中国故事、传播好中国声音，是引导世界全面、准确认识当代中国和中国人民的重要方式，也是中国推动公共外交、构建国际话语权的重要途径。早在 2000 多年前，诸子百家就有关于人与人、人与社会、人与自然关系的探讨和论述，形成了以"以人为本""以和为贵""和而不同""和谐共赢"理念为标志的"和合"思想，成为中国人民精神的重要标识。传播中华传统文化，有助于世界认识和了解中国人的精神世界，也有助于世界对中国秉承的和平发展、合作共赢、人类命运共同体等价值理念的理解、认同。传统优秀文化是中国文化公共外交的重要资源，成为展示中国形象、传播中国价值理念、塑造观念认同的重要依靠。

（二）体制性资源

体制性资源是中国公共外交的立身之本。新中国成立后，中国人民在中国共产党的领导下自力更生、艰苦创业，经过 70 多年的发展，一步步实现了从"站起来"到"富起来"再到"强起来"的复兴之梦。尤其是改革开放 40 多年来，在中国特色社会主义道路的指引下，中国政治、经济、社会、文化全面发展，一跃成为世界第二大经济体。"北京共识""中国模式"为世界各国尤其是广大发展中国家实现现代化提供了榜样，产生了积极的示范效应。中国发起的"一带一路"倡议及"共商共建共享"原则更是得到了世界 150 多个国家和包括联合国在内的近百个国际组织的认同和参与，成为中国为国际社会提供的重要公共物品。中国的发展与成就在世界各国掀起了"汉语热""中国热"，许多国家派遣政府官员和留学生到中国学习经验。体制性资源在中国公共

---

① 《中国公共外交的宝贵资源——学习习近平总书记运用优秀传统文化讲好中国故事》，中国共产党新闻网，2016 年 10 月 17 日，http：//theory. people. com. cn/n1/2016/1017/c40531 - 28785447. html。

外交中扮演着重要角色，成为塑造中国负责任大国形象的重要软实力资源。

（三）政策性资源

政策性资源是指一国政府所实行的能够得到国际社会认可的公共政策及其所实施的行为。① 政策性资源是中国公共外交构建国家形象的基础，也是中国推进公共外交的根基所在。中国的改革开放政策、和平外交政策、民族政策、扶贫政策取得的成功，得到了世界的广泛赞同，成为中国实施公共外交的重要政策性资源。以中国消除贫困为例，中国政府坚定信心，攻坚克难，经过 30 多年的不懈努力，使 7 亿多贫困人口成功脱贫，占同期全球减贫人口总数的 70% 以上。1990～2015 年，中国的极端贫困人口减少了 94%。② 消除贫困是人类共同的愿望，当前全球仍有 7 亿多人口生活在极度贫困中，消除贫困是世界发展面临的最大挑战。减贫、脱贫对于世界各国尤其是发展中国家而言是头等大事，中国扶贫政策和脱贫成就为发展中国家减贫、脱贫提供了宝贵经验。而中国改革开放 40 多年的经验更是向世界展示了可以借鉴的现代化之路。这些政策性资源不仅为中国在国际社会树立了良好的国家形象，也成为中国公共外交对外推广的资源，吸引其他国家学习中国的成功经验，为中国公共外交的实施提供了资源支撑。

（四）国际社会资本

中国拥有数量庞大的华人华侨，遍布全世界绝大多数国家和地区，成为联系中国和所在国民众的重要桥梁和纽带。当前全世界华人华侨接近 7000 万人，③ 大部分居住在东南亚地区，仅印度尼西亚一国就有超过

---

① 赵可金：《公共外交的理论与实践》，上海辞书出版社，2007，第 192 页。

② 《中国减贫成就斐然　美学者：世界应学习中国扶贫经验》，中国日报网，2019 年 4 月 13 日，http：//news. cri. cn/2019 - 04 - 13/a22bed9e - a546 - 9fbc - efd0 - b8e2b18b8ad3. html。

③ 《华商领袖和华人智库专家：改革开放让华商充满信心》，国务院侨务办公室，2018 年 4 月 10 日，http：//www. chinaqw. com/jjkj/2018/04 - 10/185306. shtml。

1000 万华人华侨。广大华人华侨在所在国从事各种职业，与各行各业的人打交道，熟悉当地社会民情，成为联系中国与当地民众的重要媒介，为中国在当地塑造国家形象提供了社会关系优势。中国在开展公共外交的进程中，遇到的最大问题之一就是文化差异性带来的误读、误解和冲突。当然，这种文化的差异不是一朝一夕能够消除的，而通过当地华人华侨社团及其创办的华文教育、华文传媒，可以扩大中国传统文化在当地的影响力，加深当地民众对中国文化的了解，进而推动中外文化融合，缩小文化差异，使得国家间的文化交流更为密切。因此，华人华侨是中国开展公共外交的重要国际社会资本。

三　中国公共外交主体

有了明确的目标和可资利用的资源，紧接着要解决的问题就是如何实现这些目标，由谁来组织实施，即公共外交的主体或组织实施公共外交的行为体。毫无疑问，公共外交作为国家整体外交的一部分，一国政府无疑是公共外交的主体。不过，在公共外交实践中，公共外交的实施主体和参与者呈现多元化的趋势，这种趋势的形成与公共外交的运作逻辑及其行为方式有关。公共外交是一种以他国公众为对象的外交形式，在具体实施中，通过本国公众、媒体和非政府组织、社会团体等开展的公共外交活动，更能达到心灵沟通的目的。因此，无论公共外交的执行者还是参与者都具有多元化的特点。

（一）公共外交领导机构

中国公共外交从一开始就具有多主体的特点。从公共外交的领导机构角度来看，中国公共外交由对外宣传战线和外交战线两条相对独立的战线组成。新中国成立后，对外宣传成为中国公共外交的主要形式，以新华社、中国国际广播电台、《人民日报》及《中国日报》为代表的对外宣传和交流机构是塑造国际舆论环境的重要渠道。这些机构及其活动的开展由中共中央对外宣传领导小组领导下的中共中央宣传部和国务院新闻办公室统一组织协调。同时，由中央外事工作领导小组领导下的中央外办和外交部作为负责制定国家外交政策的部门，对于公共外交战略的制定和公共外交活动的实施发挥着指挥、调度和约束的作用，尤其是外交部公共外交办公室是主要的负责组织开展公共外交活动的机构。此外，从中国公共外交活动的具体组织实施角度来看，国防部、财政部、商务部、教育部和文化部等中央部委也都有相关负责对外交往工作的机构，这些广义上的外交执行机构也承担着一定的公共外交任务。尽管在最高层有中央政治局协调各个公共外交领导机构的工作，但在具体工作中，这种多元主体的公共外交领导机构也会出现协调不力的情况，造成公共外交活动的重合、公共外交资源的浪费，进而限制了公共外交合力的形成。①

（二）公共外交实施主体

从公共外交实施主体的角度来看，中国公共外交的实施主体不仅包括国家行为主体，也包括次国家行为主体和非国家行为主体。从政府官员、驻外使领馆人员到媒体、海外华人华侨、非政府组织和智库及参与国际交往的普通民众，都是公共外交的具体实施者和参与者。公共外交通过与目标国公众的接触为国家关系的发展塑造民意基础和社会基础。因此，与他国公众有效接触的方式既可以是官方代表与他国民众的沟通，即政府层面开展的对外交流，也包括本国民众与他国民众间的人际交往等"面对面"的交流。近年来，从首脑外交到外交部的新闻发布，再到大使馆与所在国民众的日常沟通，都成为中国公共外交的重要实践形式。而随着中国参与全球化进程的广度和深度的增加，从商业人员到留学生、体育明星、出国游的普通大众，越来越多的民众成为中国与他国民众接触和交流的重要行为体，成为对外展示中国形象、传播中国形象的公共外交大使。此外，数千万旅居海外的华人华侨也是中国公共外交重要的实施主体。华人华侨对中国有着割舍不断的情感，他们也了解

---

① 韩方明主编《公共外交概论》，北京大学出版社，2011，第57页。

所在国社会，对于开展与所在国民众的沟通和交流有着得天独厚的优势和条件。近年来，中国不断发展的智库和非政府组织也成为中国公共外交重要的实施主体和参与者。各类智库通过学术交流、国际会议及访问学者项目等形式，加强与他国学者、智库及政策精英的沟通与交流，成为政策沟通层面的重要行为主体。近年来，我国的非政府组织发展比较迅速，从宗教组织、体育组织到社会团体和群众社团，越来越多的非政府组织成为沟通中国与他国目标公众、增进民心相通的重要力量。

四　中国公共外交客体

从公共外交的运行逻辑及其效用发挥的角度来看，目标国公众是一国开展公共外交的客体或曰实施对象，公共外交的直接目的就是影响外国公众的态度。[1] 然而，一国公众在国家社会生活中发挥的作用是不同的，尤其是精英群体和普通大众对国家政治决策和政策制定过程的影响相去甚远。加布里埃尔·A. 阿尔蒙德（Gabriel A. Almond）从影响本国外交决策的角度，把一国公众划分为普通公众、关注问题的公众、舆论精英和政策精英，认为后两者对本国外交政策的制定产生重要的舆论引导作用。[2] 伯纳德·科恩（Bernard Cohen）认为"公众"有普通公众、专注公众、舆论精英和舆论领袖之分，他们对于外交政策的关注度和影响力不同。[3] 杰里尔·A. 罗赛蒂认为至少有两种公众：精英群体与大众群体。[4] 因此，为增强公共外交的有效性，要针对不同的目标公众开展有针对性的公共外交活动。同样，根据中国公共外交目标及其可资利用的资源、手段，中国公共外交的客体也具有选择性。中国公共外交的

---

[1]　韩方明主编《公共外交概论》，北京大学出版社，2011，第73页。

[2]　Gabriel A. Almond, *The American People and Foreign Policy*, New York: Frederick A. Praeger Publishers, 1966, p.138.

[3]　韩方明主编《公共外交概论》，北京大学出版社，2011，第73~74页。

[4]　〔美〕杰里尔·A. 罗赛蒂：《美国对外政策的政治学》，周启朋、傅耀祖等译，世界知识出版社，1997，第341页。

目标公众也分为两类：一是构成一国公众大多数的普通公众，二是在一国各个行业中现在或潜在的权势群体，即精英群体。

（一）普通民众

作为"草根阶层"的普通民众数量众多，是一国社会民意的基础，也是公共外交民心相通的最终落脚点，因此，广大的他国普通民众是中国公共外交的重要目标受众。不过，一国普通民众受社会经济地位及受教育程度等因素的影响，他们一般对国际事务和外交政策兴趣不大，而更关注与其利益密切相关的事务。他们对中国的关注和了解主要来自媒体报道以及一些沟通和交流，而且其看法和态度往往会受到媒体和该国舆论精英的影响。因此，中国公共外交针对普通公众开展的活动以媒体外交的信息传播为主，如新华社、新华网、中国国际广播电台、中央电视台及《人民日报》等各大报纸杂志的对外传播，尽可能实现中国与他国普通民众更大范围内的信息沟通，增强他们对中国的了解。此外，直接的接触和交流是增强认知、增加认同的有效方式，因此，近年来中国也借助文化艺术展演、文化年、国家年、旅游年等战略沟通公共外交项目加强与他国普通民众的交流，增强"草根阶层"对中国的了解和认知。此外，中国国家领导人和外交官等在出访过程中也非常注重与普通民众的接触和人际交往，借助这些人群的二次人际传播，传播中国的良好形象。

（二）精英群体

相对于普通民众而言，一国精英群体往往在本国相关行业具有一定的社会地位和权势，一般也受过良好的教育，国际化意识较强，基于自身利益往往对本国外交及与中国的关系较为关注，并可能参与本国对华外交政策的讨论甚至可能因为进入政府而成为对华外交政策的制定者和执行者。因此，他们的态度和立场不仅直接影响本国与中国关系的发展，也往往通过人际传播对该国普通民众的对华态度和趋向产生重要影响。因此，针对他国精英群体的公共外交活动一直是中国公共外交尤其是文化公共外交和智库外交的重点所在。鉴于精英群体的社会和舆论效应，向这些精英群体准确传递中国的有关信息，有助于消除他们的误解和疑虑，并引导该国普通民众对中国的看法，塑造友善的舆论环境。同时，借助文化教育交流项目和论坛拉近与他国精英群体的距离、增强他们对中国的亲近感、建立起良好的人际关系有助于增进中国与目标国友善关系的建立和发展。

五　中国公共外交实践路径

英国学者马克·伦纳德认为，从公共外交活动所要求的政府的直接信息和长期文化关系的比例来看，以政府为主体的公共外交可以按照所需时间的长短划分为短期的甚至是瞬时的新闻管理、中期的战略沟通和长期的关系建立三种路径，每一种路径都有其运行的模式和形式。① 相较于西方发达国家的公共外交理论与实践，中国公共外交战略的建构和公共外交理论的发展都相对滞后。不过，中国公共外交从一开始就具有政府主导的特点，在集中公共外交资源开展外交活动方面也形成了自己的特色和有效运行路径。尤其是进入 21 世纪以来，中国公共外交实践在中国公共外交理念的指导下，借鉴他国公共外交的经验，逐渐形成了以媒体公共外交、战略沟通公共外交和文化公共外交为代表的公共外交路径及其运行机制，成为促进中国与世界民心相通的重要方式和途径。

（一）媒体公共外交

以日常信息沟通和危机新闻反应为主要方式的媒体公共外交或曰新闻管理是中国公共外交最早采用的有效公共外交路径。公共外交的核心是"信息与思想的跨国流通"，② 换言之，公共外交就是要保证使自己国家与外国保持有效的"思想联系"。③ 因此，中国公共外交从形成之

---

① Mark Leonard, *Public Diplomacy*, London: The Foreign Policy Centre, 2002, pp. 8 - 21.

② Allen C. Hansen, *USIA*, *Public Diplomacy in the Computer Age*, New York: Praeger, 1989, p. 3.

③ Kenneth W. Thompson, ed., *Rhetoric and Public Diplomacy*: *The Stanton Report Revisited*, Lanham, Md: University Press of America, 1987, p. 97.

初就非常重视通过广播、报刊等对外传播手段与世界进行"思想联系",把关于中国的信息和思想传递给世界。新中国成立后,中国媒体公共外交形式不断丰富和发展,新华社、中国国际广播电台、中央电视台、新闻报刊等传统媒体外交形式的对外传播覆盖面不断扩展,数字媒体、网络外交等新的传播方式也不断涌现。此外,记者招待会、媒体吹风会、新闻发言人等信息公开制度相继建立,逐渐形成了立体化的综合对外信息沟通机制和模式。

（二）战略沟通公共外交

以文化年（国家年）、奥运外交和世博外交等大型公共外交活动为主要表现形态的战略沟通公共外交是展示中国形象的重要形式。所谓战略沟通,就是在特定的时间段内规划具有象征意义的活动和交流,就特定的主题集中展开对外宣传活动,以强化中心主题或推行政府的特定政策。① 战略沟通的目的是通过集中的"信息轰炸",使目标公众在强大的信息流面前对公共外交实施国产生深刻的印象,建构或重建关于该国的形象。近年来,中法文化年、中俄国家年、北京奥运会及上海世博会等战略公共外交活动的实施,对于中国国家形象的塑造和展示起到了重大的促进作用。尤其是随着"一带一路"倡议从区域合作向全球合作的拓展,致力于扩大中国与世界文化交流和人员往来的中国与"一带一路"共建国家的战略沟通公共外交项目也不断增多。2016 年"中拉文化交流年"共有 30 多个拉美和加勒比国家参与,2019 年"中国—太平洋岛国旅游年"吸引了 30 多家太平洋岛国旅游企业的参与,成为增进中国与拉美国家和太平洋岛国民众相互了解、加深民心相通的重要平台。

（三）文化公共外交

以孔子学院、海外中国文化中心及奖学金项目和教育交流项目为主

---

① 〔美〕约瑟夫·奈:《软力量——世界政坛成功之道》,吴晓辉、钱程译,东方出版社,2005,第119页。

要形态的文化公共外交是中国增强文化国际影响力的重要平台和渠道。英国公共外交学者马克·伦纳德曾经指出，通过奖学金、交流、培训等渠道与海外"关键人物"发展多年持久的关系以赢得他们对公共外交实施国价值和观念的认同，是公共外交最有效的手段。[1] 美国前公共外交与公共事务副国务卿夏洛特·比尔斯指出，奖学金项目、访问学者项目等长期的公共外交努力是"政府最合算的交易"，并称富布赖特项目和国际访问学者项目是美国公共外交史上最具有生产力的项目。[2] 因为这种公共外交活动的开展，不仅可以培育人际关系，而且可以促使参与这些项目的留学人员和交流、培训人员"带走的和此后拥有的是有关这个国家真实的形象，从而从观念上认同该国的行为"。[3] 新中国成立后，中国文化公共外交以传统的文化艺术团体的展演为主要形式，规模和范围都比较有限。进入 21 世纪以来，孔子学院和海外中国文化中心成为中国文化"走出去"的重要渠道。自 2004 年中国在韩国首尔建立首个孔子学院以来，遍及全球五大洲的 548 所孔子学院和 1193 个孔子课堂（截至 2018 年 12 月）[4] 与数十个海外中国文化中心一起，成为中国与其他国家民众进行双向交流、传播中国文化的重要平台。此外，基于公共外交资源的有限性，新中国成立后，中国在奖学金项目和教育交流项目上的投入一直偏少，直到近年来，中国才加强了这方面的投入。例如，2014 年习近平主席出访太平洋岛国时，宣布 5 年内向太平洋岛国提供 2000 个奖学金名额和 5000 个各类研修培训名额。[5] 在 2017 年第一届"一带一路"国际合作高峰论坛上又提出，中国政府每

[1] Mark Leonard, *Public Diplomacy*, London: The Foreign Policy Centre, 2002, p. 18.

[2] Mark Leonard, *Public Diplomacy*, London: The Foreign Policy Centre, 2002, p. 19.

[3] 李德芳:《全球化时代的公共外交》，中国社会科学出版社，2014，第95页。

[4] 孔子学院总部/国家汉办网站，http://www.hanban.org/confuciousinstitutes/node_10961.htm。

[5] 李玥:《习近平南太之行，精彩在何处?》，人民网–中国共产党新闻网，2014 年 11 月 26 日，http://cpc.people.com.cn/pinglun/n/2014/1126/c241220-26098725.html。

年向"一带一路"相关国家提供 1 万个政府奖学金名额，并计划在未来 5 年内安排 2500 人次青年科学家来华从事短期科研工作，为"一带一路"沿线国家培训 5000 人次科学技术和管理人员。①

小　结

总体而言，新中国成立后，中国公共外交在总结革命战争时期公共外交实践经验的基础上，与中国面临的国际国内形势及中国的外交战略相适应，逐渐形成了以"和合"思想为核心的"合作共赢"公共外交理念及不同时期的层级递进的公共外交目标。中国的公共外交实践在对外宣传、教育文化交流、民间外交等各个方面全面展开，并逐渐建立起以媒体公共外交、战略沟通公共外交和文化公共外交为主要形态的中国公共外交体系。同时，中国公共外交在实践中逐渐形成了多元主体、多路径推进的具有中国特色的公共外交运行机制，成为推动中国与世界各国民心相通的重要方式。

---

① 刘毅：《"一带一路"国际合作高峰论坛：凝聚共识，迎接新阶段》，今日中国，2017 年 6 月 5 日，http：//www.chinatoday.com.cn/chinese/sz/sd/201706/t20170605_800097437.html。

第四章
中国媒体公共外交实践及其运行机制

媒体公共外交是一种利用新闻媒介来阐释有关国家信息，增进交流、减少误解、增强互信的公共外交方式。媒体公共外交在世界各大国公共外交战略中都居于重要地位，是各大国输出信息、营造舆论、传播理念与价值观的最重要渠道。法新社、路透社、美联社、塔斯社等世界著名通讯社以及美国广播公司（ABC）、美国有线电视新闻网（CNN）、英国广播公司（BBC）等国际大型媒体，成为西方大国公共外交的重要工具。美国之音（VOA）更是冷战期间美国与苏联进行信息战的主力军，为推动苏联解体、东欧剧变立下了"汗马功劳"。媒体公共外交是中国公共外交的重要组成部分，中国媒体公共外交在实践中逐渐形成了以新闻发言人制度为代表的主动型模式和以危机反应为代表的被动型模式，中国媒体公共外交的运行机制和体系不断完善。

第一节　中国媒体公共外交的兴起与发展

中国媒体公共外交的实践可以追溯到中国共产党早期革命斗争中的对外传播活动。新中国成立后，中国媒体公共外交的渠道和形式不断扩展，形成了以主流媒体对外传播为主要渠道的对外传播体系。改革开放后，随着中国与国际社会联系的日益紧密，中国越来越需要学会如何跟世界打交道，中国媒体公共外交在加强主流媒体的对外传播功能的同时，也逐渐建立起信息公开制度和新闻发言人制度等新的媒体外交方式。进入 21 世纪以来，随着信息技术的发展，以数字媒体为标志的新媒体的发展给中国媒体公共外交注入了新的活力，进一步丰富和发展了中国媒体公共外交的渠道与手段。

一　媒体公共外交的内涵

媒体（Media），也称媒介或传媒，是一种以从事传播活动为主的中介性公共机构。自 17 世纪报纸的发行到今天互联网媒体的兴起，作为传播平台的媒体经历了从印刷媒体（报纸、杂志、图书）到电子媒体（广播、电影、电视）、数字媒体（多媒体、计算机、网络）的发展。媒体的兴起和发展极大地改变了人们的生活方式，也对国际关系和国际局势产生了重大影响。媒体与外交的结合可以追溯到一战后国际社会对"公开外交"的追求，媒体成为公众监督国家外交的重要工具，也成为沟通政府外交与公众的纽带。媒体与外交的互动最终催生了媒体外交这一新外交形式，尤其是随着经济全球化和信息技术的发展，媒体外交在国际关系中发挥着日益重要的作用，媒体外交成为国际关系中的一种"新外交范式"。①

媒体在国际关系中发挥作用的途径既表现为对外交政策的影响，也是一种重要的传播方式和信息沟通方式，因此，媒体外交也成为多学科、跨学科研究的对象。外交政策、对外传播、公共外交等不同领域的研究者对媒体外交内涵的界定各有侧重，但大都强调媒体与外交的互动，认为媒体外交是一种新型的外交方式。如博萨·艾博（Bosah Ebo）

---

① 钱皓、张晶晶：《媒介外交：国际关系中的新外交范式——以美国媒体与国际反恐联盟为例》，《国际观察》2003 年第 6 期。

就从媒体与外交互动的角度将媒体外交界定为"利用新闻媒介来阐述和推进外交政策的方式"。① 帕特里克·赫费南（Patrick O'Heffeman）认为媒体外交是一种"新闻媒介积极参与并发挥影响的外交方式"。② 而尤尔·科海恩（Yoel Cohen）直接把媒体外交界定为"新闻媒体与现代外交之间的互动关系"，并指出"大众传播的不断发展和民众对国际事务兴趣的增长已对外交产生了冲击"。③ 我国学者李智也认为媒体外交是一种"综合外交策略"，是指"依靠包括互联网、广播、电视、电影、书报、音像在内的国际传播媒介，通过培植或影响国际公共舆论，减少国际公众对本国产生的错误（消极）观念，着意于提高本国在国际社会中的形象和影响力，进而左右他国的意志与行为来实现自身的外交战略意图"。④

随着媒体外交在外交战略中地位的提高，媒体外交越来越被看作一国公共外交的主要组成部分和实现形式。尤其是电视的发明和互联网的问世，更是推动媒体成为改变人类历史和国际关系的重要手段。各国也逐渐开始重视借助媒体引导舆论、树立形象，媒体成为增强国家软实力、实现和维护国家利益的重要工具。冷战期间，媒体外交成为美苏两大阵营相互对抗的重要公共外交对外宣传手段。进入 21 世纪以来，媒体公共外交更是成为各国引导舆论、塑造形象的重要渠道。

二　中国媒体公共外交的兴起

中国媒体公共外交始于革命战争年代中国共产党的对外宣传活

---

① Bosah Ebo, "Media Diplomacy and Foreign Policy: Toward a Theoretical Framework", in Abbas Malek, ed., *News Media and Foreign Relations*, NJ: Ablex, 1997, p. 44.

② Patrick O'Heffeman, *Mass Media Roles in Foreign Policy*, New York: Ablex Publishing House, 1991, p. 55.

③ Yoel Cohen, *Media Diplomacy: The Foreign Office in the Communication Age*, London: Frank Cass Publishers, 1986, p. 2.

④ 李智:《试论国际传播在国家树立国际威望中的作用》,《国际论坛》2005 年第 1 期。

动。这种对外宣传活动主要表现为两个方面：一是借助外国记者把中国共产党的声音传递到国际社会；二是通过创办通讯社和广播电台积极宣传中国共产党的纲领政策，让国际社会了解中国共产党、了解中国的革命斗争。

（一）借助外国记者传递中国共产党的声音

土地革命战争时期，为消除国民党对中国共产党长期污蔑和丑化带来的影响，争取国际社会对中国共产党及其领导的武装部队的同情和支持，中国共产党从 20 世纪 30 年代开始积极通过各种渠道邀请西方媒体记者对中国共产党和革命根据地进行采访报道，借助外国记者之笔向国际社会传递中国共产党的声音。美国记者埃德加·斯诺是最早到达陕北进行采访的外国记者。从 1936 年 6 月到 10 月，斯诺在陕北进行了长达 4 个多月的采访。回到北平后，斯诺把他在陕北的见闻和采访内容在当时的多家英文报刊公开发表，让国际社会第一次真正认识到中国共产党、中国工农红军的真实面貌和伟大形象。斯诺还根据其在陕北的采访和见闻写成《红星照耀中国》一书，让世界客观地了解到真实的长征、一支英勇无畏的红军队伍和有着伟大信仰的中国共产党。斯诺的陕北之行及其所产生的效应，被看作中国媒体公共外交的初步尝试和成功典范。此后，邀请外国记者到革命根据地采访，借他们之笔传播中国共产党与其领导下的革命武装队伍的形象成为中国共产党早期媒体公共外交的重要举措。

1936 年 12 月西安事变爆发后，蒋介石政府迫于压力同意共同抗日，开启了第二次国共合作的进程。合作抗战的开启，为中国共产党通过正常渠道宣传党的政策主张、扩大党的影响力提供了机遇。受斯诺现象的启发，党中央开始有意识地通过增加与西方媒体的接触，扩大苏区和红军的影响。1937 年 2 月，为接待好访问苏区的外国记者，周恩来专门提出在红军中训练一批接待人员，并对延安等重要地区加以整顿，以便外国记者参观摄影。同时，对驻西安的红军代表也提出要求，让他

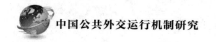

们为外国记者前往苏区提供方便。①

1937 年 2 月，艾格妮丝·史沫特莱应邀到访延安，并对毛泽东、朱德、周恩来等人进行了采访。抗战期间，她还随八路军、新四军转战各地，写了大量介绍中国抗战的报道。其中《中国的战歌》《中国红军在前进》《中国在反击》《伟大的道路——朱德的生平和时代》等作品，在国际社会产生了深远的影响。同时，她还积极为中国抗战筹集医药和其他物资，促成了中国红十字会的成立，对中国革命作出了巨大贡献。同年 4 月，美国新闻记者海伦·福斯特·斯诺（Helen Foster Snow）②到达陕北苏区进行采访。在陕甘宁边区近 5 个月的时间里，海伦采访了包括毛泽东、周恩来、朱德、彭德怀、张闻天、徐向前等在内的几十位红军指战员，特别是同毛泽东进行了 5 次长谈。海伦高度关注红色革命队伍中的女性群体，她在延安采访了蔡畅、康克清、刘英、贺子珍、李坚真、李伯钊等大批女共产党员和红军女战士。根据采访，海伦写成了《红色中国内幕》（又名《续西行漫记》）一书，并于 1939 年在伦敦出版。书中以纪实的手法描写了抗战初期延安军民的生活状况，并大篇幅介绍了中国妇女与革命，是一部堪与《红星照耀中国》相媲美的纪实性作品，再次让世界对中国共产党刮目相看。1939 年 9 月，斯诺再次赴陕北苏区采访，并到延安与毛泽东等中央领导人会谈，后来在《为亚洲而战》的延安篇章中，对抗战爆发后的延安状况进行了客观报道，向全世界传播了毛泽东及中国共产党的真实声音，宣传了中共抗战的正确主张。

1937 年 10 月，新西兰著名新闻记者詹姆斯·贝特兰受毛泽东邀请访问延安，成为抗战初期第一个访问延安的英联邦记者。在延安期间，他采访了毛泽东等共产党军政领袖，被毛泽东的睿智和超群出众的领导

① 王红续：《周恩来的公共外交实践与思想》，《公共外交季刊》2011 年秋季号。

② 埃德加·斯诺的前妻，她的婚前名字是海伦·福斯特（Helen Foster），笔名是尼姆·威尔斯（Nym Wales），是美国著名新闻记者，也是《红色中国内幕》一书作者。

能力所折服，把毛泽东称为"中国的列宁"。11 月，他又前往山西前线采访八路军。贝特兰将这次访问情况发表在英国《每日先驱报》上，在英国乃至欧洲引起了巨大反响。1939 年，记录贝特兰延安、山西之行的《华北前线》在英国出版，"中国的列宁"形象、八路军政治工作三原则（军官和士兵统一，军队和人民统一，对敌宣传和优待俘虏）等陕甘宁边区这个"进步实验区"的状况开始在欧洲乃至世界广为传播，增强了世界人民对中国，尤其是对中国共产党抗战方针政策的了解。

1938 年，美国著名记者安娜·路易斯·斯特朗到山西八路军总部驻地进行了为期 10 天的实地采访。其间，她采访了彭德怀、贺龙、刘伯承、林彪、任弼时等将领，并多次访问朱德，聆听他对游击战的介绍，了解了八路军的相关情况，斯特朗的采访报道登上了美国各大报纸，将抗战期间中国共产党领导中国人民军队英勇抗战的业绩展示给世人。后来，斯特朗将这些采访报道汇编成《人类的五分之一》一书，积极颂扬中国人民的抗战精神。同时，她还高度关注延安的"红色理论"，在纽约《亚美》杂志上撰文介绍毛泽东思想，第一次把毛泽东思想向世界推介，被毛泽东称为"中国人民很好的宣传家"。解放战争时期，斯特朗到杨家岭再访毛泽东，毛泽东提出的"一切反动派都是纸老虎"的著名论断，经斯特朗报道后被广泛传播。同年，在周恩来、林伯渠等人帮助下，瑞士《新苏黎世报》记者瓦尔特·博斯哈德与美国《芝加哥每日新闻》记者阿·斯蒂尔跟随一支美国物资运输大队到达陕西。作为第一个访问延安并见到毛泽东的欧洲记者，瓦尔特·博斯哈德在延安期间拍摄了大量照片，还将他们从西安到延安沿途所见所闻拍摄制成纪录片，真实地记录了边区军民生产生活的场景。这段时长 21 分钟 49 秒的黑白无声纪录片是目前所知外国记者拍摄的最早的延安影像，为世界了解抗战中的延安、认识中国共产党领导下的抗日军队提供了真实的素材。

1944 年 2 月，蒋介石迫于国内外舆论压力批准外国记者可以到延安和八路军抗日根据地进行访问，此后，大批外国记者到访中国共产党领导下的抗日根据地。6月9日，合众社记者哈里森·福尔曼、美联社记者冈瑟·斯坦因、美国《时代周刊》记者伊斯雷尔·爱泼斯坦、《巴的摩尔太阳报》记者武道、美国《天主教信号》杂志记者夏南汗神父和塔斯社记者普金科6名外国记者、9名中国记者（主要是国民党官方报纸的记者）及官方领队和随从人员共21人组成的中外记者西北参观团抵达延安。党中央非常重视这次采访活动，决定由周恩来亲自负责中外记者参观团的考察接待工作。在接下来的4个多月里，记者参观团在根据地进行实地考察和采访，并根据他们的亲身经历向世界介绍中国共产党及其领导下的抗日根据地军民抗战的业绩。如福尔曼的《来自红色中国的报道》、斯坦因的《红色中国的挑战》和爱泼斯坦的《中国未完成的革命》，客观真实地介绍了延安、陕甘宁边区的政治、经济、文化、教育，将根据地的"文明和真理"告诉全世界，使世界对于"红色中国"有了全面的认识。毛泽东、周恩来等党的领导人也充分利用记者团采访的机会，介绍中国共产党的战略和政策，揭露国民党对共产党的诬蔑，说明事情的真相，通过媒体扩大党的影响力。外国记者对根据地客观真实的报道在国际社会引起了巨大反响，"形成了有利于我党的国际国内舆论，对世界人民及英美法政府对中共的重新认识和评估起到了积极的作用"。[①]

（二）对外广播的发端

通过创办通讯社和广播电台向外界传递中国共产党、中国革命斗争的事实，是中国共产党早期媒体外交的又一重要方式。从1931年中国共产党首个广播电台的建立，到延安新华广播电台的建立及英语、日语广播的开通，对外广播成为革命根据地对外发布新闻、扩大影响的重要渠道。

---

① 王红续：《周恩来的公共外交实践与思想》，《公共外交季刊》2011年秋季号。

1931 年 11 月 7 日，中国共产党在江西瑞金革命根据地成立了党的首个广播电台——红色中华通讯社（新华社的前身），开始借助电波向外界发声。1934 年 10 月中央红军开始长征后，在长征途中红中社被迫停止向外发稿。1935 年 11 月，红一方面军抵达陕北吴起后，红中社在陕北瓦窑堡恢复工作。1936 年 7 月，红中社迁移到陕西保安（今陕西省志丹县），由廖承志负责国外电讯部分。1937 年 1 月，为适应革命斗争形势的需要，红中社更名为新华通讯社。

1940 年 12 月 30 日，新华社创办了延安新华广播电台（中央人民广播电台的前身）。1941 年 12 月 3 日，延安新华广播电台开办日语广播，这是中国共产党首次开通对外广播，当时的日语广播以侵华日军为主要对象。此后的 2 年间，"跨越长空的正义之声"成为中国共产党宣传中国人民抗日战争、宣传党的政策和主张、揭露日本侵略者的残暴罪行、瓦解日军士气的重要手段。1943 年春天，由于机器故障，日语广播与对内广播同时被迫中断。延安新华广播电台的日语广播后来更名为中国国际广播电台（China Radio International，CRI）。1944 年 9 月 1 日，延安新华广播电台又开办了对外英语广播。抗日战争时期，在华北、晋绥、晋察冀、山东、华中各抗日根据地相继成立分社。当时，由于敌人的分割封锁，新华社成为抗日民主根据地对外发布新闻的唯一渠道。

1947 年 3 月党中央机关撤离延安，新华社大部分人员转移到河北省涉县坚持工作，担负着中共中央机关报、通讯社和广播电台的任务，成为党中央指导全国革命斗争的重要舆论工具。1947 年 9 月 11 日，陕北新华广播电台从太行山麓解放区用英语向世界发出了中国共产党的声音："中国正在前进——全人类五分之一的人民正在排除一切障碍走向新的民主生活，这将对今后世界发展的道路发生深刻的影响。"① 此后，

---

① 《岁月留声之对外广播》，中广网，2009 年 7 月 10 日，http://www.cnr.cn/zggbb/jmxs/200907/t20090710_505394897.html。

陕北新华广播电台英语广播向英语听众每天播出 20 分钟的英语节目，人民武装力量的胜利进军，中国共产党的对内、对外政策和主张，解放区人民的新生活等都通过电波传递到世界各地，引起国际社会的广泛兴趣和关注。① 1948 年 3 月，为更好地领导和指挥全国的解放战争，党中央决定将陕北新华广播电台迁入河北石家庄井陉矿区天户村，建立一座新的广播电台，并开通对美国的定向传播信号。1949 年 3 月 25 日，陕北新华广播电台迁入北平。同年 6 月 20 日，电台恢复了日语广播。1949 年 10 月中华人民共和国成立后，新华社逐步统一和调整了全国各地的机构，成为集中统一的国家通讯社。

三　中国媒体公共外交体系的初步形成

新中国成立之初，面对西方世界的封锁与遏制，中国政府大力拓展对外传播渠道，初步形成了以对外广播和外文报刊为主要支撑的媒体公共外交体系。随着对外广播语种、范围的扩大及外文报刊的发行，让国际社会了解了一个百业复兴、生机勃勃的新中国，也为中国与世界各国建交奠定了民意基础。

（一）对外广播向世界发出新中国之声

中华人民共和国成立以后，为了向世界发出新中国的声音，让国外民众了解新中国，加强对外广播提上了日程。在中央广播事业局统一管理和领导下，对外广播的技术设备有了很大改进，人员不断充实和加强，一大批归国华侨青年走上了对国外广播工作岗位，逐步形成一支由编辑、翻译和播音员等 40 人组成的专业队伍。1950 年 4 月，又成立了国际广播编辑部和东方语组，负责对国外广播稿的编辑、翻译和播音工作。随后，东方语组开通了越南语、泰语、缅甸语、印度

---

① 《岁月留声之对外广播》，中广网，2009 年 7 月 10 日，http：//www.cnr.cn/zggbb/jmxs/200907/t20090710＿505394897.html。

尼西亚语 4 个语种的对外广播，加上原有的英语、日语广播，用"北京电台"新呼号的对外广播扩展到 6 个外语语种。同时，对外广播还开通了对华侨广播，以"中央人民广播电台"的呼号用广州话、潮州话、客家话和厦门话向海外华侨广播。1950 年 7 月 2 日，又开通了朝鲜语广播。至此，新中国对国外广播使用的语言达 11 种，每天播音时长累计 11 个小时。[①]

新中国政府对国际广播事业十分重视，在 1953 年开始执行的第一个发展广播事业的五年计划中就规定了先中央台、后地方台，先对国外广播、后对国内广播的建设方针，开始建设大功率发射台，培养各种外语翻译和播音人才，为开办新的语言广播准备条件。从 1957 年起，中央广播事业局已经建立了有相当规模的对外广播独立发稿部门，加强了各种语言的对外广播能力。对外广播把新中国社会主义革命和建设的情况、中国社会的安定繁荣、中国人民对世界各国人民的友好情谊传递给海外听众，得到了各国人民的广泛理解。到 20 世纪 60 年代，新华社基本建立了自己的国际通讯网，国外分社发展到 51 个，用 9 种文字发稿。[②] 1966 年后，又有乌尔都语、孟加拉语、普什图语、僧伽罗语、尼泊尔语、捷克语、波兰语、罗马尼亚语、阿尔巴尼亚语、保加利亚语、匈牙利语、克丘亚语 12 个新语种广播陆续开播。到 20 世纪 70 年代，中国对外广播语种扩大到 39 个，新闻传播能力进一步加强。[③] 1978 年 5 月，对国外广播机构改名为中华人民共和国国际广播电台，对国外广播的呼号仍沿用"北京电台"。

（二）创办外文报刊向世界展示新中国新面貌

新中国成立后，党和国家领导人非常重视通过创办外文报刊向世界

---

① 《岁月留声之对外广播》，中广网，2009 年 7 月 10 日，http：//www.cnr.cn/zggbb/jmxs/200907/t20090710_ 505394897. html。

② 刘笑盈：《中外新闻传播史》，中国传媒大学出版社，2007，第 339 页。

③ 刘笑盈：《中外新闻传播史》，中国传媒大学出版社，2007，第 339 页。

介绍和展示新中国的新面貌、新成就。1950 年 7 月，由毛泽东题写刊名的《人民画报》（*China Pictorial*）创刊发行，这是新中国出版的第一本面向世界发行的综合性摄影画报。周恩来曾亲自审阅画报稿件，并为画报改稿，画报的发行量不断增加。1963 年，《人民画报》期印总数突破 50 万册。1972 年，期印总数突破 100 万册，创造了中国期刊发行的历史之最。《人民画报》的发行，为海外读者了解新中国，促进中国同各国人民之间的理解和友谊发挥了窗口和桥梁的作用。而创刊于 1958 年的《北京周报》（*Beijing Review*）是一份兼具权威性和新闻性的报刊，代表中国政府立场，介绍和分析中国政治、经济和文化，在中国对外传播中占有重要地位。[①]"文化大革命"期间，大批对外宣传刊物被停刊，但鉴于《人民画报》和《北京周报》等报刊的影响力，这两本期刊得以继续发行，并通过各种渠道送达国外读者手中，继续发挥着向世界介绍中国的作用。

1952 年 1 月，由周恩来提议、宋庆龄主办的英文版《中国建设》（*China Reconstructs*，1990 年更名为《今日中国》）在北京创刊，主要向国外发行。后陆续增出西班牙文版、法文版、阿拉伯文版、德文版、葡萄牙文版及中文版。《中国建设》以报道中国的社会主义建设成就、人民生活的变化及有关中国的各方面背景知识，增进各国人民对中国人民的了解和友谊为办刊宗旨。各外文版除采用通稿外，还有针对不同国家和地区读者需要的专稿。《中国建设》英文北美版在洛杉矶印刷发行，阿拉伯文版在开罗印刷发行。此后，还以《中国建设》杂志社名义编辑出版用中、英等 7 种文字印刷的"长城"丛书和"中国在发展中""今日神州"小丛书。《中国建设》用事实说话，报道中国，成为世界各国人民了解新中国的重要刊物，后来该杂志在 150 多个国家和地区发行，成为沟通中国与世界的重要桥梁纽带。

---

① 郭可：《当代对外传播》，复旦大学出版社，2003，第 19～20 页。

（三）借助外国记者之笔传播新中国形象

新中国成立之初，以美国为首的西方国家对中国采取不承认政策，导致中国与西方国家包括媒体记者在内的正常交往受到限制。朝鲜战争的爆发则使得中国与西方世界的联系几乎中断。直到 20 世纪 50 年代中期以后，才有西方记者踏上中国大陆。1956 年底，美联社记者兰卡什尔在致信周恩来总理并获得签证后，成为新中国成立后第一位踏足中国大陆的西方记者。兰卡什尔在中国各地进行了 6 个星期的实地采访，看到了一个正在奋力进行国家建设的真实的中国。兰卡什尔在其报道中指出，当下的中国是"一部由 6 亿个零件组装的超级机器，以最快的速度运转着"，"6 亿中国人忘我地埋头苦干，要把他们落后贫穷的祖国建成一个现代化国家"。① 兰卡什尔从"红色中国"发出的报道，引起了国际社会对新中国发展的关注，也打破了西方媒体对"红色中国"的质疑和恐惧。1958 年，斯特朗第六次访华，后定居北京。在华定居期间，斯特朗创作了《中国为粮食而战》《西藏见闻》《西藏农奴站起来》等著作，并编写了《中国通讯》69 篇，向全世界人民报道中国社会主义革命和建设的成就，为世界了解新中国作出了重大贡献。斯特朗也成为增进中美两国人民之间了解和友谊的使者，邓颖超曾高度评价斯特朗，称斯特朗"是中美两国人民的共同骄傲，又是两国人民的友谊象征"。②

不过，由于受到"文化大革命"的影响，直到 1970 年以后，中国与西方的媒体交流才再次增多。1971 年 6 月，《华尔街日报》记者罗伯特·基特利（Robert Keatley）"获中国高层批准"到北京、上海等 7 个城市采访，成为新中国成立后《华尔街日报》来华第一人。通过实地考察，基特利把中国"独立自主、自力更生的国家形象"传递到西方，

---

① 陈君、王艳：《外国记者体验中国变化：从"外宾"到普通记者》，中国新闻网，2009 年
9 月 30 日，http://www.chinanews.com/gn/news/2009/09-30/1895650.shtml。
② 《中国人民之友——安娜·路易斯·斯特朗》，《人民日报》2005 年 9 月 17 日，第 2 版。

引起了西方世界的关注。[①] 此外，作为首批来华为中美破冰造势的美国记者，基特利夫妇与《纽约时报》助理总编辑西摩·托平夫妇、《每日新闻》社长兼发行人威廉·阿特伍德夫妇还成为"人民大会堂的座上客"，在北京人民大会堂福建厅接受周恩来总理的接见和宴请。[②] 之后不久，基特利又参与了尼克松访华的报道。借助外国记者的笔，发出中国的声音，传播中国的形象，新中国逐渐走入西方国家民众的视野，为中国融入国际社会奠定了社会舆论基础。

此外，中国政府还借助李宗仁回国事件，通过召开记者招待会的形式，澄清事实，向西方社会传递中国的形象。李宗仁回国后，于1965年9月26日在政协礼堂举办了中外记者招待会，这是新中国成立后召开的第一次记者招待会。共有300多名中外记者出席了这次记者招待会，记者中包括在北京的中外记者，也包括来华采访国庆活动的外国记者及各驻华使馆的新闻官员，还有李宗仁专门从港澳地区邀请来的记者。记者招待会首次采用了以英语、法语、日语、印度尼西亚语及中国的粤语五种语言实时翻译的形式，实现了与外界的良好沟通。

四　中国媒体公共外交的发展

随着中国改革开放进程的推进，中国与世界的联系日益密切。为加快中国融入国际社会的步伐，中国需要了解世界，世界也需要了解中国。在和平发展理念的指导下，中国媒体公共外交形成了以传播和塑造中国和平发展形象的"多层次、多渠道"对外传播格局，双向互动媒体外交模式也逐渐形成，成为提升中国在国际社会话语权、增进世界对中国了解的重要方式。

---

① 陈君、王艳:《外国记者体验中国变化:从"外宾"到普通记者》，中国新闻网，2009年9月30日，http://www.chinanews.com/gn/news/2009/09-30/1895650.shtml。

② 陈君、王艳:《外国记者体验中国变化:从"外宾"到普通记者》，中国新闻网，2009年9月30日，http://www.chinanews.com/gn/news/2009/09-30/1895650.shtml。

（一）建立和完善对外传播的组织领导机构

改革开放后，为促进对外传播的有效开展，我国逐渐加强了对国际宣传的协调和领导，积极推进对外传播战略体系建设，打造全方位对外传播格局。为适应改革开放后中国对外宣传工作的需要，中共中央决定成立国际宣传协调策划机构。1980 年 4 月，中央对外宣传小组成立。此后，中央对外宣传小组成为中国对外传播的领导机构。1987 年 12 月，因中央机构调整，撤销了中央对外宣传小组。1988 年 1 月以后，对外传播工作的领导权转归新成立的中央宣传思想工作领导小组。到了1990 年 3 月，又恢复设立中央对外宣传小组。① 1991 年 6 月，中共中央设立中央对外宣传办公室（国务院新闻办公室）② 作为中央对外宣传小组的日常办事机构，"以推动中国媒体向世界说明中国为主要职责"，具体承担中国媒体公共外交的领导协调工作。同时，为适应对外传播的需要，中国对外传播的领导机构还调整了中国对外传播战略，积极推动创建复合型传播体系，把目标国普通公众也纳入对外传播的重点目标人群。与中国对外传播战略的调整相适应，从 1997 年开始我国各级对外宣传机构纷纷更改英文名称，将"宣传部"的英文译名由"Propaganda"改为"Publicity"，表明中国对外传播实践越来越向现代公共外交理念靠拢。此后，随着互联网的兴起，中国也开始重视网络媒体的传播渠道及其监管，1999 年外交部新闻司还专门设立了因特网主页管理处，负责外交部和驻外使领馆的网站。

（二）构建"双向传播"媒体外交模式

众所周知，建立传播者与受众之间的"双向传播"（two way communication），传播的效果要远远大于把信息"单向度"传播给受众。当然，面对面的人际沟通是"双向传播"最有效的方式。不过，

---

① 中央对外宣传小组与中央宣传思想工作领导小组是同一机构两块牌子。
② 中央对外宣传办公室与国务院新闻办公室是同一机构两块牌子，为中共中央直属机构。

媒体外交也可以通过受众研究、受众反馈等间接的方式实现"双向传播"。此外，媒体外交的"双向传播"也可以是一种"走出去"和"请进来"相结合的"双向度"传播模式。随着中国与世界联系的日益密切，"让世界了解中国"成为中国媒体外交的重要目标任务。因此，中国媒体外交在积极"走出去"的同时，也不断增强"请进来"的力度，构建双向交流模式。

一方面，为满足中国与世界联系增多的需要，中国对外传播积极"走出去"，通过信息的传递向世界介绍中国。从 20 世纪 80 年代初开始，中国积极创办面向海外的传播媒介。如《人民日报》（海外版）和《中国日报》的发行，不仅增强了中国向世界介绍中国的能力，也促进了中国与海外华人的联系。中央电视台国际卫星频道的开播，开辟了中国对外传播的新窗口。到 20 世纪末，新华社以其遍布全球的采编网络成为世界上最有影响力的通讯社之一，而依托新华社遍布世界各地的采编网络，新华网也迅速成为中国对外宣传的重要新闻网站。此外，中国大量的非官方媒体也越来越发挥着传播中国文化、中国价值的作用。其中，"蓝海电视"（Blue Ocean Network）依托"蓝海电视台""蓝海云"走出国门传播中国的尝试就是典型的例子。"蓝海电视"是中国蓝海集团于 2008 年开始打造的"24 小时全频道英文"电视台。"蓝海电视"的理念是"中国内容全球传播"，目前该公司已经拥有英文电视台（BON TV）、英文视频通讯社（BON Video）和英文节目制作实体（BON Production）传播网络，传播方式涵盖了从卫星电视、有线电视到网络电视、手机电视和全球视频发行平台，传播频道覆盖亚洲、北美，落地美国及东南亚地区。作为中国对外传播的领先者，"蓝海电视"是目前全面进入西方主流社会传播中国内容的电视播出媒体，成为最具规模和实力的"中国内容全球传播"非官方媒体。目前，中国对外传播既包括《人民日报》（海外版）、中央人民广播电台、中国国际广播电台、中央电视台、新华社、新华网等报刊、广播电视、网络等多种"官方"传播渠道，也包括蓝海电视台这样的"非官方"传播平台。中国媒体外交"多门类、多渠道、多层次"[①] 的全方位对外传播格局逐步形成。

另一方面，为满足世界对中国了解的需要，中国媒体外交积极将国外媒体"请进来"，通过国外记者和媒体向世界传递中国信息，增强世界对中国的了解和理解。国际社会对一国形象的认知是在互动的过程中建构的，如果自己不去表达、传递、塑造本国形象，一国在他国的形象就必然由他人任意建构。同时，如果信息传播的媒介（如西方媒体记者）和信息传播的受众（如某国公众）没有亲身接触中国的机会，他们接收到的关于中国的信息就有可能是不完全的甚至是偏离事实的。长期以来，西方媒体在西方公众中建构了一个"威胁"西方安全利益的负面的中国形象。例如，2001 年，美国传媒研究机构特恩斯市场研究公司（TNS）在对 1000 多名 18～22 岁的美国青年电话调查后得出结论，35% 的美国青年认为中国将是世界和平最大的"威胁"，而 20 世纪 80 年代初，仅有 5% 的美国人持有这样的观点。[②] 究其原因，面对日益强大的中国，美国一些媒体有意无意对中国的歪曲报道起到了很大的"引导"作用。有学者统计，仅 2001 年第一季度，美联社、《纽约时报》、《华盛顿邮报》和 CNN 等大型美国媒体中关于中国的近 700 篇报道中，负面或带有负面倾向的报道占总篇数的 78%。[③] 因此，要将本国的信息准确传递给国外受众，媒体公共外交除了积极"走出去"，还需要大力"请进来"，让外国媒体了解中国，客观地报道中国，塑造中国在国际社会的真实形象。

改革开放之初，受当时国内外形势等各种因素的制约，外国记者到中国采访需要得到外交部门的审批，而且到各地采访要履行诸多手续。

---

① 郭可：《当代对外传播》，复旦大学出版社，2003，第 22～23 页。
② 张健：《美国主流媒体涉华报道分析》，《国际观察》2007 年第 1 期。
③ 张健：《美国主流媒体涉华报道分析》，《国际观察》2007 年第 1 期。

20 世纪 80 年代以后，对外国记者的采访限制逐渐取消。2007 年，中国又取消了对外国记者异地采访的限制，外国记者在中国的数量和采访报道数量不断增加。2008 年北京奥运会期间，到中国采访的外国记者人数"超过过去 100 年来华的总和"，有 2 万多名注册记者、1 万多名非注册记者和众多媒体的工作人员来到中国，共计 4 万多名国外媒体人穿梭在奥运比赛场馆、北京的大街小巷和全国各地。① 将外国媒体"请进来"，让它们在第一时间获得关于中国的第一手资料，不但促进了它们对中国的正面报道，也在一定程度上增强了国外媒体对中国的认知和认同。国外媒体在中国采访，将中国的面貌、中国人的精神和中国人生活的方方面面传递给全世界，拉近了中国和世界的距离。而每年两会期间，国外媒体对中国两会的报道，也将中国的政治、经济、社会发展的信息传递给世界，让世界对中国的发展有了更多的了解。

（三）新闻发言人制度的建立与完善

中国新闻发言人制度的建立和完善，是中国媒体公共外交发展史上的重大举措，成为中国向世界传递中国信息的重要渠道和方式。中国共产党新闻发布的历史可以追溯到抗日战争期间，1941～1942 年，周恩来的外交秘书龚澎曾兼任中共中央南方局的对外新闻发布工作，她也成为中国共产党第一位"新闻发言人"。抗战胜利后，中共代表团在南京与国民党谈判期间，梅益被任命为中共代表团"首席"新闻发言人，在国共和谈期间周恩来也经常亲自担任"新闻发言人"，代表中共中央召开记者招待会。② 不过，新中国成立至改革开放初期，中国并没有形成通过新闻发言人来发布新闻的制度，只是在一些重大事件发生后，召开了几次外国记者招待会、新闻发布会，向西方媒体传递有关中国的相

---

① 《"更快、更高、更强"记者们的奥林匹克精神》，中国新闻出版广电网，2008 年 8 月 29 日，https://www.chinaxwcb.com/info/34039。

② 程曼丽：《中国新闻发布制度建设的回顾与前瞻》，载程曼丽编著《十年：新闻发言人面对面》，清华大学出版社，2014，第 13 页。

关政策和信息，但并没有形成定期的新闻发布制度。

20 世纪 80 年代初，随着中国改革开放步伐的加快，中国与世界的联系日益密切，世界想要了解中国的发展，中国也需要向世界呈现一个锐意进取、改革开放的中国形象。为加强与西方媒体的沟通，借他人之口传递中国信息、传播中国形象，1982 年 3 月 26 日，外交部第一次以"发言人"形式举行新闻发布会，时任外交部新闻司司长钱其琛以发言人身份就中苏关系发布消息。[①] 1983 年 2 月，中共中央宣传部、中央对外宣传领导小组联合发布了《关于实施〈设立新闻发言人制度〉和加强对外国记者工作的意见》，要求外交部和对外交往较多的国务院各部门建立定期或不定期的新闻发布制度。1983 年 3 月 1 日，外交部首先建立新闻发言人制度，时任新闻司司长齐怀远成为外交部第一任新闻发言人。1983 年 4 月 23 日，中华全国新闻工作者协会首次向中外记者介绍国务院各部委和人民团体的新闻发言人，正式宣布我国建立新闻发言人制度。[②] 此后，中央又明确提出建立全国新闻发言人制度，逐步建立和完善新闻发布制度，我国新闻发言人制度进入制度化建设阶段，国家统计局、外经贸部、国台办等部门也相继设立新闻发言人。1991 年 1 月，国务院新闻办公室（简称国新办）成立，成为推动中国媒体向世界说明中国的重要机构。不过，直到 20 世纪末，我国新闻发言人制度一直处在不断建设和完善的进程中，新闻发布的时效性和影响力相对较弱，设立新闻发言人的机构也主要集中在中央一级相关部委。

进入 21 世纪以来，作为中国媒体公共外交的重要组成部分，中国新闻发言人制度逐渐趋于成熟，建立了较为完善的新闻发言人体系和成熟的新闻发布机制。其中，2003 年是中国新闻发言人制度建设中的一

---

① 洪磊：《外交部发言人制度：在中国改革开放进程中努力发挥正能量作用》，载程曼丽编著《十年：新闻发言人面对面》，清华大学出版社，2014，第 25 页。

② 程曼丽：《中国新闻发布制度建设的回顾与前瞻》，载程曼丽编著《十年：新闻发言人面对面》，清华大学出版社，2014，第 13 页。

个重要时间节点，也被称为"新闻发言人年"。① 这一年年初，中央提出建立健全国务院新闻办、中央各部门、各省市区人民政府三个层级政府新闻发布制度建设的要求。② 此后，"非典"期间的新闻发布进一步推动了中国新闻发言人制度的发展。2003 年 6 月 3 日，上海市政府宣布建立新闻发言人制度，随后，广东、云南、南京、青岛等省市也建立了新闻发言人制度。当年 9 月，国务院新闻办开始组织全国新闻发言人培训班，为中国新闻发言人制度建设储备人才。此后，中国新闻发言人制度不断迈上新台阶，新闻发布制度不断完善。2004 年底，国务院新闻办首次对外公布了 62 个部委、75 位新闻发言人的联系方式。到 2005 年底，我国已经基本建立起涵盖国务院新闻办公室、国务院各部门和省级人民政府三个层级的新闻发言人体系。此后，地方各级政府也相继设立了新闻发言人制度，进一步增强了中国媒体公共外交的主动性。

2007 年以后，我国又相继发布了一系列促进信息公开的制度法规，为中国新闻发言人制度和新闻发布能力的提升提供了法规依据和保障。2007 年 4 月，国务院发布了《中华人民共和国政府信息公开条例》，为中国新闻发布制度提供了基本保障。2009 年 9 月，中国共产党十七届四中全会提出建立"党委新闻发言人制度"。2010 年 6 月，中共中央宣传部等中央部委的 11 位新闻发言人集体亮相。2011 年 9 月，外交部新闻发言人制度进行重大改革，例行记者会将从每周 2 次增加到 5 次。2017 年 12 月，中共中央印发了首部《中国共产党党务公开条例（试行）》，为党务公开提供了基础法规依据。2019 年 4 月，国务院又发布了修订后的《中华人民共和国政府信息公开条例》，进一步彰显了我国打造"阳光政府""透明政府"的决心。

----

① 程曼丽：《中国新闻发布制度建设的回顾与前瞻》，载程曼丽编著《十年：新闻发言人面对面》，清华大学出版社，2014，第 13 页。

② 程曼丽：《中国新闻发布制度建设的回顾与前瞻》，载程曼丽编著《十年：新闻发言人面对面》，清华大学出版社，2014，第 13 页。

总体而言，发端于革命战争年代的中国媒体公共外交，从最初中国共产党对外传播党的政策主张、让国际社会了解中国革命的对外宣传活动，逐步发展到新中国成立后党和国家对外宣传机构的建立和对外宣传体系的建构，再到改革开放后中国对外传播渠道的不断扩大，中国媒体公共外交经历了一个从萌芽到兴起再到发展完善的过程。尤其是随着中国新闻发言人制度的建立和双向传播媒体外交模式的建构，中国媒体公共外交已经成为发出中国声音、建构中国形象、沟通中国与世界的重要力量，成为中国公共外交的重要组成部分。

第二节　中国媒体公共外交运行机制建构

随着信息技术、互联网的迅速发展，媒体公共外交这一国际关系中的"新外交范式"成为一国传播本国信息、沟通世界、塑造形象的重要渠道。经过几十年的发展，中国的媒体公共外交形成了具有中国特色的运行机制和实践路径。中国媒体公共外交契合了中国与世界相互了解的需求，成为发出中国声音、维护国家利益和形象、增强国家影响力的重要平台。

一　中国媒体公共外交的目标与功能

媒体外交是一种通过媒介发布本国信息，进而引导他国公众舆论的活动，从行为主体的倾向性来看有主动媒体外交和被动媒体外交之分。前者是指新闻机构主动、主导的行为（一般要经过本国政府的批准或授权），后者是指新闻机构的被动、参与行为（一般由本国政府主导）。[1] 中国媒体公共外交发端于革命战争年代的对外宣传工作，形成于新中国成立后反击西方资本主义阵营对新中国的攻击、传播新中国建

---

① 任海、徐庆超：《媒体外交初探》，《中国人民大学学报》2011 年第 5 期。

设成就的对外传播实践，因此，中国媒体公共外交从一开始就具有"双重"目标和任务，一是"防御性"目标，即应对西方媒体的舆论挑战；二是"进取性"目标，即主动向世界传递中国信息，塑造中国形象。当然，在不同的历史阶段，中国媒体公共外交面临的国际国内形势不同，其目标任务的侧重点也有所不同。

（一）新中国成立初期至20世纪70年代末：应对西方舆论压力，宣传新中国

新中国成立后，以美国为首的西方资本主义国家不仅不承认新中国，而且从政治、经济等各个领域对新中国进行全面遏制，在国际舆论中也不断对新中国进行诋毁和攻击。因此，新中国成立初期，中国媒体公共外交的主要目标任务是与苏联、东欧社会主义国家一起驳斥和反击西方敌对势力对新中国的诋毁和攻击，为巩固新生政权构建良好的国际舆论环境。同时，积极宣传新中国的建设成就，让世界了解新中国。20世纪60年代以后，新中国一方面要应对西方阵营的遏制，另一方面也要面对中苏关系破裂带来的压力。因此，其间中国媒体外交与"两个拳头打人"外交战略相适应，工作重点也转到"反帝反修"宣传。尤其是"文化大革命"期间，中国媒体外宣的重要任务转向"世界革命"宣传。而这种充斥着"火药味"和"革命味"的宣传，在一定程度上加深了西方对中国的误读。再加上西方媒体的有意识"引导"，在西方世界塑造了一个"极权主义"的好战的"红色中国"形象，严重影响了中国正常外交的开展。进入20世纪70年代后，随着以美苏为首的东西方两大阵营竞争的日趋激烈和第三世界力量的不断壮大，中国外交在毛泽东"三个世界"划分理论和"一条线"政策的指导下，在加强与第三世界国家联系的同时，也积极采取措施推动与西方国家建立正常关系。中国媒体外交的对外宣传转变为向西方社会传递中国友好声音，为中国与西方国家关系正常化营造友好氛围和良好国际舆论环境。

（二）改革开放至20世纪90年代末：向世界传播中国和平发展形象

20世纪70年代末以来，随着国际国内环境发生的巨大变化，中国的媒体外交目标和任务也发生了重大调整。国际上，随着美苏争霸趋于缓和，和平与发展逐渐成为时代主题。在国内，党的十一届三中全会开启了中国改革开放的新纪元。与中国"全方位外交"相配合，中国媒体外交的重点也转向向世界介绍中国改革开放的新成就，在国际社会塑造中国对内改革、对外开放的新形象，消除西方对中国的偏见和误解，为中国的改革开放营造良好的国际舆论环境。[①]

20世纪80年代末90年代初，随着东欧剧变、苏联解体，冷战期间东西方两大阵营对峙的格局崩塌。在"成功"将东欧国家引向西方后，以美国为首的西方国家将"西化、分化"的重点转向中国，"中国威胁论""中国崩溃论"等论调一时间充斥着各类西方媒体，给我国造成了巨大的舆论压力。为配合中国总体外交、有效缓解冷战结束给中国带来的压力，消除西方国家和民众对中国的误解和敌视，中国媒体公共外交在战略目标上转向应对西方国家对中国的"妖魔化"，扩大向世界介绍和说明中国的渠道，在缓解中国外交困境的同时，展示中国和平发展的形象。因此，20世纪90年代以来，我国媒体公共外交不断拓展传播渠道，构建双向传播模式，增强向世界传递中国声音的能力，将一个和平发展的中国展现给世界。同时，借助国内外媒体渠道驳斥西方一些媒体对中国的不实和歪曲报道，让外国公众进一步了解真实的中国，为中国的改革开放创造了良好的国际舆论环境。

（三）21世纪以来：塑造中国负责任大国形象

进入21世纪以来，随着全球化和地区一体化的深入，国际社会的多极化倾向日渐凸显。伴随着中国改革开放驶入快车道，中国作为一个

---

① 洪帆、郭振雪：《中国媒体外交：发展、挑战与思考》，《世界经济与政治论坛》2013年第4期。

发展中大国在国际社会发挥着越来越显著的影响力，也成为国际社会关注的焦点。在国际社会展示和塑造中国负责任大国形象成为中国媒体公共外交的目标和任务的重心所在，中国媒体公共外交逐渐走向完善和成熟。其间，中国媒体公共外交经历了一次又一次重大考验，从申奥宣传到汶川大地震信息发布，从北京奥运全程信息速递到上海世博会报道，中国媒体公共外交交出了一份份令人满意的答卷，全方位展示了中国政府、社会、民众的精神面貌，展现了一个生机勃勃的发展中大国的形象。2008年，对于中国媒体公共外交来说，是一个具有里程碑意义的年份。2008年5月，中国四川省汶川县发生了8.0级大地震，全国从上到下众志成城共同抗击灾难。对汶川大地震的新闻报道成为中国媒体公共外交危机反应的经典案例，向世界展示了中国政府、中国人民万众一心勇于战胜灾难的形象。2008年8月，北京奥运会的举办，更是给中国媒体公共外交提供了一次向世界展示中国的机会。通过媒体直播等各类形式的报道，一个开放包容、和平发展、欣欣向荣的大国形象展现在世人面前，让中国成为世界关注的焦点。近年来，尤其是党的十八大以来，中国媒体公共外交在拓展中国国际影响力、提升国家软实力方面发挥了重要作用，尤其是配合"一带一路"公共外交，将中国在全球治理、国际反恐、经济发展中发挥的带头作用展示给全世界，使中国负责任的大国形象逐步得到国际社会的认可，提升了中国在国际社会的影响力和吸引力。

简言之，媒体公共外交作为借助大众传媒的力量，向国际公众传递本国信息，塑造国家形象，进而影响舆论，增强国家软实力的活动，已经成为国家整体外交的重要组成部分。中国媒体公共外交自诞生之日起就肩负着应对西方媒体挑战和传播中国形象的双重目标任务。中国媒体公共外交的这种双重性，与西方大国进攻性的媒体公共外交有很大的不同。中国媒体公共外交经过几十年的发展，逐渐形成了具有中国特色的媒体公共外交运行模式和实践路径，在减少国际公众对中国的误读与误解、增进国际社会对中国的了解与认识、传播和提升中国在国际社会中的良好形象与影响力方面发挥了重要的促进作用。

二　中国媒体公共外交的运作方式

媒体公共外交是公共外交的重要组成部分，是一种短时期内公共外交的"变体"，大众传媒是其运行渠道。[①] 大众传媒因其信息传播的广泛性和迅捷性，成为公共外交其他渠道所不能取代的重要媒介。媒体公共外交运作的逻辑是：一国政府借助国内或国外媒体向目标国公众传播关于本国的信息，以影响目标国公众舆论与公众态度，目的在于在目标国塑造本国良好的国家形象，进而促成目标国政府制定有利于本国的政策。尽管媒体外交在很多时候并不能令他国改变政策，但是的确能够"创造一种政策制定的环境"。[②] 简言之，媒体公共外交采用的是"政府—大众媒体—他国公众—他国政府"的运作方式（见图4-1）。

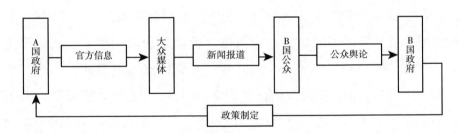

图4-1　媒体公共外交运作方式

一国政府通过新闻发言人、记者招待会、政府公告等方式向大众媒体传递官方信息，借助这些国内或国外媒体作为传播渠道将这些信息传递给目标国公众，从而让目标国公众通过这些信息了解、理解信息输出国的政策，形成关于该国的观念和看法，进而形成公众舆论，对本国制定针对该

①　赵可金：《公共外交的理论与实践》，上海辞书出版社，2007，第227页。

②　David R. Pearce，"Wary Partners：Diplomats and the Media，An Institute for the Study of Diplomacy Book"，*Congressional Quarterly*，1995，p. 22.

国的政策施加影响。这种"由政府幕后操纵、运用大众传媒的力量，在特定的领域向其他国家的民众释放信息、影响舆论、塑造行为，希望在其他国家的民众中建立信任、获得支撑以及增强联系，进而影响他国政府行为的活动"，就是媒体公共外交。① 就其实质而言，媒体公共外交是一种"通过传播一国的文化和价值观念，来争取特定国家和区域民众对该国外交政策和行为的认可、理解、支持，引导思维和行为以利于自身利益"的活动。②

毫无疑问，中国政府是中国媒体公共外交的主体，这是媒体公共外交成为"外交"的前提。但是，媒体公共外交目标的达成具有间接性，在实践中，承担着信息传播渠道角色的大众传媒是媒体公共外交的实施主体。大众传媒既包括本国的媒体，也包括国外媒体，是媒体公共外交成功运作的关键。需要注意的是，国内或国外媒体的"信息传播"不是对政府发出信息的简单"复制""粘贴"，而是经过该媒体加工后的"新闻"。这种由新闻媒体人编辑和制作后的"新闻报道"，不仅仅是一种信息，更是承载着媒体人社会背景、价值观念的一种文化或思维方式。因此，同样的一条信息，经过不同背景的国内或国外媒体的"加工""传递"，呈现在公众面前的可能是大相径庭的"新闻"。例如，2019 年是《告台湾同胞书》发表 40 周年，1 月 2 日习近平总书记在出席纪念会时强调指出，"统一是历史大势，是正道"，为此，"我们愿意以最大诚意、尽最大努力争取和平统一的前景"，但"我们不承诺放弃使用武力，保留采取一切必要措施的选项，针对的是外部势力干涉和极少数'台独'分裂分子及其分裂活动，绝非针对台湾同胞"。③ 中西方媒体在报道讲话内容时，都抓住了一个"敏感"甚或是最受关注的话

---

① 赵可金：《媒体外交及其运作机制》，《世界经济与政治》2004 年第 4 期。
② 任海、徐庆超：《媒体外交初探》，《中国人民大学学报》2011 年第 5 期。
③ 《习近平在〈告台湾同胞书〉发表 40 周年纪念会上的讲话》，央视网，2019 年 1 月 2 日，http://news.cctv.com/2019/01/02/ARTIteiqsS6KYjJJWacYTiUW190102.shtml。

题，就是在两岸统一问题上大陆会不会"动武"的问题。中国媒体，包括绝大多数台湾媒体对于这段讲话中备受关注的"动武"话题，在标题中都如实反映了"动武只针对台独分子和外部势力"的内容。如台湾联合新闻网以《告台湾同胞纪念会全文——习近平：针对台独不承诺放弃武力》为标题、风传媒以《"中国人不打中国人，动武只针对台独分子与外部势力"——习近平发表〈告台湾同胞书〉》为标题进行了报道。而这一信息在英国的《卫报》《电讯报》及美国的《纽约时报》等西方媒体上则变成了大陆为了统一"威胁对台湾动武"甚至"将不惜一切代价对台湾动武"，"自动"屏蔽、裁剪掉了"武力只针对台独和外部势力"部分。就连以"公信力"著称的路透社，也在标题中直接宣称大陆"威胁要对台湾动武"，只不过又加了半句"但也寻求和平统一"，标题重心所指一目了然。呈现在西方公众面前的这些经过媒体"选择性裁剪"的信息，给这些目标受众留下了"中国要对台湾动武"的印象。在《纽约时报》的报道发出后，一些外国网友就留言斥责大陆是要"暴力吞并"台湾。[①] 因此，能不能真正发挥大众传媒在媒体公共外交中"沟通信息、促进交流、增进了解、消除偏见"的作用，[②] 一国公共外交部门还需要做好针对媒体尤其是国外媒体的媒体外交。

中国媒体公共外交的客体是他国公众。不过，鉴于目标受众在影响本国外交决策中发挥的作用不同，中国媒体公共外交的目标群体又分为与外交决策密切相关的目标群体、具有国际影响力的舆论领袖、外国媒体人和外国普通公众。[③] 他国领导人、外交决策者和外交活动执行者是

---

① 《这次，台湾媒体和西方媒体的标题截然不同》，搜狐网，2019 年 1 月 3 日，https：//www.sohu.com/a/286147534_419351。

② 赵启正主编《公共外交战略》，学习出版社、海南出版社，2014，第 49 页。

③ 钟新、陆佳怡等：《理解媒体外交：基本模式与中国战略》，载北京外国语大学公共外交研究中心《中国公共外交研究报告（2011/2012）》，时事出版社，2012，第 57～58 页。

媒体公共外交最重要的目标受众，媒体对这类目标受众的影响能够直接影响外交政策的制定和实施。而一些知名学者、体育明星等在特定领域极具号召力的人群往往成为具有广泛影响力的舆论领袖，对于政府外交决策起到一定的参考作用。外国媒体人不仅是向本国传递信息的中枢，也是传递到本国信息的挑选者和加工者，在很大程度上决定着哪些信息可以呈现在本国公众面前。"外国媒体人怎么看中国，会在很大程度上影响外国的受众"，[①] 而中国在国际上的国家形象在很大程度上也是由媒体所塑造的。尽管随着信息技术和互联网技术的发展，媒体人垄断信息来源的时代已经终结，但在当今人们被无穷无尽的信息所包围的时代，具备挑选、加工信息的能力仍然是一种重要的权力。外国普通公众是公众舆论的承载者，因此成为中国媒体公共外交最广泛的目标受众。随着中国与世界联系的日益密切，世界对中国的关注度不断提升，国家形象、威望成为世界认同中国的重要载体。然而，良好的国家形象会提升国家的软实力，而不良国家形象则可能使国家关系遭遇滑铁卢。

中国媒体公共外交的主要功能就是通过信息的传递在他国民众中树立和塑造良好的国家形象，进而在目标国形成有利于我国的公众舆论。因为国家形象这种"国际社会公众对一个国家相对稳定的总体评价"[②]一旦形成，就会直接或间接地影响国际公众对拥有此种"国家形象"的国家的看法和态度，进而影响针对该国政策的制定。尽管国家形象是由多种因素决定的，但对于大多数国际公众来说，他们很大程度上是通过国际新闻报道得以感知的。因此，中国媒体公共外交对于我国国家形象的塑造和传播发挥着重要的作用。在当今世界媒体发展不平衡的背景下，全球信息传播的主要信息流仍然是从发达国家流向发展中国家，重大新闻的"解释权"仍然主要掌握在西方发达国家的媒体手中。由于

---

① 钟声：《媒体交流是公共外交重要力量》，《新闻世界》2012 年第 10 期。

② 杨伟芬：《渗透与互动——广播电视与国际关系》，北京广播学院出版社，2000，第 25 页。

中国与西方国家在社会制度、意识形态和文化上具有差异性，对中国信息有意或无意的误读曲解是西方媒体报道中国的常态，因此，加强与西方国家媒体的沟通与交流，让信息按照其本意传递，是中国媒体公共外交成功的关键之一。

三　中国媒体公共外交的运行机制

媒体公共外交作为一种借助本国或外国媒体与他国公众进行的信息沟通活动，其运行方式与路径是多种多样的。按照美国学者杰弗里·考恩（Geoffrey Cowan）和阿米莉亚·阿瑟诺（Amelia Arsenault）对公共外交效用的分析，公共外交有依次递进的三个层次，即独白（monologue）、对话（dialogue）和合作（collaboration）。[①] 其中，独白式的公共外交使用单向的传播形式和渠道，向外国公众传播本国的政策或声明。不过，因为"单向信息传递很难改变目标受众既有的成见和刻板印象"，因此公共外交逐渐过渡到第二个层次——对话，即一种双向的思想和信息的交流。而考恩和阿瑟诺认为公共外交最有效的方式是兼具独白和对话优势的合作式公共外交，即在一个具有特定目标的合资企业或是项目中实现的跨国参与。[②] 我国学者钟新和陆佳怡等人据此将媒体公共外交划分为三个层次或三种模式，即独白式媒体外交、对话式媒体外交和合作式媒体外交。[③] 在媒体公共外交的这三个层次或三种模式中，媒体主要发挥"传播渠道"的作用。其中，独白式媒体公共外交是一种单向度的传播方式，而对话式和合作式媒体公共外交则是一种多向度信息传播。

毫无疑问，对话和合作更能有效地与外国公众产生互动，从而有利

---

① Geoffrey Cowan and Amelia Arsenault, "Moving from Monologue to Dialogue to Collaboration: The Three Layers of Public Diplomacy", in Phyllis Kaniss, ed., *The Annals of the American Academy of Political and Social Science*, Sage Publications, 2008, pp. 10 – 30.

② 钟新、陆佳怡等：《理解媒体外交：基本模式与中国战略》，载北京外国语大学公共外交研究中心《中国公共外交研究报告（2011/2012）》，时事出版社，2012，第58～59页。

③ 陆佳怡：《媒体外交：理论与实践》，中国传媒大学出版社，2016，第96～99页。

于提升国家形象，增强国际社会对该媒体及其所在国的信任。[①] 但是，鉴于中国媒体公共外交有限的传播力及西方媒体对中国刻板印象的塑造，中国媒体公共外交自产生之日起，其主要目标任务就是发出自己的声音以及应对西方媒体对中国的误读和歪曲报道。因此，早期的中国媒体公共外交更多是在单向度的"独白"上发轫，通过不断提升中国媒体的对外传播能力，形成了有效的"走出去"的运行模式和路径。同时，随着中国媒体实力的不断增强及对外媒体公关能力的增强，中国媒体公共外交也不断加大"请进来"的力度，通过与国际媒体多向度的"对话""合作"，不断提升中国媒体公共外交的有效性。简言之，中国媒体公共外交从"独白"发轫，逐渐增强"对话""合作"能力，在实践中形成了融合公共外交"独白、对话、合作三层次"的"走出去"和"请进来"两种路径方式，为传播国家形象、塑造良好的国际舆论环境发挥了巨大作用。

（一）"走出去"方式

媒体公共外交的"走出去"方式，就是一国政府及其代表通过本国媒体向海外公众传输信息，扩大本国影响力、塑造吸引力，从而影响外国公众及其政府决策的路径与方式。媒体公共外交作为一种"运用大众传媒在海外施展、增加、扩大其说服力、对外影响力、威望、认同力的过程"，[②] 对外传播及传播能力是最基本的方面。其中，本国媒体尤其是有实力的重点媒体是这一过程的重要渠道和载体。因此，要不断扩大本国在国际社会的影响力、塑造认同力，就需要增强一国媒体的对外信息传播能力和话语建构能力，从而为实现国家的外交战略意图提供舆论保障。

---

① Geoffrey Cowan and Amelia Arsenault, "Moving from Monologue to Dialogue to Collaboration: The Three Layers of Public Diplomacy", in Phyllis Kaniss, ed., *The Annals of the American Academy of Political and Social Science*, Sage Publications, 2008, p. 11.

② 李敢、熊曙光：《论美国媒体及媒体外交》，《江南社会学院学报》2007 年第 3 期。

中国媒体公共外交历来重视本国媒体"走出去"渠道和能力建设。鉴于革命战争年代和新中国成立后，外部势力及西方国家对中国共产党和新中国的敌视，我国媒体公共外交借助他国媒体传播中国形象的渠道非常有限。因此，中国媒体作为传递中国信息、中国形象的重要传播渠道和载体，必须站在中国立场，以国际公众能够理解的方式"向世界说明中国""讲好中国故事"。① 从新华社的组建、中国国际广播电台的运行到《人民画报》的发行，中国媒体建设尽管起步异常艰难，但中国媒体公共外交从一开始就积极打造"走出去"的渠道和载体。改革开放后，随着中国与世界交往的增多，中国与世界沟通的需要大大提升，中国媒体公共外交"走出去"步伐不断加快，媒体传播能力也不断增强，逐渐形成了以新华社、中央电视台、《人民日报》等重点媒体为主的国际传播体系。近年来，适应互联网时代的传播规律，中国媒体公共外交在"走出去"进程中不断增强传统媒体与新兴媒体的融合，建成了一批具有竞争力的新型主流媒体和拥有强大传播力和影响力的新型媒体集团，中国媒体公共外交"走出去"现代传播体系逐渐形成。

1. 增强国际传播能力，构建国际传播体系

2008 年是中国媒体公共外交发展中的一个重要关节点，这一年，从北京奥运火炬传递受阻事件、拉萨"3·14"打砸抢烧事件、汶川大地震到北京奥运会，中国媒体公共外交遇到前所未有的挑战，也迎来了极大的发展机遇。尤其是对汶川大地震和北京奥运会的报道，使中国媒体在国际社会的公信力和影响力大大提升，成为中国媒体公共外交"走出去"的典范。为推动中国媒体公共外交"走出去"的步伐，提升中国媒体公共外交"走出去"的有效性，2009 年 6 月，国家出台了《2009~2020 年我国重点媒体国际传播力建设总体规划》，着力提升新华社、中央电视台等 6 家中国主流媒体"走出去"的能力。2013 年 11

---

① 赵启正主编《公共外交战略》，学习出版社、海南出版社，2014，第 22 页。

月，党的十八届三中全会决议中进一步明确提出支持重点媒体积极践行"走出去"战略，加强中国媒体的国际传播能力和对外话语体系建设。习近平主席也多次强调要不断加强中国国际传播能力，"现在国际上理性、客观看待中国的人越来越多，为中国点赞的人也越来越多。我们走的是正路、行的是大道"，中国媒体必须"坚持不懈讲好中国故事，形成同我国综合国力相适应的国际话语权"。[①]

近年来，中国媒体公共外交在利用互联网技术增强传播能力、拓展传播渠道方面取得了重大进展，形成了传统媒体与新兴媒体融合发展、传播渠道地域与空间全覆盖的"走出去"国际传播体系。从 2009 年开始，人民日报社、中央电视台、新华社等国家主流新闻媒体相继开启了提升国际传播能力建设之路，努力提高自身国际传播能力、建设国际一流媒体，不断增强中国媒体公共外交"走出去"的能力。2009 年 6 月，人民日报社进行了机构调整和扩版增容建设，努力提高国内国际传播能力，打造国际一流媒体。先是把人民日报社原驻国内外的 72 个记者站改设为分社，又将《人民日报》的版面从 16 版扩大到 20 版。此外，在增强《人民日报》（海外版）发行能力的同时，将下属的《环球时报》增设英文版，成为国内第二份英语综合性报纸。2009 年 7 月，中央电视台开始打造外语国际频道矩阵。2009 年下半年，中央电视台在原有西班牙语、法语频道的基础上，相继开通了阿拉伯语、俄语国际频道。2010 年，中央电视台又将原第九套节目（CCTV - 9）改版为英语新闻频道(CCTV - NEWS)。目前，中央电视台已经开播了 9 个国际频道，成为全球唯一用中文、英语、法语、西班牙语、俄语、阿拉伯语 6 种联合国工作语言播出的电视机构。[②] 与此同时，中央电视台还启动了国际视频发稿平台建设，打造"集视频资源采集、整合、推广为一体的"全球

---

① 习近平：《加快推动媒体融合发展　构建全媒体传播格局》，《求是》2019 年第 6 期。

② 程曼丽：《中国对外传播的历史回顾与展望（2009～2017 年）》，《新闻与写作》2017 年第 8 期。

性视频发稿中心。央视国际视频发稿平台系统以多语种发稿，向上百个全球媒体用户提供日均 80 条视频素材。2009 年 12 月，中国新华新闻电视网（CNC）的开播标志着新华社全面开启国际传播能力建设。依托新华社的全球采集网络，CNC 采用全球采集、全球发布运行模式，迅速成为具有国际影响力的传播渠道。在短短两年时间内，CNC 节目进入全球 70 多个国家的家庭、酒店，实现了在除南美洲以外的所有大陆的落地。① 截至 2019 年 8 月，中央电视台海外记者站站点数量已达 70 个，包括 2 个海外分台、5 个区域中心站和 63 个驻外记者站，数量在全球电视媒体中居首位，基本形成了全球化的传播格局。②

与此同时，以"让中国走向世界、让世界了解中国"为宗旨的《中国日报》及中国国际广播电台（CRI）、中国新闻社等中国国际传播媒体也不断扩大与提升海外布局和传播平台建设。2009 年，《中国日报》（美国版）创刊，目标读者定位于美国政府官员、议会议员、高端智库和重点大学的学者与学生、企业高管及在美国的国际组织。2010年，《中国日报》相继推出《中国日报》（欧洲版）和《中国日报》（亚洲版），将目标读者锁定为欧洲、亚洲各主要国家的政府机构、议会、高端智库、跨国企业及社会名流。2012 年，《中国日报》（非洲版）创刊，发行范围覆盖肯尼亚、南非、尼日利亚、埃塞俄比亚、坦桑尼亚、加纳等国家，目标读者定位于非洲主要国家的政府、商界、智库、大学以及在非洲的国际组织、跨国公司和外交人员。《中国日报》（非洲版）成为中国日报社在海外出版的第 5 份本土化报纸，有助于向非洲"发出中国声音，全面、真实、生动地讲述中国故事"，标志着

---

① 程曼丽：《中国对外传播的历史回顾与展望（2009～2017 年）》，《新闻与写作》2017 年第 8 期。

② 《央视介绍》，中央电视台，2019 年 9 月 8 日，http：//cctvenchiridion.cctv.com/ysjs/index.shtml。

《中国日报》国际传播能力的进一步提升。① 从 2010 年开始，中国国际广播电台海外播发空间也进一步拓展，成为拥有 8 家海外地区总站、32 家海外记者站、97 家境外整频率电台的国际传播媒体，其国际广播覆盖世界五大洲 50 个国家的近 3 亿人口，极大地提升了海外传播能力。目前，中国国际广播电台使用 64 种语言对外播出，是全球语种最多的媒体机构。与此同时，新华社的对外传播能力也在不断加强，如今的新华社海外分社已达 170 多个，驻外机构数量居世界首位。②

　　2. 实施"本土化传播"战略，拓展联合传播渠道

　　中国媒体公共外交在积极拓展中国重点媒体对外传播渠道，不断增强对外传播能力的同时，也注重与国际媒体合作，搭建对话与交流平台，"向世界说明中国""讲好中国故事"。新华社、中国日报社、中央电视台等中国对外传播媒体积极实施"本土化传播"战略和联合传播渠道的打造，促进了中国媒体"走出去"的步伐。

　　近年来，我国大众传播媒体通过与受众国媒介及传播机构合作的形式，积极实现中国形象在受众国的本土化传播，向他国公众展示了中国良好的国家形象。2011 年 1 月，在时任国家主席胡锦涛访美之际，由上海灵狮广告公司制作的《中国国家形象片——人物篇》在美国纽约时报广场电子屏和美国主流媒体播出。在一个月的时间内，从代表"财富"与"能力"的中国成功人士，到代表"智慧""勇敢""美丽"的体育明星和普通中国人，59 位中国人的形象陆续呈现在美国受众面前，成为传播中国国家形象的一张张名片。2011 年 8 月，新华影廊公司（新华社全资子公司）开始长期租用美国纽约时报广场一块高约 19 米的大型广告屏幕，用于播出新华社、新华网、新华新闻电视网和中国国际文化影像公司等机构的宣传片，成为向往来于纽约时报广场的国际

---

① 苗晓雨：《〈中国日报〉非洲版创刊》，《中国青年报》2012 年 12 月 15 日，第 2 版。
② 程曼丽：《中国对外传播的历史回顾与展望（2009～2017 年）》，《新闻与写作》2017 年第 8 期。

公众"讲述中国故事"的平台。此外，这块"中国屏"也成为诸多中国城市和企业向世界呈现中国城市形象和企业品牌的窗口，北京、上海、青岛、丽江、桂林等30多个省市的形象片和杜甫草堂、成都老茶馆、春熙路等品牌纷纷在该屏幕亮相，成为国际公众了解中国的一个窗口。① 2017年5月，在"一带一路"国际合作高峰论坛举办前夕，由新华社制作的集中介绍习近平主席"五通"理念的微视频《大道之行》亮相纽约时报广场的"中国屏"，为国际公众了解"一带一路"倡议，讲好"五通"故事搭建了传播平台。

　　与此同时，一些重要媒体还通过与受众国当地机构合作，积极推动报纸、视频节目的本土化采编、制作和发行。2009年，《中国日报》（美国版）创刊后，中国日报社与美国当地经营街边报箱的公司合作，在波士顿、洛杉矶、旧金山、芝加哥等地设立自动售报箱，积极将《中国日报》（美国版）打造为美国本土化报纸。仅在洛杉矶市中心，《中国日报》（美国版）就与当地机构合作设立了40个自动售报箱，实现了报纸的本土化经营。同时，中国日报社还在美国、英国、日本、澳大利亚、南非等国家和地区设立了40多个分社、记者站、办事处和印刷点等机构，形成了遍及世界五大洲的新闻采编网络。② 此外，《中国日报》还与路透社、美联社和法新社等国际主要通讯社及《纽约时报》《卫报》《国际先驱论坛报》等多家国际主流媒体合作，借助这些国际媒体的传输力和影响力，提高《中国日报》的传播能力和国际影响力。例如，《中国日报》与美国主流报纸《纽约时报》《华盛顿邮报》《洛杉矶时报》合作，以夹页形式出版《中国观察》（*China Watch*），借助这些主流媒体强大的发行渠道扩大《中国日报》的传播范围。《中国日报》还是"亚洲新闻联盟"（Asian News Network，ANN）的成员，通

---

① 陆佳怡：《媒体外交：理论与实践》，中国传媒大学出版社，2016，第120页。
② 陆佳怡：《媒体外交：理论与实践》，中国传媒大学出版社，2016，第172～174页。

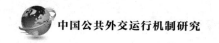

过这个覆盖亚洲 20 多个国家的主流媒体合作组织，有效地拓展了《中国日报》在亚洲各国的传播力和影响力。①

中央电视台自建台以来就非常注重与国外电视台合作，通过与外国电视机构交换或互购电视节目的方式增强中央电视台的国际影响力。从 1959 年开始，中央电视台（时称北京电视台，1978 年 5 月 1 日更名中央电视台）就开始向外国电视台邮寄电视片。到 20 世纪 60 年代，中央电视台已经与 36 个国家的电视机构建立了交换或互购电视节目的关系。② 随着卫星通信技术的发展，到 20 世纪 70 年代，中央电视台开始借助国际卫星向世界传送来自中国的电视新闻。1972 年 2 月，美国总统尼克松访华期间，周恩来总理在机场迎接和宴请尼克松、毛泽东主席接见尼克松和中美联合发表《上海公报》等重大活动，由中央电视台通过国际卫星传送到世界各国的电视机构，引发了世界对中美关系的极大关注。③ 此后，周恩来总理追悼会的电视片、悼念毛泽东主席的新闻报道、庆祝粉碎"四人帮"的电视新闻片、邓小平访问日本的专题新闻等都通过卫星传送到世界，增进了世界对中国的了解。改革开放后，中央电视台进一步加快了与国外电视机构合作的步伐，将中国声音传向更多国家。1984 年，中央电视台加入"亚洲—太平洋广播联盟"（Asia-Pacific Broadcasting Union，简称亚广联），与亚太地区的日本、澳大利亚、新西兰、韩国和香港地区开始了每周的定期新闻交换。同时，中央电视台还通过"欧广联"等国际新闻组织，将节目传送到欧洲、美洲和非洲地区。④ 到 20 世纪 90 年代初，中央电视台的中英文对外节目已经实现了通过国际卫星在固定时间向北美地区播出节目。进入 21 世纪

① 陆佳怡：《媒体外交：理论与实践》，中国传媒大学出版社，2016，第 174 ~ 175 页。
② 赵化勇主编《中央电视台发展史（1958 ~ 1997）》，中国广播电视出版社，2008，第 48 ~ 50 页。
③ 唐世鼎主编《中央电视台的第一与变迁：1958 ~ 2003》，东方出版社，2003，第 192 页。
④ 赵化勇主编《中央电视台发展史（1958 ~ 1997）》，中国广播电视出版社，2008，第 239 页。

以来，中央电视台在不断增强信息的海外传送力的同时，积极与当地媒体合作打造海外落地平台，相继开通了"中国电视长城平台"（美国）、"中国电视长城平台"（欧洲）和"中国电视长城平台"（拉美），推动中国电视节目登陆美国、欧洲和拉美市场。2012 年，中央电视台又先后在肯尼亚首都内罗毕和美国首都华盛顿建立了非洲分台（CCTV -Africa）和美洲分台（CCTV - America），通过当地有线电视网和卫星电视渠道实现落地，提高了中央电视台的国际影响力和竞争力。目前，中央电视台的中文、英语、西班牙语、法语、阿拉伯语、俄语 6 个国际频道已经在全世界 171 个国家和地区落地，拥有 3.14 亿海外用户。[①]

此外，《人民日报》、中央电视台、《中国日报》等国家主流媒体还积极与国际主流媒体合作，通过跨境联合采访、就国际公众共同关心的议题与国际机构合作报道等方式不断拓展传播渠道，积极讲好中国故事。2006~2007 年中俄互办国家年期间，中国国际广播电台、中央电视台、《人民日报》、新华社等多家主流媒体与俄罗斯国家媒体联合推出了长达 40 多天的"中俄友谊之旅"跨境联合采访报道，其间仅中国媒体就发表了 500 多篇（条）新闻报道。[②]"中俄友谊之旅"跨境联合采访报道活动向世界展示了中俄两国友好交往的历史及两国间的合作与互动，从北京到莫斯科掀起了一场场"俄罗斯热""中国热"，对于巩固中俄关系的社会基础和促进中俄战略协作伙伴关系的发展作出了宝贵贡献。[③] 不过，我们也清醒地看到，由于中西方在政治、文化和社会制度方面存在的差异性，西方公众对政府有一种天然的不信任，因为西方媒体多为机构公共经营型或是私人经营的模式，而中国主流媒体多为官

[①] 《央视介绍》，中央电视台，2019 年 9 月 8 日，http://cctvenchiridion.cctv.com/ysjs/index.shtml。

[②] 王冬梅、尹力：《从北京到莫斯科——中俄友谊之旅全记录》，中国国际广播出版社，2006，第 256 页。

[③] 王冬梅、尹力：《从北京到莫斯科——中俄友谊之旅全记录》，中国国际广播出版社，2006，第 4 页。

办媒体，所以，中国媒体在"走出去"的进程中也感受到西方民众的疑虑甚至抵触。再加上西方媒体对中国媒体官方背景的肆意歪曲，使得中国媒体的新闻报道在西方公众中的公信力大打折扣。当然，中国媒体本身在传播观念、报道方式和技巧方面也存在一些不足，从而制约了中国媒体"走出去"的步伐和传播效果的取得。因此，中国媒体还需要在改进传播理念、增强报道方式、打造公信力等方面不断下功夫，提升我国媒体的声誉，将我国主流媒体打造成值得信赖的国际媒体品牌。

（二）"请进来"方式

中国媒体公共外交"走出去"传播渠道已经取得了良好的效果，但相比较而言，国内媒体的影响力仍然较弱，尤其是在西方媒体占据主导权和话语权的国际舆论争夺战中，中国媒体还无法凭借自身力量对海外受众造成重大影响。因此，借助公信力强、广为国际公众所接受的国际媒体传递中国声音、传播中国形象是中国媒体公共外交行之有效的路径方式。

1. 借助国际媒体讲述"中国故事"

中国媒体公共外交从其发轫就非常注重借助国外媒体讲述"中国故事"。革命战争时期，到访根据地的美国记者斯诺将红军长征的壮举传递给国际社会。《红星照耀中国》的影响力不仅体现在向世界传递了中国共产党及其领导的革命队伍的光辉形象，更是唤起了世界人民对中国革命的同情与支持。斯诺、史沫特莱、斯特朗等一大批西方记者对中国共产党领导下的革命根据地和中国共产党领导人的采访，让世界了解到中国除了腐败的国民党政府还有一支中国共产党领导下的武装部队，扩大了中国共产党和革命根据地的影响力。新中国成立后，中国政府也非常重视借助外国记者之手宣传新中国的成就，长期邀请一些西方记者、学者访问中国，通过他们的报道让世界了解新中国经济社会发展的新面貌。改革开放以后，外国记者入境采访的限制逐步取消，越来越多的外国记者涌入中国，感受中国的改革开放，报道中国的发展。尤其是中国新闻发言人制度逐步确立之后，中国开始通过新闻发布会、记者招待会、外国记者访华团等各种渠道吸引更多的外国记者到访中国，借助国际媒体讲述"中国故事"。北京奥运会期间，数万名外国记者穿梭在北京的大街小巷，向世界人民"转播"他们关于中国的见闻。"众志成城"救援地震灾区的"中国精神"、"绿色"的上海世博会、北京园博会呈现的"美丽北京"，都通过外国记者传递到世界各地，展示着中国形象、中国精神，中国媒体公共外交"请进来"取得了良好的效果。2011 年，在中国汶川大地震三周年之际，中国国际广播电台发起了"汶川地震三周年中外记者重返灾区"联合采访报道活动，邀请当年报道汶川地震的外国记者重返灾区，见证中国灾区重建的成就，向世人展示中国政府和中国人民抗震救灾、重建家园的精神和成就。

中华全国新闻工作者协会（简称"中国记协"）的"记者外交"在促进外国记者来华参观、学习、访问活动中扮演了重要的角色，发挥了桥梁和纽带作用。中国记协与世界 100 多个国家和地区的新闻界保持着友好交流关系。邀请国外新闻媒体同行到中国进行访问，是中国记协"记者外交"最主要的方式。据统计，仅 2009 年，中国记协就接待了17 批外国记者交流访华团，共有 125 名外国媒体记者访问中国，接待的媒体遍布五大洲，到访的外国记者团也将"中国故事"传递到世界五大洲。①"记者外交"在一些特别问题、特殊时期更是发挥着其他外交渠道所不能发挥的特殊作用。西方一些国家炮制的所谓"西藏问题"是西方国家向中国施压的重要手段，一些国家因为对中国西藏的发展不了解而对中国处理所谓的"西藏问题"产生误解和误判。因此，让这些国家和人民了解一个真实的西藏，是消除这种误解和误判的重要途径。2003 年，中国记协邀请瑞士新闻代表团访问西藏自治区。代表团

---

① 戎昌海、钟新、吕鸿：《人民日报："记者外交"提升中国形象》，中国网，2010 年 12 月 6 日，http：//www.china.com.cn/international/txt/2010 – 12/06/content _ 21486034 _ 3.htm。

成员目睹了西藏文化的繁荣、西藏人民信仰自由及祥和的生活。真实的西藏让所谓的"中国压制宗教,西藏没有宗教自由"的说法不攻自破,当瑞士新闻代表团离开西藏时,真实的西藏也被带回瑞士。正如瑞士《联邦报》总编辑汉斯·彼得所说,"在瑞士有人说西藏文化正在灭绝,但事实正好相反"。[1] 在 2009 年新疆"7·5"打砸抢烧严重暴力犯罪事件发生后不久,为让土耳其等伊斯兰国家了解真实情况,中国记协紧急启动应急机制,邀请土耳其新闻代表团一行 8 人来华访问。代表团亲临"7·5"事件打砸抢烧现场,走访医务人员和受伤群众,并与当地宗教界人士进行座谈,了解了真实的"7·5"暴力犯罪事件。实地采访也消解了土耳其媒体人对"7·5"事件的疑虑和偏见,土耳其广播电视最高委员会成员瓦哈普博士在实地采访后表示,"将向土民众、官方,向世界公正报道'7·5'事件"。[2]

目前,国际主流媒体在北京基本都设有分支机构或驻京记者,这些媒体机构和常驻记者是其所在国涉华报道的"主力军"。因此,他们能否客观、公正地报道中国将直接影响其所在国民众"中国观"的形成。因此,及时向他们提供关于中国政治、经济和社会发展的真实信息,对于传播中国声音、塑造中国形象起着重要的作用。其中,新闻发言人制度已经成为中国向外国媒体传递中国声音的重要渠道,尤其是 2011 年 9 月之后,外交部新闻发言人制度正式启动每周五次例行记者会的制度,极大地增强了中国声音传播的速度和广度。此外,中国记协定期举办的"新闻茶座"也成为中国向外国驻京媒体和记者提供新闻素材及背景的重要方式。"新闻茶座"创办于 2008 年,约每月举办一期。茶座会每

---

[1] 戎昌海、钟新、吕鸿:《人民日报:"记者外交"提升中国形象》,中国网,2010 年 12 月 6 日,http://www.china.com.cn/international/txt/2010 - 12/06/content _ 21486034 _ 3.htm。

[2] 戎昌海、钟新、吕鸿:《人民日报:"记者外交"提升中国形象》,中国网,2010 年 12 月 6 日,http://www.china.com.cn/international/txt/2010 - 12/06/content _ 21486034 _ 3.htm。

次都邀请有关政府官员、相关领域知名专家及学者就时下普遍关注的中国国内及国际话题进行情况介绍，并就相关问题回答记者的提问。"新闻茶座"不仅成为向外国记者提供及时信息服务和进行沟通交流的平台，同时也帮助他们加深对某些重大问题的了解，促使其涉华报道更真实客观。①

2. 搭建对话与合作平台，拓展传播空间

随着中国媒体公共外交的发展，"请进来"运行模式的渠道和方式也在不断扩展，中国媒体机构通过与国际主流媒体联合采访、共同组织国际性活动等方式，搭建中外媒体间对话和合作的平台，拓展中国声音的国际传播空间。近年来，新华社、《人民日报》、《中国日报》、中国记协等中国主流媒体和媒体组织借助它们与外国媒体的良好关系，经常邀请外国媒体高管和记者来中国参加媒体峰会和集体采访活动，成为中国媒体公共外交发挥作用的重要方式。

新华社发起承办的"世界媒体峰会"成为中国媒体与国际主流媒体对话与合作的重要平台。2009 年 10 月，新华社与新闻集团、美联社、路透社、塔斯社、共同社、英国广播公司、时代华纳特纳广播集团、谷歌 8 家世界著名媒体机构共同发起了首次"世界媒体峰会"，吸引了来自全球 70 个国家和地区的 130 多家境外媒体机构和 40 多家境内媒体负责人出席。② 为推动世界媒体峰会的常态化发展，2013 年新华社再次成功举办"世界媒体峰会"第二次主席团会议，并通过了《世界媒体峰会章程》。作为"全世界媒体的奥林匹克"，世界媒体峰会发挥了促进媒体对话与合作的重要作用。"世界媒体峰会"的举办及常态化，拓展了新华社与国际主流媒体之间的合作，有助于借助国际主流媒

---

① 戎昌海、钟新、吕鸿：《人民日报："记者外交"提升中国形象》，中国网，2010 年 12 月 6 日，http://www.china.com.cn/international/txt/2010－12/06/content_21486034_3.htm。

② 陆佳怡：《媒体外交：理论与实践》，中国传媒大学出版社，2016，第 186 页。

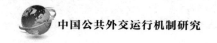

体展示中国主流媒体及中国政府的良好形象，提升中国在国际社会的吸引力和影响力。

"亚洲主流媒体看中国"是《中国日报》组织发起的亚洲主流媒体联合采访报道中国的活动。联合采访报道不仅可以增强中国媒体与外国媒体之间的交流合作，而且也有助于有关中国的报道不断登上外国主流媒体的版面，让外国民众更多地了解中国经济、社会发展的真实情况，塑造和传播中国形象。如 2014 年的"亚洲主流媒体烟台行"，来自巴基斯坦、孟加拉国、马来西亚、泰国、菲律宾、斯里兰卡、韩国等 11 个国家 13 家媒体的 20 多位外国记者在烟台各地进行了联合采访报道，记者们不仅被烟台美丽的风景所吸引，更为中国乡村生态文明建设的成就和日益国际化而赞叹。同年 9 月，"亚洲主流媒体聚焦魅力成都"大型采访活动中，来自印度、新加坡、泰国、马来西亚等亚洲国家和地区 13 家主流媒体的 20 多位记者更是对成都"产城一体"的魅力和古老而壮观的都江堰水利工程赞叹不已，起到了百闻不如一见的效果。2017 年，人民日报社主办的"一带一路"媒体合作论坛吸引了世界各国的主流媒体参会，而其间举行的"我眼中的中国共产党"主题活动，让来自 14 个亚洲国家的 25 名记者深刻感受到中国经济、社会的巨大发展变化。正如孟加拉国《曙光报》顾问编辑卡马尔·艾哈迈德在采访后所言，"中国在推动全球化方面的努力就像一座希望的灯塔"，"世界各国，特别是发展中国家都在看中国，期待中国引领各国摆脱贫困，通过贸易和投资实现发展"。① 而"一带一路"沿线亚洲 14 国主流媒体聚焦"中国名片"——联合考察中国中车的活动，更是让亚洲主流媒体感受到中国动车的速度与激情。2018 年 11 月 6 日，由中联部、《人民日报》、清华大学共同组织的第二届"'一带一路'沿线国家核心媒体培

---

① 《亚洲主流媒体考察团："中国就像一座希望的灯塔"》，国务院新闻办公室，2017 年 9 月 21 日，http://www.scio.gov.cn/zhzc/2/32764/Document/1564234/1564234.htm。

训班"① 亚洲主流媒体考察团到中车唐山公司考察，记者们在赞叹中国动车技术的同时，进一步了解和感受到中国发展的成就与经验。借助这些外国媒体记者之笔，将一个改革开放、蓬勃发展的中国形象传递给所在国民众，有助于增进"一带一路"沿线国家民众对中国的了解，为共建"一带一路"打造民意和社会基础。

随着"一带一路"建设的推进，让"一带一路"沿线国家人民了解"一带一路"、参与"一带一路"建设，成为当下中国公共外交重要的目标任务。"一带一路"沿线国家新闻媒体作为"一带一路"建设的见证者和记录者，发挥着沟通民意、拉近"一带一路"沿线各国人民心与心距离的重要作用。为发挥"一带一路"沿线国家媒体民意沟通塑造者的作用，自2014年起，人民日报社组织发起了"一带一路"媒体合作论坛活动。截至2018年10月，已经连续举办了五届"一带一路"媒体合作论坛，借助外国媒体记者之笔将"一带一路"故事传播到全球。在2014年7月举办的首届"丝绸之路经济带媒体合作论坛"上，"媒体助力　共筑梦想"成为论坛的主要议题之一，来自印度、巴基斯坦、伊朗、土耳其等十多个国家的近百名政府官员、外交使节、主流媒体代表参与了论坛的讨论，并签署了《丝绸之路经济带媒体合作论坛联合宣言》。论坛的成功举办引起了"一带一路"沿线国家媒体界的强烈反响，2015年9月举办第二届论坛时，有来自全球60个国家和国际组织的近140家主流媒体参加。第二届论坛举办期间，人民日报社还与来自23个国家的33家国外主流媒体签署了双边合作谅解备忘录，双方就"一带一路"等专题跨境联合采访、新闻资源共享、团组互访、

---

① "一带一路"沿线国家核心媒体培训项目由清华大学主办，启动于2017年，面向"一带一路"沿线国家媒体高层管理人员及涉及"一带一路"相关报道的资深媒体记者、编辑开设，项目内容包括系统解读"一带一路"倡议、课堂学习和参观交流活动。该项目是在人民日报社主办的"'一带一路'媒体合作论坛"基础上，结合清华大学的教学优势，为各国媒体代表深度交流提供的一个学习平台。

人员往来和广告合作等达成协议，并承诺将以更加客观、准确、全面、公正的立场报道新闻、评论事件。① 2016 年 7 月，在北京举办了第三届"一带一路"媒体合作论坛，规模和影响力进一步扩大，共有来自路透社、埃及金字塔报社等 101 个国家的 212 家媒体参会。论坛取得了丰硕的成果，成立了"一带一路"沿线国家新媒体联盟，推出了多语种的"一带一路全球媒体协作网"和"一带一路新闻报道多语种服务云平台"，并适时启动横跨亚欧非、覆盖多领域的"一带一路"多国跨境联合采访。② 2017 年 9 月第四届"一带一路"媒体合作论坛举办时，有全球 127 个国家和国际组织的 300 多家中外媒体代表参加了本届论坛，为传播"一带一路"故事搭建了重要平台。正如英国每日邮报集团邮报在线网国际业务总经理詹姆斯·利弗所言，媒体扮演着故事讲述者的角色，通过媒体报道，"一带一路"越来越为西方读者所知。③ 借助论坛这一平台，中国与外国主流媒体合作领域进一步拓展。在 2018 年 10 月举办的第五届"一带一路"媒体合作论坛上，共有来自 90 个国家和国际组织的 205 家媒体和机构的 256 位嘉宾参加了论坛活动，与会代表达成协议，决定共同组织"5 年看丝路"跨境联合采访、举办媒体高管研修班、设立媒体留学基金及开设"一带一路"新闻传播学位班等合作项目，当好共建"一带一路"的"记录者""参与者""推动者"。④ 习近平主席曾经指出，"媒体在信息传播、增进互信、凝聚共识等方面发挥着不可替代的重要作用"，而"一带一路"媒体合作

① 《前三届"一带一路"媒体合作论坛有哪些成果?》，人民网国际频道，2017 年 9 月 19 日，http：//world. people. com. cn/n1/2017/0919/c1002 – 29544157. html。

② 《前三届"一带一路"媒体合作论坛有哪些成果?》，人民网国际频道，2017 年 9 月 19 日，http：//world. people. com. cn/n1/2017/0919/c1002 – 29544157. html。

③ 《外媒在 2017 一带一路媒体合作论坛上讲什么?》，人民网国际频道，2017 年 9 月 19 日，http：//world. people. com. cn/n1/2017/0919/c1002 – 29545399. html。

④ 《2018 "一带一路"媒体合作论坛今日举行》，人民网，2018 年 10 月 30 日，https：//news. china. com/internationalgd/10000166/20181030/34301015. html。

论坛为各国媒体对话交流、务实合作提供了一个平台。① 目前，"一带一路"媒体合作论坛已经成为由中国主流媒体主办的"规模最大、参与外媒最多、最具代表性和影响力的全球媒体盛会"，② 成为讲好丝路故事、传扬丝路精神的重要平台。

同时，为更好地推进丝路故事的传播，打造共建"一带一路"的民意基础，2016 年由中央广播电视总台下属的中国国际电视总公司和中央电视台发起成立了"丝绸之路电视国际合作共同体"。"丝绸之路电视国际合作共同体"是全球首个以"丝路"为纽带、面向全媒体的国际影视媒体联盟。自 2016 年成立以来，该共同体已连续举办三届高峰论坛，成为同讲"丝路故事"的典范。共同体在推动中国节目走出去方面取得了重要进展，在 2017 年中国春节、2017 年"一带一路"国际合作高峰论坛、2018 年第十届金砖国家峰会等举办期间，该共同体先后举办了 4 次节目联播活动，来自全球 20 多个国家和地区的 70 多家媒体机构加入其中，一大批中国优秀节目被译制成几十种语言在全球播出，成为推动中国文化"走出去"的重要渠道。③ 目前，"丝绸之路电视国际合作共同体"成员及伙伴已发展到 130 家机构，覆盖"一带一路"沿线的 58 个重点国家和地区，已经成为推动"一带一路"建设、加强多元文化交流和促进中外民心相通的有力平台。④ 2019 年 9 月，以"全媒体融合　高质量发展"为主题的"2019 丝绸之路电视国际合作共同体高峰论坛"在北京成功举办。该论坛由中央广播电视总台和"丝

---

① 《前三届"一带一路"媒体合作论坛有哪些成果?》，人民网国际频道，2017 年 9 月 19 日，http：//world. people. cn/n1/2017/0919/c1002 - 29544157. html。

② 《外媒在 2017 一带一路媒体合作论坛上讲什么?》，人民网国际频道，2017 年 9 月 19 日，http：//world. people. cn/n1/2017/0919/c1002 - 29545399. html。

③ 黄典林：《"丝路电视国际合作共同体"同讲"丝路故事"》，人民网，2018 年 9 月 17 日，http：//world. people. cn/n1/2018/0917/c1002 - 30296989. html。

④ 《2019 丝绸之路电视国际合作共同体高峰论坛在京举行 "一带一路" 媒体影视合作交流提质升级》，中央广播电视总台央视新闻，2019 年 9 月 10 日，http：//news. cnr. cn/native/gd/20190910/t20190910_ 524771756. shtml。

绸之路电视国际合作共同体"共同主办，来自 43 个国家和地区的 92 家媒体机构的负责人参加了论坛活动。正如阿尔及利亚国家电视台台长萨利姆·瑞巴赫所言，丝路共同体为成员国之间的交流提供了一种最有效的方法和途径，必将助力传媒发挥促进全球繁荣与和平的更大作用。[①]

此外，随着新媒体技术的发展，世界逐渐步入数字化多媒体时代。数字化媒体既为媒体公共外交提出了挑战，也提供了新的传播渠道。尤其是为中国这样的发展中国家打破西方传统媒体对国际话语权的垄断提供了新的机遇。因此，进入 21 世纪以来，中国主流媒体纷纷借助网络传播等新媒体技术拓展传播渠道，增强中国媒体在国际社会的话语权。2006 年 10 月，中国国际广播电台利用网络传播推出了"中日网络对话"项目，从东京和北京两个直播间开播中外嘉宾对话，并邀请网民在线互动，为中日民众提供直接交流沟通的平台。2010 年 5 月，"国际在线"推出了"友城之约——中外友好城市网络对话"项目，邀请中外友好城市的市长、知名人士及普通市民进行网络音视频对话，集中展示中外友好城市的交往，呈现双方"多元文明之美"，为中外人文交流提供了重要平台。[②] 自项目实施以来，北京与曼谷（泰国）、上海与萨格勒（克罗地亚）、广州与洛杉矶（美国）、成都与蒙彼利埃（法国）等友好城市纷纷相约"友城之约"，通过网络直播实现两座城市、两种语言、两种文明的对话，[③] 进一步加深了彼此印象、增进了彼此友谊。

总之，经过 70 多年的发展，从国际广播、电视频道的覆盖面到新闻发言人制度建设，中国媒体已经具备了一定的信息传送实力，借助本国媒体发出中国声音、传播中国形象，成为中国媒体公共外交"走出

[①] 《2019 丝绸之路电视国际合作共同体高峰论坛在京举行"一带一路"媒体影视合作交流提质升级》，中央广播电视总台央视新闻，2019 年 9 月 10 日，http://news. cnr. cn/native/gd/20190910/t20190910_ 524771756. shtml。

[②] 王庚年：《新媒体国际传播研究》，中国国际广播出版社，2012，第 240 页。

[③] 赵启正、雷蔚真主编《中国公共外交发展报告（2015）》，社会科学文献出版社，2015，第 242 页。

去"的重要方式。但同时，与美国等西方大国强大的大众传播机器相比，中国媒体的总体实力还相对较弱，尤其在国际传播话语权领域，仍然是西方主流媒体占据主导地位。因此，不断扩大将外国媒体"请进来"的渠道，借助外国媒体传递中国声音成为中国媒体公共外交的有效方式。此外，随着信息和网络技术的发展，近年来中国媒体公共外交也开始借助新的媒体平台增进国际对话能力，拓展国际合作空间，从单向独白式的媒体外交逐渐向多维对话式、合作式的媒体外交转变。简言之，中国媒体公共外交在实践中逐渐形成了"走出去"和"请进来"并重的双向交流机制，并逐渐尝试和引入多维度交流运行机制。

第三节　中国媒体公共外交案例：奥运媒体外交

中国媒体公共外交运行机制建构与路径选择是中国媒体公共外交几十年实践经验的总结，既具有媒体公共外交普遍的特征，也体现出中国媒体公共外交独特的特点。为了检验中国媒体公共外交运行机制与路径的可行性和指导性，并进一步总结提炼中国媒体公共外交的基本经验，本部分将以2008年北京奥运会期间中国媒体公共外交的运行为例，探究中国媒体公共外交的效用，进而分析其优势与不足。

一　奥运媒体公共外交

奥运会不仅是世界体育交流的盛会，也为承办国提供了一次集中展示国家形象的机会，2008年北京奥运会为展示和传播中国国家形象提供了舞台。国家形象是"一个主权国家和民族在世界舞台上所展示的形状相貌及国际环境中的舆论反映"，[①] 而无论是展示国家的面貌，还

---

① 李寿源主编《国际关系与中国外交——大众传播的独特风景线》，北京广播学院出版社，1999，第305页。

是他国民众对这种面貌的认知，都需要依靠媒体的传播，因此，一国在国际社会的形象在很大程度上是由媒体所塑造的。一般而言，国家形象的传播主要通过两种途径：一是将国外媒体"请进来"，让国外媒体能够对一国真实状况进行直接采写和报道；二是国内媒体"走出去"，这一途径又包括两种方式，一是国内媒体对本国的报道而被国际媒体转载或评论，二是国内媒体的对外报道。①

（一）奥运媒体外交之"走出去"

2008 年北京奥运会是中国首次举办奥运会，也是中国被国际社会视为"世界性大国"之际举办的全球性体育盛会。因此，北京奥运会成为世界媒体的关注焦点，也为改革开放 30 年后的中国集中展示中国形象提供了重要契机。在这场"中国初入社交界的盛大聚会"上，如何向世界展示和传递中国形象，成为中国奥运媒体外交的重要目标任务。因此，增强国内媒体对外报道的能力，提升国内媒体的报道水平，成为中国奥运媒体外交"走出去"的重要依托。

1. 组建"全国奥运媒体联盟"强大报道阵容

北京奥运会期间，中国主流媒体组成了由"互联网＋媒体联盟＋广播电台"的运行模式，共同组成强大的奥运报道阵容，为 2008 北京奥运会搭建了最强大的信息平台，向全世界展示北京奥运会的精彩。为增强北京奥运会报道和传播能力，早在 2007 年 3 月，北京奥运会官网承建商搜狐就联合全国 15 家主流报纸共同组建了"全国奥运媒体联盟"（以下简称联盟）。联盟成立后，依托近千万份报纸发行量、近亿次网站点击量的丰富资源以及强大的采编力量，策划组织了多次有影响力的新闻报道，为宣传北京奥运会、动员全民参与奥运作出了巨大贡献。此后，联盟力量不断壮大，到 2007 年 12 月，联盟与中央电视台、北京电视台以及全国 75 家电视台和 35 家重点平面媒体联盟共同构建起

---

① 刘笑盈：《中外新闻传播史》，中国传媒大学出版社，2007，第 466 页。

网络与电视、报纸、广播等各媒体领域全面合作、交叉立体式的奥运报道传播平台。① 依托"全国奥运媒体联盟"强大的报道阵容，在北京奥运会期间，中国媒体对奥运会的报道成为国际媒体信息的重要来源，被大量国际媒体转载和引用。

2. 全方位报道北京奥运会

新华社作为中国的国家通讯社，被国际奥委会授权为报道北京奥运会的东道主通讯社。从 2001 年北京获得 2008 年奥运会的举办权到奥运圣火的采集、传递，从推出奥运会倒计时一周年的系列报道到奥运会开幕式，从对奥运赛场的全天候报道到奥运圣火的熄灭，新华社在北京奥运会一系列重要节点上的成功报道，充分体现了中国媒体的实力和影响力。而这一实力和影响力的取得，不仅得益于新华社全方位的准备工作，也来自奥运期间新华社媒体人不分昼夜地拼搏奋战。作为东道主通讯社，为确保对北京奥运会报道的顺利实施，新华社从北京申奥开始就进行了充分的准备。在奥运会筹办伊始，新华社就派出记者跟踪报道北京奥运会筹办工作，也正是有长期完整地跟踪报道筹备工作的积淀，新华社对北京奥运会的报道分量十足，为中外媒体争相引用。同时，为积累报道经验，新华社还派出大批记者提前演练，无论雅典奥运会、都灵冬奥会，还是德国世界杯足球赛，新华社都派出国内平面媒体最大规模的报道团队对这些世界顶级赛事进行报道采访，为北京奥运会报道进行了全方位的准备和预演。此外，新华社还从总社 15 个部门、30 个国内分社和 7 个驻外分社集中调用精兵强将（报道团队的绝大多数编辑记者可使用双语工作）组成北京奥运会报道团队。新华社在国际奥委会正式注册的新闻采编和技术人员共 284 人，非注册记者 62 人，这也是

---

① 何烃烃：《全国 30 多家电台加入搜狐奥运报道联盟》，搜狐体育，2007 年 12 月 21 日，http：//2008. sohu. com/20071221/n254226554. shtml。

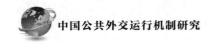

新华社奥运会报道史上派出人员最多的一次。①

在北京奥运会举办的近一个月时间内，新华社媒体人更是以扎实细致、富有成效的工作，赢得了奥运媒体大战的胜利，为北京奥运会提供了强大的舆论支持，也赢得了海内外媒体用户和受众的广泛赞誉。国际奥委会主席罗格对新华社的报道给予了高度评价，称赞新华社的报道"为全世界人们了解北京奥运会提供了丰富的新闻资讯"。② 北京奥运会举办期间，新华社开通了中、英、法、俄、西、阿、葡 7 种文字的报道专线，面向全球每天 24 小时不间断地播发北京奥运会新闻。③ 作为东道国主播台，中央电视台对北京奥运会进行了全球最大规模的转播，共投入 10 多个电视频道进行奥运转播。其中，央视一套、二套、三套、五套、七套、十二套节目和高清综合、付费足球、付费网球 9 个频道全面投入奥运赛事转播。央视新闻频道和中文、英语、法语、西班牙语 4 个国际频道也展开全方位报道。此外，央视还首次以网络新媒体形式对奥运会进行全程直播。其中，央视网全程转播 3800 小时的奥运会赛事，CCTV 手机电视奥运台开通 20 路直播，移动传媒制作播出 1800 多分钟的奥运节目。④

中国媒体在奥运期间表现出的强大报道能力，也让新华社、央视等媒体的奥运会报道稿件成为国内外媒体竞相引用的对象。在北京奥运会开幕式当晚，新华网播发的各类文字稿件、图片报道成为海内外中文网

---

① 新华社总编室：《新华社勇夺北京奥运会新闻报道的胜利》，人民网，2008 年 9 月 12 日，http：//media. people. com. cn/GB/40628/7973728. html。

② 新华社总编室：《新华社勇夺北京奥运会新闻报道的胜利》，人民网，2008 年 9 月 12 日，http：//media. people. com. cn/GB/40628/7973728. html。

③ 新华社总编室：《新华社勇夺北京奥运会新闻报道的胜利》，人民网，2008 年 9 月 12 日，http：//media. people. com. cn/GB/40628/7973728. html。

④ 程庆生、郭和平、黄正红：《中央电视台圆满完成北京奥运会转播报道》，《电视研究》2008 年第 10 期。

站的主要新闻信息源，新华奥运手机报用户猛增到 2000 万。① 新华社独家快讯《李宁将点燃奥运主火炬》发出后立刻被美联社、路透社、法新社转发；以发稿时效著称的路透社在转发新华社关于出席奥运会开幕式领导人名单时，还在稿件中破天荒地使用了"路透/新华"作为消息来源。统计显示，北京奥运会期间，海外媒体对新华社播发的奥运报道稿件采用量大增，美联社、法新社、路透社、德新社、共同社等国际媒体巨头日均采用新华社相关稿件 96.8 条次，是 2007 年同期的 3.46 倍。②

3. 积极推进奥运对外传播

进入 21 世纪以来，中国在改革开放进程中不断强大起来，国际社会对于中国的发展态度复杂。一方面，中国在 2008 年金融危机中的表现让世界感受到中国给世界经济带来的希望；另一方面，担心中国强大起来的"中国威胁论"在西方媒体的推动下一时间甚嚣尘上。而北京奥运会则是中国在这种复杂的国际舆论环境下举办的一场全球性体育盛宴。面对国际话语权领域"西强我弱"的态势，中国媒体积极响应党中央"大奥运""大外宣"战略，通过报道中国为举办奥运会所做的努力和真实的中国社会，向国际社会展示了一个积极进取、奋发有为的中国和热情友善的中国人民的形象。作为中国媒体"走出去"的排头兵，新华社在奥运报道中加强以英文为主的对外报道，并增加了法、俄、西、阿、葡 5 条语言文字专线，让北京奥运会的精彩有效传递给全球数十亿受众。中央电视台英文频道（CCTV－9）、《中国日报》、中国国际广播电台等国内英文媒体的领军者也竞相"扩军"，通过设置奥运栏目、推出奥运专刊或开通英文奥运广播等形式积极"走出去"，通过多

---

① 《新华社勇夺北京奥运会新闻报道的胜利》，人民网，2008 年 9 月 12 日，http：// media. people. com. cn/GB/40628/7973728. html。

② 《新华社勇夺北京奥运会新闻报道的胜利》，人民网，2008 年 9 月 12 日，http：// media. people. com. cn/GB/40628/7973728. html。

种渠道向国际社会提供了解中国、北京及北京奥运会的机会。为增强对外传播能力和传播效果，央视英文频道体育组在常规体育栏目之外，专门制作了"奥运全景"（Olympic Scene）与"奥运节奏"（Olympic Beat）两个奥运专题。《中国日报》早在2006年就推出每2周出版1期的"奥运专版"，2007年将出版周期缩短为每周1期。2008年1月，"奥运专版"升级为8个版的"奥运周刊"，8月份又正式升级为《奥运日报》，奥运会期间每天出版32个版，并直接送达各奥运比赛场馆、奥运村和涉外饭店。① 中国国际广播电台则在奥运会倒计时一周年之际开通了奥运广播，使用9种语言24小时报道奥运会筹办情况。同时，针对西方媒体炒作的热点问题，组织权威发布和澄清式报道，并结合新闻发布会，积极主动设置新闻议题，派出记者采访报道参加奥运会的各代表团赛前集训、奥运会志愿者服务及国外媒体在中国采访报道情况，让世界了解真相，平衡国际舆论态势。

（二）奥运媒体外交之"请进来"

将国外媒体"请进来"，让国外媒体能够对北京奥运会举办的真实状况进行采写和报道，是将中国国家形象传播到媒体所在国的重要方式。而要做好"请进来"的工作，首先要为国外媒体的采访做好服务工作；其次，还要为记者在奥运场馆、大街小巷等采访和参观做好服务接待工作，引导来华采访的媒体记者对中国进行客观公正的报道。

1. 奥运媒体村的公共外交使命

2008年北京奥运会期间，北京奥组委为来华报道奥运会的外国注册媒体提供了2个媒体村，为媒体记者提供良好的住宿、餐饮、医疗、网络、健身和交通等服务。其中，位于奥林匹克森林公园附近的绿色家园媒体村，是奥运会历史上最大的单体媒体村，奥运期间共接待了

---

① 《英文〈奥运日报〉正式出版发行》，中国日报网环球在线，2008年8月1日，http：//www.chinadaily.com.cn/hqkx/2008-08/01/content_6897862.htm。

来自 68 个国家和地区的 300 多家媒体的约 6000 名记者。而汇园公寓
媒体村距离奥运主场馆非常近，徒步就可以到达"鸟巢""水立方"
等奥运核心场馆群。奥运期间，汇园公寓共接纳了来自 30 个国家和地
区的 96 家媒体的约 1000 名记者。① 奥运媒体村完善的生活工作场所设
置、为外媒记者提供的人性化设施及志愿者热情周到的服务，很好地
诠释了公共外交使命。为满足外媒记者休闲娱乐的需要，媒体村不仅
设有各种娱乐健身设施，超市里也配备了齐全的日用品，还销售从国
外购进的世界各大主流媒体的报纸和杂志。媒体村体现出来的中国人
热情好客、礼仪之邦的形象，也得到了外媒记者的盛赞，甚至有外媒
记者称"奥运已把北京放到另一个星球"。② 英国《每日电讯报》特派
记者布伦登·卡拉格称在北京奥运媒体村"享受王室待遇"，漂亮的
媒体公寓、友善的志愿者、畅通的网络，一切都让工作和生活温馨自
如。在工作之余，还可以随时收看"64 个电视频道中 BBC 对北京奥
运的报道"。③

　2. 周到的"便民服务"

　　为了给国外媒体记者提供最大的采访便利，早在 2007 年 1 月我国
政府就出台了《北京奥运会及其筹备期间外国记者在华采访规定》（以
下简称《规定》）。《规定》为国外媒体记者在奥运会期间的采访报道提
供了周到的"便民服务"保障。其中规定，持奥林匹克身份注册卡的
外国记者，在奥林匹克身份注册卡的有效期内免办签证，凭奥林匹克身
份注册卡、有效护照或者其他旅行证件可多次入出中华人民共和国国
境。《规定》还为外国记者的采访自由保驾护航，规定"外国记者在华

---

① 《北京奥运会媒体村正式开村　七千余名记者将入住》，人民网，2008 年 7 月 26 日，
http：//2008. people. com. cn/GB/22180/22195/94164/7567245. html。

② 《每日电讯报：奥运已把北京放到另一个星球》，中国网，2008 年 8 月 6 日，http：//
www. china. com. cn/international/txt/2008－08/06/content_ 16142693. htm。

③ 《英记者：在北京享受王室待遇》，北京新闻网，2008 年 8 月 8 日，http：//www. chinanews.
com/olympic/news/2008/08－08/1340446. shtml。

采访，只需征得被采访单位和个人的同意"。2007 年以来，中国放宽了对外国媒体采访的限制，中国政府的确表现出一种开放的态度。① 此外，为帮助外国媒体记者采访报道好北京奥运会，北京奥组委及我国相关部门为采访报道的顺利开展提前做了大量工作，并为外国媒体使用卫星新闻转播设备提供协助，在方便外媒物资通关等方面也给予大力支持。

3. 空前的外媒奥运报道阵容

北京奥运会期间，来自路透社、共同社、美国全国广播公司（NBC）、欧洲广播联盟（简称欧广联）、荷兰广播公司等世界各大媒体的 21600 名注册记者、5000 多名非注册记者以及无数驻扎在世界各地的报纸、电视、广播、网站媒体人共同参与了奥运会的报道。此次参与北京奥运会采访报道的外国媒体来自全球 200 多个国家和地区，如此规模的奥运会外国媒体报道阵容，堪称一次世界"媒体大战"。② 在此次奥运会"媒体大战"中，作为世界三大通讯社之一的路透社派出了由资深体育记者和长期报道中国的"中国通"等媒体人组成的 300 人的强大记者团参与报道。为争取传播效果的最大化，路透社采用多语种报道，不仅以中文、英语、日语、法语、西班牙语、葡萄牙语等多种语言进行直接报道，而且在全球范围内翻译成 20 种文字播发。③ 而 NBC 在取得了北京奥运会美国地区独家电视转播权之后，更是配备了强大的转播阵容。NBC 旗下各主要电视频道分工合作，对北京奥运会连续进行了 18 天的全程转播，节目总长度超过 3600 小时。NBC 对北京奥运会报道的规模和范围也创下其历届奥运会转播之最，正如 NBC 高级副总裁

---

① 《北京奥运会媒体村正式开放 采访自由令外国记者惊讶》，新浪网，2008 年 7 月 25 日，http：//sports. sina. com. cn/o/2008 – 07 – 25/07153805226. shtml。

② 《北京奥运会媒体村正式开放 采访自由令外国记者惊讶》，新浪网，2008 年 7 月 25 日，http：//sports. sina. com. cn/o/2008 – 07 – 25/07153805226. shtml。

③ 《北京奥运会媒体村正式开放 采访自由令外国记者惊讶》，新浪网，2008 年 7 月 25 日，http：//sports. sina. com. cn/o/2008 – 07 – 25/07153805226. shtml。

约翰·费谢所言，"NBC 对北京奥运会的转播报道比他们之前所有夏季奥运会报道量的总和还要多"。① 为了增强转播的效果，欧洲 56 个国家的 75 家转播机构组成广播联盟共同参与北京奥运会转播。北京奥运会期间，欧洲地区 120 个电视频道播放了由欧广联制作的奥运电视节目，对北京奥运会的报道也是欧广联有史以来报道规模最大的一次。②

二　奥运媒体公共外交的效用

2008 年北京奥运会，不仅是一次世界体育交流的盛会，也为中国媒体公共外交集中展示国家形象提供了舞台。媒体对奥运会、北京、中国社会的报道，打开了中国与世界交流的窗口，向世界展示了一个和平发展的中国形象，拉近了中国与世界的距离。

（一）奥运媒体外交打开了中国与世界交流的窗口

奥运期间，仅中央电视台就投入 3000 多人进行赛事采访报道，直播奥运赛事 809 场，录播 1135 场。同时，央视各频道共播发新闻 11250 条次，播出奥运专题节目 250 期。奥运期间，每天有近 1.42 亿网民通过央视网和 9 家商业网站收看奥运转播，手机电视奥运台访问量累计达 3.63 亿页次。③ 而从 2008 年 7 月 25 日新华社奥运报道团进驻奥运会主新闻中心到 8 月 24 日奥运会闭幕，新华社共计播发奥运中文稿件 7600 多条、英文稿件 6900 多条。法、西、俄、阿、葡 5 条外文专线日均播发奥运文字稿超过 1.1 万条。同时，共播发中文图片稿 4.2 万张、英文图片稿 2.6972 万张，法、西、俄、阿文图片稿日均 2000 多条。此外，还

---

① 《北京奥运会媒体村正式开放　采访自由令外国记者惊讶》，新浪网，2008 年 7 月 25 日，http://sports.sina.com.cn/o/2008－07－25/07153805226.shtml。

② 《北京奥运会媒体村正式开放　采访自由令外国记者惊讶》，新浪网，2008 年 7 月 25 日，http://sports.sina.com.cn/o/2008－07－25/07153805226.shtml。

③ 程庆生、郭和平、黄正红：《中央电视台圆满完成北京奥运会转播报道》，《电视研究》2008 年第 10 期。

制作了总时长超过 4700 分钟的 1446 条音视频新闻节目。① 《中国日报》开通的《奥运日报》，则以国际化的视角、专业的办报理念全面客观地记录北京奥运会，向国际社会充分展示开放发展的中国，展现当代中国人民的精神风貌和各国运动员在奥运赛场上的风采。② 此外，还有来自世界 200 多个国家和地区的数万名媒体记者对奥运会进行报道。奥运赛场不仅是全世界优秀运动员的竞技场所，也为中外媒体人"同台竞技"与交流提供了平台，更是打开了中国与世界交流的窗口。据报道，全球共有 220 个国家和地区的观众收听、收看了有关北京奥运会的转播和报道。奥运会开幕式当天，通过卫星电视和网络传输，全球 20 亿观众、近 1/3 的世界人民共同见证了开幕式的宏大场面。③ 美国《洛杉矶时报》用"中国走向世界舞台"做标题对北京奥运会开幕式进行了报道，称北京奥运会开幕式是中国的一个伟大时刻。④ 而奥运期间，穿梭在北京大街小巷和中国偏远农村、施工现场的外国记者，在报道中国社会发展的同时，也与中国"草根"阶层进行了一场场"面对面"的交流互动，亲身感受和体会中国的发展和变化。

（二）奥运媒体外交展示了中国良好的国家形象

进入 21 世纪以来，伴随着中国经济的迅速发展，西方舆论打压中国的现象也时有发生。自 2001 年北京获得奥运会的举办权之后，一些西方媒体不遗余力地抹黑中国，甚至不惜用政治绑架奥运会。最典型的是 2008 年春天北京奥运圣火境外传递时，西方某些媒体跳梁小丑式的

---

① 新华社总编室：《新华社勇夺北京奥运会新闻报道的胜利》，人民网，2008 年 9 月 12 日，http：//media. people. com. cn/GB/40628/7973728. html。

② 《英文〈奥运日报〉正式出版发行》，中国日报网环球在线，2008 年 8 月 1 日，http：//www. china daily. com. cn/hqkx/2008 - 08/01/content_ 6897862. htm。

③ 王冲：《"眼球率"最高的一届奥运会》，中青在线，2012 年 8 月 21 日，http：//zqb. cyol. com/content/2008 - 08/21/content_ 2322631. htm。

④ Mark Magnier and Randy Harvey，"Olympics 2008：China Steps onto World Stage"，Aug. 8，2008，*Los Angeles Times*，http：// www. azcentral. com/ news/ articles/ 2008/08/08/200808 08olyopening0808. html，accessed on 12th，August 2012.

表演，大肆抨击中国"人权""环境""新闻自由"等问题，竭力对北京奥运进行抹黑。而这些西方媒体不断抛出的谩骂与抹黑，也使得一些国家的民众不看好北京奥运。因此，奥运媒体外交从一开始就担负着改变西方世界对中国歪曲看法的使命，通过媒体传播把北京奥运会打造成一次展示国家形象的契机。事实证明，中国媒体在北京奥运传播中不辱使命，当全球45亿观众通过累计5000个小时的报道和转播目睹了北京奥运会的盛况后，无不感叹中国灿烂的文化、强盛的国力、高昂的士气和平和之心。埃及《金字塔报》形容"新的中国从'鸟巢'腾飞"，北京奥运会提升了中国的地位、作用和影响力。[1] 洪都拉斯《新闻报》也刊文盛赞中国为世界人民献上了一届完美的奥运会，又一次"向世界证明了勤劳的中国人实现理想的决心和勇气"。[2] 就连 CNN 也感叹，北京奥运会开幕式给中国提供了向全世界公众展示其全球角色和国家形象的机会，并且使得"对中国的人权和新闻审查的质疑黯然失色"。[3] 美国《洛杉矶时报》则引用时任国际奥委会主席罗格的话评价北京奥运会，"此次奥运会将是中国发展的一个巨大的里程碑"。[4]

此外，奥运期间，中国政府通过新闻发布会、记者招待会等形式及时发布信息，对境外媒体在中国境内的采访实行"零拒绝"，以及对突发事件的公开透明处理，向世界展示了一个政治文明不断进步、信息公开透明的负责任大国形象。面对奥运期间发生的几起突发事件，中国主流媒体进行了及时准确的报道，牢牢掌握了引导舆论的话语权。2008 年 8 月 9 日，就在北京奥运会正式开始比赛的当天，北京鼓楼发生了一起

---

① 《这是中国的奥运，这是世界的奥运！》，《人民日报》2008 年 8 月 25 日。

② 《世界各大外媒评述北京奥运会》，人民网，2008 年 8 月 26 日，http：//media. people. com. cn/GB/40606/7730890. html。

③ "Fireworks, Spectacle open Beijing Paralympics", http:// edition. cnn. com/ 2008/ WORLD/ asiapcf /09/ 06/ paralympics. beijing. opening. ap/ index. html#, accessed on 11th, September 2012.

④ Mark Magnier and Randy Harvey, "Olympics 2008: China Steps onto World Stage", Aug. 8, 2008, *Los Angeles Times*, http:// www. azcentral. com/ news/ articles/ 2008/08/08/ 20080808olyopening0808. html, accessed on 12th, August 2012.

美国游客遇害案件。案件发生后，新华社第一时间刊发了案件的相关信息。中国媒体迅速有效的反应和对事件的客观报道，得到了国际社会的赞誉。事件发生后，法国《费加罗报》发表了题为"理解中国"的社评，称北京奥运会的政治意义在于"改变了西方人对中国的看法"。[①]北京奥运会结束后，美国参议员在国会听证会上，第一次公开使用、谈论"中国式的民主"，这在过去是没有的事情。[②]

（三）奥运媒体外交拉近了中国与世界人民的距离

奥运期间，中国媒体后方报道团队还采编报道了一系列反映中国老百姓生产生活的新闻报道，让世界了解中国人真实的生活。新华社"中国社会生活系列特写"50多篇系列报道，涵盖了饮食、购物、娱乐休闲、外汇兑换和医疗服务等中国老百姓日常生活的方方面面，给世界人民了解中国、理解中国文化开启了窗口。奥运期间，新华社奥运专版每周向用户推送21个专版，奥运专版的海外用户不断增加，其中不乏国际主流媒体，起到了传播中国文化的良好效果。来自全球204个国家的1.6万名参赛运动员，[③] 无疑成为媒体关注和采访的对象，而他们在赛场内外与中国观众、志愿者、工作人员、普通中国民众的交流与互动，更是一次次推动中国与世界"关系建立"之举。此外，还有数十万行走在北京大街小巷和全国各地各大景点的外国游客，也为中国提供了与世界各国人民直接沟通、交流的机会。据统计，奥运期间，仅北京市就接待入境游客38.2万人，故宫博物院、颐和园、八达岭长城、天坛公园参观人数一度爆棚。[④] 从入住宾馆、就餐到游览、休

① 师琰：《中国将用"软实力"影响世界》，新浪财经，2013 年 8 月 18 日，http：//finance. sina. com. cn/g/20080816/03505206082. shtml。

② 黄冲：《这样的奥运会只能出现在中国》，中青在线，2013 年 8 月 24 日，http：//zqb. cyol. com/content/2008 - 08/24/content_ 2327796. htm。

③ 何烃烃：《"奥运会是全民的外交"——本报专访北京奥组委国际联络部部长张清》，《人民日报》（海外版）2006 年 9 月 8 日，第 12 版。

④ 《北京奥运会期间北京累计接待中外游客 652 万人次》，中国网，2008 年 8 月 26 日，http：//www. china. com. cn/news/txt/2008 - 08/26/content_ 16338642. htm。

闲、购物，"外国人"一次次与"中国人"打交道，而这种面对面的交流与沟通是最有效的了解彼此的渠道。当然，更多的"外国人"在奥运期间没有机会来到中国，因此，当来到中国的"外国人"与"中国人"打交道的场景和画面，经媒体之手传递到世界各地时，也成为他们了解中国的重要渠道。媒体镜头还将奥运赛场内外热情服务的志愿者、工作人员、观众和热情好客的北京人的形象传递到世界，拉近了中国与世界人民的距离。奥地利奥新社就曾在报道中指出，中国人民"发自内心的友好"给人留下了深刻印象，北京奥运会为世界了解中国打开了一扇窗户。[①] 尤其是赛场内外的 170 万名志愿者，更是成为中国的"名片"，他们用微笑和热情周到的服务向世界传递了中国人热情、友好的形象，传递了中国与世界人民团结、友谊之情。联合国副秘书长阿齐姆·施泰纳（Achim Steiner）毫不吝啬对北京奥运会志愿者的赞美之词，"在本届奥运会上，无论谁获得的奖牌最多，有一点是毋庸置疑的，那就是志愿者们将赢得来京人士的由衷赞赏"。[②] 而时任美国总统布什也坦言，北京奥运会"为人们提供了到中国并观察中国的机会，同时也使中国人看到了世界，有机会同世界各地的人们进行交流"。[③]

北京奥运会成为中国大力践行奥运媒体外交的典范，也为我国媒体公共外交的发展提供了更大的空间。奥运媒体外交彰显了中国媒体的传播力和应对力，提升了中国国家形象，也是近年来中国最大规模的一次媒体公共外交项目。

---

① 俞玮：《北京奥运书写中国外交新篇章》，新华网，2012 年 12 月 11 日，http://news.xinhuanet.com/olympics/2008-08/11/content_9174501.htm。
② 吴庆才：《北京奥运会志愿者开中国"软外交"新局》，新华网，2013 年 8 月 10 日，http://news.xinhuanet.com/newscenter/2008-08/20/content_9530518.htm。
③ Ben Feller, "Bush says Olympics Exceeded Expectations", http://abcnews.go.com/International/wireStory? id = 5554256，accessed on 15th, October 2012.

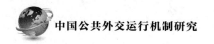

小　结

中国媒体公共外交发端于革命战争年代中国共产党的对外宣传，从一开始就具有内外并重的特征。一方面，不断建立和拓展对外传播渠道，增强外界对中国革命的了解；另一方面，注重借助外国媒体人之笔传递党的声音，展示党和军队的良好形象。新中国成立后，中国媒体公共外交秉承内外并重发展的理念，经过 70 多年的发展，中国媒体对外传播能力不断增强，基本建立起较为完善的全方位对外传播体系。同时，积极借助境外媒体传递中国声音，展示国家形象。尤其是改革开放以来，中国在与世界打交道的进程中，中国媒体公共外交发挥了传递本国信息、传播和塑造国家形象的重要作用。中国媒体公共外交的实践路径和渠道不断拓展，媒体对外传播能力、与国际媒体合作能力及危机应对能力不断增强，并逐渐形成了"走出去"和"请进来"并重的运行机制。

进入 21 世纪以来，随着信息技术的飞速发展，各种新媒体传播形式不断涌现，中国媒体公共外交面临着新的机遇与挑战。一方面，新媒体的涌现给中国媒体公共外交提供了新的渠道，但另一方面，也给中国媒体公共外交运行方式、方法带来了极大挑战。随着信息技术和电子通信技术的发展，尤其是当代网络媒体和新媒体的发展使每个人都成了被新闻包围的"信息人"，也使得每个人都可能成为"媒体人"——新媒体的发展使得更多的人能够在各种新媒体平台发表自己的观点。Facebook、Twitter、Youtube、微博等各种新媒体平台，使居住在不同国家的普通民众可以便利地发布信息、发表观点。这种媒体公共外交参与主体的多元化，不仅加大了传统媒体公共外交管控信息来源和信息质量的难度，也使得各种不确定性因素不断显现。尤其是当前在国际社会话语权"西强我弱"的情况下，当国内主流媒体与"草根"信息平台出现信息差异时，在西方媒体的"引导"下，往往形成民众对主流媒体信任度下降甚至反对的舆论。因此，加强对新媒体言论的引导和监管，消除其负面影响成为中国媒体外交的重要任务之一。另外，还要合理利用这些新媒体平台，使其成为中国媒体公共外交新的参与主体，拓展中国媒体公共外交渠道和传播的有效性。面对新媒体给传统媒体公共外交带来的机遇与挑战，实现传统媒体外交和新媒体外交的相互支撑、均衡发展也将成为未来中国媒体公共外交发展的重点和努力的方向。

第五章
中国战略沟通公共外交实践及其运行机制

　　战略沟通公共外交是中国公共外交战略的重要组成部分。战略沟通公共外交主要通过集中的信息交流以达到减少误解、创造善念和形象建构的目的。事实上，以塑造和展示良好国家形象为目标的战略沟通并非新兴事物。早在 19 世纪中叶，在工业革命中崛起的英国就曾借助"国际博览会"向世界展示了一个强大工业帝国的形象。在长达160 多天的时间里，伦敦海德公园的"玻璃宫"成为展示英国工业革命巨大成就的窗口，起到了塑造和传播英国工业帝国形象的巨大功效。此后，这种由政府开展的塑造海外交流环境的努力，逐渐为世界各国所效仿。20 世纪 90 年代以来，随着全球化和信息革命的发展，国家形象、国际声望等软实力在国际政治权力中的地位和作用不断上升。为展示和塑造本国良好的国家形象，世界各国纷纷通过形式各异的战略沟通项目与世界公众进行信息交流。"动漫外交""伟大法兰西""创意英国""世博外交"等战略沟通项目成为各国塑造或重塑国家形象的重要途径。近年来，中国也通过"文化年"、"国家年"、"世博外交"和"一带一路"国际音乐季等战略沟通项目积极与国际社会进行互动，展示了历史悠久、文明富裕、充满魅力的文化中国的形象。随着中国各种战略沟通公共外交项目的启动和运行，中国战略沟通实践不断丰富和成熟，逐渐形成了具有中国特色的公共外交战略沟通运行机制。

第一节　中国战略沟通公共外交兴起与发展

在中国公共外交实践中，相较于媒体外交和文化外交，战略沟通公共外交开展得比较晚。进入 21 世纪以来，国家形象在国家战略和国家利益中的地位不断上升，以塑造和展示国家形象为目标的战略沟通项目逐渐成为中国公共外交的重要实践形式。其中，"文化（交流）年""国家（旅游）年"等项目以及世界博览会、世界园艺博览会等大型展览活动成为中国战略沟通公共外交的主要渠道和方式。近年来，随着中国战略沟通公共外交实践的不断推进，战略沟通公共外交已经成为塑造和展示良好中国形象，增进他国公众对中国了解与认同的有效途径。

一　战略沟通公共外交的内涵

战略沟通（Strategic communication）最初是一个应用于军事领域的概念，是指"在关键的时间和地点集中公共信息部门的所有信息，以实现具体目标"。[①] 信息的"集中性"是战略沟通最重要的特征，它能有效避免杂乱的"非集中性"信息所产生的破坏作用。尤其是在危机时刻或政府和军队承受巨大政治压力、遭到舆论批评和指责时，集中发布明确信息，有助于危机公关目标的实现。美国学者汉斯·塔奇指出，公共外交是"由政府开展的塑造海外交流环境的努力"，[②] 在这一过程中，战略沟通发挥着重要的信息沟通作用。英国学者马克·伦纳德以公共外交所需时间的长短为标准，将"战略沟通"界定为公共外交的第

---

① 〔美〕马里·爱德：《论战略沟通》（上），关林译，《国外社会科学文摘》2008 年第 5 期。
② 赵可金：《美国公共外交的兴起》，《复旦学报》（社会科学版）2003 年第 3 期。

二层面，即以星期和月来计算的中期公共外交形式。马克·伦纳德将战略沟通界定为通过预定的新闻议程，有计划地增强一国核心信息和战略信息的活动。[①] 这种在一段时间内有计划实施的"信息轰炸"，往往会取得事半功倍的效果。

从信息交流的角度来看，战略沟通就是事先规划具有象征意义的活动和交流主题，并在特定的时间段内就该主题"集中展开对外宣传活动，以强化中心主题或者推行政府的特定政策"。[②] 概言之，战略沟通公共外交就是一国政府在一定的时间段内向特定的目标公众集中传递本国信息，使他国公众在强大的信息流面前对该国产生深刻的印象，从而在他国公众中塑造和展示该国特定的形象。因此，与其他公共信息形式不同，战略沟通有其显著的特性。

一是选择合适的"形象"。战略沟通是一种通过集中信息输出塑造和展示国家形象的公共外交方式。因此，首先要明确通过战略沟通项目向目标公众集中展示和塑造什么"形象"的问题。从传播学角度来看，战略沟通公共外交是一种开展国家行销、塑造良好国家形象的战略策划。因此，塑造和展示一个明晰的国家形象，既是战略沟通的目标所在，也是评估战略沟通项目能否取得成效的标准。而在开展战略沟通之前，如果没有一个明确的传播目标或者既定的传播目标之间相互矛盾，则可能导致战略沟通效果不佳甚至没有成效。例如，在 20 世纪 90 年代，为重塑不列颠的辉煌，英国议会大力推动在国际社会塑造和展示富有革新精神的现代化英国形象。而与此同时，英国旅游局不断推出有关英国传统和礼仪的宣传片向国际社会展示传统的英国形象。这种相互冲突的战略沟通，难以在国际公众中形成一个清晰的英国形象。

二是选择特定的"听众"。战略沟通公共外交是为了实现预定的战

---

① Mark Leonard, *Public Diplomacy*, London: The Foreign Policy Centre, 2002, p. 15.
② 〔美〕约瑟夫·奈:《软力量——世界政坛成功之道》，吴晓辉、钱程译，东方出版社，2005，第 119 页。

略目标而发起的信息活动，因此，在开展集中的"信息轰炸"前，要认真了解信息接收者的特点与需求，以达到既定信息有效传递的目的。尽管像大多数公共外交活动一样，战略沟通公共外交也是针对国外民众发出信息，但战略沟通更倾向于向既定的目标人群发布预定的信息。例如，21世纪初英国为重塑大国形象开展的"重塑不列颠"战略沟通项目，选择进行战略沟通国家的青年作为目标公众，吸引更多的青年人对英国的向往，以实现塑造英国开放、创新国家形象的目的。

三是选择适当的"信息"。战略沟通公共外交是为了实现塑造和展示特定形象的目的而进行的集中信息输出。因此，选择哪些能够代表特定国家形象的信息，就显得尤为重要。换言之，在确定了要展示的形象和特定的听众后，还要确定最能够代表国家形象的信息。只有把那些最能代表国家形象的信息展示给目标公众，才能使目标公众通过这些信息对该国的国家形象加以认知。

二　中国战略沟通公共外交的兴起

中国战略沟通公共外交始于20世纪90年代中国在世界各国举办的"文化周"活动。新中国成立后，中国与世界各国的文化交流活动开始逐渐展开，尤其是与苏联和东欧社会主义国家之间的文化艺术交流不断增多。然而，直到20世纪80年代中国实行改革开放以后，中国文化"走出去"的范围和力度才逐渐增大。20世纪90年代以后，随着国家形象在国际社会中作用的提升，中国也开始通过在其他国家举办大型文化艺术活动的方式集中向海外公众展示文化中国和改革开放的中国形象。其中，1995年中国在越南举办的"中国文化周"，1997年在阿尔及利亚举办的"中国文化周"，以及1999年在法国举办的"巴黎·中国文化周"都是比较有代表性的集中展示中国文化和中国形象的例子，增强了海外公众对中国形象的了解与认知。

1995年9月，在中越建交45周年之际，中国文化部与越南文化通讯部在越南联合举办"中国文化周"。在文化周期间，中国中央歌舞团派出了一支由 60 人组成的演出团队，为越南民众献上了富有中国特色的文艺演出。同时，中国水彩画展、中国电影节和中国电视周也在文化周期间展开，为越南观众提供了与中国文化近距离接触的机会。1997 年 4 月，中国驻阿尔及利亚大使馆文化处与阿尔及利亚塔曼拉塞特省文化局合作，在"阿尔及利亚之春"文化旅游节期间举办了"中国文化周"。中国文化周期间进行了大型摄影图片展、软木雕展、图书展、电影展以及两国文化艺术表演等形式多样的活动。其中，摄影图片展上展出的中国长城、秦始皇陵、故宫、莫高窟等中国文化名胜古迹、秀美风光及改革开放以来取得的巨大成就，让阿尔及利亚人民近距离感受到了中国历史悠久的文明和飞速发展的现代中国形象。同时，也让阿尔及利亚人民认识到，中国"不仅是世界文明的发祥地之一，也是当今世界经济高速发展的国家之一"。[①] 始于 1999 年的大华盛顿区侨界中国文化节每年举办一次，成为向美国民众展示悠久灿烂的中国文化的重要途径，促进了中美两国人民的相互了解与认知。

1999 年 9 月，中国国务院新闻办公室和联合国教科文组织在法国联合举办了为期 12 天的"巴黎·中国文化周"活动。文化周以"走向21 世纪的中国"为主题，以主题论坛、文化讲座、文艺表演和专题展览的形式为巴黎民众呈现了一场中华文化的盛宴与现代中国成就展。在"中国经济与社会发展"和"面向 21 世纪的中国人"两个主题论坛上，中国专家学者向法国民众介绍和展示了改革开放以来中国在经济和社会发展中取得的辉煌成果，也让法国人感受到中国人民满怀豪情奔向21 世纪的自信和精神风貌。中国教育科技成就展、中国书画精品展等大型展览集中反映了改革开放以来中国在教育、科技、文化等方面取得

---

① 孙学斌：《华夏风采传万里——中国文化周在阿尔及利亚》，《中外文化交流》1997 年第 5 期。

的巨大成就。而以中国陶瓷艺术、京剧服饰、编钟及古乐器等为主题的专题展览，介绍中国古代青铜器、古建筑和京剧艺术的专题文化讲座，以及中国民族舞蹈表演、编钟音乐会和中华服饰文化表演，则向法国观众集中展示了中华民族经久不衰的灿烂文明。"巴黎·中国文化周"是新中国成立以来中国在欧洲举办的规模最大的文化交流活动，也是在新中国成立 50 周年推出的一个集中展示中国形象的战略沟通项目。文化周活动取得了巨大的成功，正如参观此次文化周展演的法国总统希拉克所言，这些活动极大地吸引了法国人的目光，并"令他们为之倾倒"。①在文化周开幕式当天，就有来自联合国教科文组织和中法各界 1500 多人出席。文化周丰富多彩的活动更是吸引了大量法国民众的参与，先后有 10 万多名巴黎观众参观、欣赏了文化周的展览、表演等活动。此后，以"文化周""文化节"为主要形式的中国战略沟通公共外交逐渐成形，成为展示中国形象、增进世界对中国了解的重要渠道。

此外，1999 年昆明世界园艺博览会也成为一次集中展示即将迈入21 世纪的中国国家形象的国际盛会。世界园艺博览会（International Horticulture Exposition，简称世园会）是由国际园艺者协会（AIPH）批准举办的国际性园艺展会。以"人与自然——迈向 21 世纪"为主题的昆明世园会是中国举办的首届专业类国际展览，吸引了世界 69 个国家和 26 个国际组织参会。人们在昆明世园会不仅领略了"黄墙红瓦""亭台楼榭"的中国风韵，也体会到"天圆地方"的中国传统空间观念。世园会也是一次文化交流的盛会，共有 51 个国家和国际组织举办了主题馆日活动。来自中国、美国、德国、西班牙、朝鲜等 26 个国家和地区的艺术团给观众带来了各具民族特色的文艺表演，昆明世园会期间共进行了 1340 多场表演。在 184 天的会期内，共接待了海内外游客

---

① 杨学锋、牛廷涛：《多彩而无垠的文化大陆——'99 巴黎·中国文化周侧记》，《走向世界》1999 年第 6 期。

950 万人次。昆明世园会让世界公众看到了一个生机勃勃的美丽的云南，也赞叹于中国的迅速发展。此外，昆明世园会的成功举办也为中国举办综合类世界博览会积累了经验和信心。此后，中国先后在沈阳、西安、青岛、唐山、北京举办了各具特色的世园会，向国际社会展示了中国生态文明建设的成就和人与自然和谐相处的理念。

三 中国战略沟通公共外交的发展

进入 21 世纪以后，在继续通过"文化周""文化节"展示中国形象的基础上，文化年（国家年）、奥运会、世博会、世园会等逐渐成为中国战略沟通公共外交采用的主要方式，并逐渐形成了具有中国特色的战略沟通模式。

（一）文化周（文化节）传播中国文化

在新千年开启之际，"2000 中华文化美国行"于 2000 年 8 月在美国纽约联合国总部拉开序幕。在近一个月的时间内，以传播中国文化完整形象为主题的大型文化交流活动在美国掀起了一股"中国风"。活动分为文艺演出、主题讲演和展览三部分，在用音乐和舞蹈介绍中国的同时，通过主题演讲让美国人了解"中国人眼中的美国和美国人"和"面向 21 世纪的中国文化"，并在"走进中国"展厅里感受中国文化的魅力。据统计，由中国旅游风光、中国工艺美术珍品、中国服装展演三个展区组成的"走近中国"大型文化展厅，留下了近 10 本观众留言，最多的一天接待了 1.1 万多人前来参观。参观者感言"中国实在伟大，极富创造性"，参观"走近中国"展览，是"对中国文化一次最好的切身体验"。① 2001 年 9 月，以介绍中国文化艺术为主题的"中国文化节"亮相第三届"柏林亚太周"。文化节通过多种艺术形式，多角度、

---

① 《纽约通讯：万人走近中国》，中新社，2000 年 9 月 12 日，http：//news. sina. com. cn/china/2000 – 09 – 12/126228. html。

全方位地向德国人民展示了中华民族灿烂的历史与现代文化。为尽可能全面展示中华民族的多种艺术和中国人民的现代文化生活，中国派出了由500余名文化界人士组成的庞大代表团参加"中国文化节"活动。此次文化节活动也成为2001年中国在海外举行的规模最大的对外文化活动。① 中国文化节期间，还在汉堡举办了"中国当代艺术展"，这也是中国官方支持的第一个当代艺术展览，标志着中国当代艺术"走向世界"迈出了重要一步。2002年5月，"中国广东文化周"登陆波兰，由3个文艺团体和4个展览团共122人组成的代表团赴波兰西滨海省进行文化交流活动。2002年10月，埃及"中国文化周"在开罗国家歌剧院拉开序幕，来自中央民族乐团、中国杂技团、中国京剧院的120位艺术家在开罗和亚历山大进行演出。文化周期间还举行了中埃两国学者学术研讨会和"中国造型艺术展"，增进了埃及民众对中国的了解和认知。此外，从2001年开始，由中国国务院新闻办公室、西藏自治区人民政府与中国驻外大使馆联合举办的以西藏为主题的大型综合性文化活动——"中国西藏文化周"已先后在澳大利亚、新西兰、加拿大、比利时、泰国、意大利、丹麦、奥地利、俄罗斯、西班牙、波兰、德国等国家举行，成为西方国家了解"雪域高原"文化和西藏发展的重要窗口。近年来，中国还在法国、意大利、土耳其、澳大利亚等几十个国家举办了近200个不同规模的中国文化节、艺术节，成为展示中国形象，增进世界与中国了解的重要渠道。

（二）文化年（国家年）开启中外交流新篇章

面对中国和平崛起的步伐不断加快，国际社会既有欢迎的声音，也有质疑的声音。尤其是在一些西方媒体的歪曲宣扬下，"中国威胁论"时不时沉渣泛起。面对国际社会对中国认知的错位及歪曲，

---

① 《中国将在"柏林亚太周"唱主角》，中国网，2001年9月15日，http：//www.china.com.cn/chinese/kuaixun/59088.htm。

迈进 21 世纪大门的中国亟须让国际社会了解中国的真实信息，对中国形象作出正确的认知。中国文化年（国家年）项目就是 21 世纪中国为增进国际社会对中国形象的正确认知而选择的战略沟通渠道。文化年（国家年）战略沟通活动始于 2003 年中法互办文化年项目。

中国选择法国作为中国文化年项目的初始实施国，有着多方面的考量。中法两国都是文化大国，中法文化交流源远流长。早在 18 世纪，法国就曾经出现学习中国儒家文化的热潮，并引领欧洲"中国热"。20 世纪初的巴黎曾被誉为"西方汉学之都"，法兰西学院也设有汉语教学科目。新中国成立后，中法民间文化交流活动为中法正式建立外交关系奠定了民意和社会基础。1957 年中法合作拍摄的儿童故事片《风筝》，成为新中国与西方国家合作拍摄的第一部影片，在中法民众中引起了广泛反响。中法建交后，中法文化交流项目不断增多，成为增进中法人民相互了解和友谊的重要途径。尤其是"巴黎·中国文化周"的成功举办，开启了中法人文交流的新途径。受文化周的启发，2000 年冬季到 2001 年春季，中国又在法国举办了"中法文化季"，并取得了良好的效果。基于中法人文交流悠久的历史及中法文化交流的成功经验，2000 年中法两国领导人达成共识，决定互办文化年。2001 年 4 月，李岚清副总理访问法国期间与法国外交部长韦德里纳签署了关于中法互办文化年的《会谈纪要》。双方商定，从 2003 年 10 月开始 2 年内分别在法国和中国互办文化年。

2003 年 10 月，中国文化年在法国巴黎拉开序幕。文化年以"古老、多彩和现代的中国"为主题，在历时近一年的时间内在法国各地成功举办了 300 多场活动。中国文化年活动不仅包括艺术、文学、教育等文化交流项目，也涵盖中国政治、经济、科技等领域，是一个让法国民众全方位了解中国的战略沟通项目。中国文化年活动几乎遍及法国各地，共有 100 多万人参观了各项展览，观看各类演出的人数也超过 100 万。① 中国文化年在法国刮起的"中国风",让埃菲尔铁塔披上了"中国红",让香榭丽舍大道涌入数十万观看中国彩装表演的观众,"我要去中国"更是成为众多法国民众的心愿。②

继中国文化年在法国成功举办之后,中国又先后在英国、印度、俄罗斯、意大利、拉丁美洲等国家和地区举办形式各异的"文化年""中国年""文化交流年""语言年""国家旅游年"等战略沟通活动。2003 年10 月,中国在法国举办文化年的同时,也在英国举办了一场历时 1 年的"中国文化年"活动。活动涵盖中国电影节、芭蕾舞剧和京剧团巡演、中国当代版画展及大型丝绸之路展等各项大型展演,为英国公众了解文化中国提供了机会。2005 年 10 月,"中国文化节"在美国华盛顿启动。这场由近千名演职人员参与的文化交流活动,吸引了数万名美国观众现场观看演出,超过百万的美国人通过各种方式参与交流互动。2006 年 1 月,以"梵典与华章"为主题的"中印友好年"开启,活动包括中国京剧团赴印度参加印度国家戏剧节、在印度举办"中国电影节"、翻译文学名著等丰富的文化交流内容。2007 年,中国成功在俄罗斯举办了"中国年",还与日本合作举办"体育文化交流年"、与韩国合作举办"中韩文化交流年"、与希腊合作举办"中国希腊文化年"。2008 年,以"时代中国"为主题的中国文化节让英国人再次感受到中国的飞速发展。2010 年 10 月,在中意建交 40 周年之际,意大利"中国文化年"在罗马拉开帷幕,在一年多的时间里开展了近 200 项交流活动,活动遍及意大利 12 个大区的22 个城市。文化年活动极大地激发了意大利民众了解中国和中国文化的热情,为中意双边关系持续深入发展提供了良好的基础和动力。③

①　《中国同法国的关系》,外交部,2020 年 1 月 20 日,https://www.fmprc.gov.cn/web/gjhdq_676201/gj_676203/oz_678770/1206_679134/sbgx_679138/。

②　李杰:《软实力建设与中国的和平发展》,《国际问题研究》2007 年第 1 期。

③　《意大利中国文化年体现文化交融》,中国新闻网,2012 年 1 月 16 日,http://www.chinanews.com/hr/2012/01-16/3607774.shtml。

2016 年，中国与拉丁美洲和加勒比国家共同举办的"中拉文化交流年"，是新中国成立以来中国同拉美地区联合举办的最大规模的年度文化盛会，也是中国文化年（国家年）战略沟通项目在中外数个国家同时举办活动的新尝试。"中拉文化交流年"历时近 1 年，跨越近 30 个拉美和加勒比国家，活动涉及墨西哥、阿根廷、巴西、古巴、智利、哥斯达黎加、哥伦比亚、秘鲁、厄瓜多尔等拉美国家（包括部分未建交国）。其中，"中国文化拉美行"活动贯穿"中拉文化交流年"全过程，来自中国歌剧舞剧院、国家京剧院、青岛交响乐团等知名艺术院团的艺术家，在拉美及加勒比地区近 30 个国家进行演出。同时，中国文化部还与国家文物局等单位合作在拉美各国举办了中国故宫文物展、秦兵马俑展、中国陶瓷艺术展等各种大型展览活动。文化年期间由钢琴家郎朗担任形象大使的"中华文化讲堂"也在拉美各国开讲，为喜爱钢琴和中国传统文化的拉美青少年传艺授课。此外，思想文化领域交流也成为此次"中拉文化交流年"的重要内容之一，中拉青年论坛、讲座、翻译竞赛等活动吸引了中拉各国青年、学者的积极参与。"中拉文化交流年"为拉美各国民众了解中国文化提供了平台，对于推动中拉文明交流互鉴，增进中拉民众间的相互理解和友谊起到了积极的促进作用。中国文化年在让世界感受中国文化魅力的同时，文化年（国家年）也成为中国战略沟通公共外交的有效载体，发挥着在国际社会展示和塑造传统与现代相融合的中国国家形象的作用。

（三）借国际盛会展示中国新形象

进入 21 世纪以来，随着综合实力的增强，中国积极通过举办奥运会、世博会和世园会等国际性盛会与世界进行交流，向世界展示开放、文明、创新的国家形象。

奥林匹克运动会不仅是世界体育竞赛的盛会，也是全球文化交流的平台。奥运会不仅给世界各国的运动员提供了同台竞技的机会，也把"不同国度、不同民族、不同文化的人们聚集在一起，增进了世界各国人民的相互了解和友谊"。① 2008 年北京奥运会给中国提供了与世界交流的机会，也为中国提供了一次集中展示国家形象的机会。奥运期间，来自全球 204 个国家和地区的 1.6 万名运动员同台竞技，相互切磋。来自世界各国的数万名记者和 40 多万各国游客，与中国民众面对面交流与沟通。"相约北京——2008 奥运文化活动"更是为各国观众献上了一次超大规模的文化艺术盛宴，来自 80 多个国家和地区的上万名艺术家献上了 200 多台剧目、上千场演出，300 多万人次的中外观众观看了演出。② CNN 在其报道中指出，北京奥运会给中国提供了一个向世界展示其文化的机会，也给中国"提供了一次在国际舞台上展示国家形象的机会"。③ 2010 年上海世博会是中国继北京奥运会之后又一次成功的战略沟通公共外交举措。有着"经济、科技、文化领域内的奥林匹克盛会"之称的世博会，无疑为主办国提供了向世界集中展示国家形象的舞台。上海世博会在 184 天的时间内共吸引了全球 190 个国家和 56 个国际组织以及中外企业参展，并接待了海内外游客 7308 万人次。④ 上海世博会是一次中国与世界跨文化交流的盛会，进一步深化了世界民众对中国的了解与认知。上海世博会展现了中国丰富的历史文化，吸引了全世界的人参观访问，"他们不但能目睹现在中国的面貌，还能通过世博会，想象到未来中国的发展前景"。⑤

此后，中国还相继举办了首届中国国际进口博览会、北京世园会等

---

① 胡锦涛：《弘扬奥林匹克精神，共创世界美好未来》，《人民日报》2008 年 8 月 9 日。

② 李红艳：《回眸 2008 奥运文化活动，300 万观众共享艺术盛宴》，《北京日报》2008 年 9 月 16 日。

③ "Fireworks, Spectacle open Beijing Paralympics", September 6, 2008, http://edition. cnn. com/2008/WORLD/asiapcf/09/06/paralympics. beijing. opening. ap/index. html#.

④ 《上海世博会圆满闭幕　184 天共接待 7308 万参观者》，中国网，2010 年 11 月 1 日，http://www. china. com. cn/travel/txt/2010 – 11/01/content_ 21241045. htm。

⑤ 《通过世博会预测中国未来——访英国 48 家集团俱乐部主席斯蒂芬·佩里》，载上海市政府新闻办公室编《大海的激荡，人类的追求——世界百位名人谈上海世博》，上海译文出版社，2010，第 286 页。

国际性展览会，借助这些具有影响力的国际性活动集中展示中国形象。其中，2019 年北京世园会是继昆明世园会举办 10 年后，在中国举办的一次最大规模的世园会。以"绿色生活，美丽家园"为主题的北京世园会吸引了全球 110 个国家和国际组织参展。在半年的时间里，共举办了 100 多场国家日和荣誉日活动，以及 3000 多场民族民间文化活动，吸引了国内外近千万人次参观。① 北京世园会是一场文明互鉴的绿色盛会，促进了各国文明交流、民心相通和绿色合作。北京世园会也是一场创新荟萃的科技盛会和走进自然的体验盛会，中外访客在世园会充分感受到中国的生态文明建设成就和美丽中国形象。

第二节 中国战略沟通公共外交运行机制建构

随着国家形象、国际威望在国际政治权力中作用的上升，战略沟通公共外交逐渐成为国际政治行为体在国际社会展示形象、塑造威望的重要工具和载体。相较其他公共外交形式，中国战略沟通公共外交兴起的时间比较晚，直到 20 世纪 90 年代以后才逐渐被纳入中国公共外交战略。在近 30 年的实践中，中国战略沟通公共外交逐渐形成了独特的实践路径和运行模式，成为和平发展的中国展示国家形象、塑造国际威望的重要载体。

一 中国战略沟通公共外交的目标与功能

从本质上来讲，公共外交是一种通过思想的交流与观念的碰撞增进相互理解与认知的外交形式。通过集中的信息和观念的跨国流通，"告知、接触并影响"外国公众，是公共外交的核心所在。② 因此，公共外

---

① 《2019 年中国北京世界园艺博览会圆满闭幕 李克强出席闭幕式》，中国政府网，2019 年 10 月 9 日，http://www.gov.cn/premier/2019 - 10/09/content_ 5437691.htm。

② Kenneth W. Thompson, ed., *Rhetoric and Public Diplomacy：The Stanton Report Revisited*, Lanham, Md：University Press of America, 1987, p. 97.

交本身就是一种带有战略目标的外交策略与方式，是一种为促进彼此理解与交流而开展的"塑造良好国家形象的战略策划"。① 这种战略策划或战略传播是以塑造和展示良好国家形象为目标，协调与整合多层次、多元化机制，以特殊受众为目标进行的具有高度战略策划性的聚焦性传播。②

中国战略沟通公共外交兴起有着特定的国际时代背景，因此在公共外交目标和功能上也具有独有的特征。20 世纪 90 年代以后，中国经过20 多年改革开放的发展，逐渐成为一个东亚强国。一些西方国家视中国的发展为威胁，在国际社会大肆宣扬"中国威胁论""中国崩溃论"，而国际社会在西方媒体有意的歪曲报道引导下，也出现了对中国的误读、误判，从而严重影响中国进一步融入国际社会的步伐。因此，中国战略沟通公共外交在目标与功能的定位上，针对不同的目标受众具有不同的战略目标和任务：一是解释性目标与功能，向国际社会集中传播中国的相关信息，消除国际社会对中国的误读和误判；二是展示和塑造性目标与功能，通过主题性战略沟通项目积极向世界展示改革开放的中国形象，在国际社会塑造和重塑中国国家形象。

（一）消除国际社会对中国形象的错误认知

西方社会关于"中国威胁论"的论调由来已久，早在 19 世纪中期到 20 世纪末期，欧洲人就开始炮制最早的"中国威胁论"。③ "中国威胁论"是西方文化帝国主义和殖民主义的产物，19 世纪末美国之所以出台了臭名昭著的《排华法案》，就是因为当时很多美国人认为华人劳工的到来"威胁"到美国的主流文化。新中国成立后，以美国为首的

① 赵可金：《公共外交的理论与实践》，上海辞书出版社，2007，第 15 页。
② 于朝晖：《整合公共外交——国家形象建构的战略沟通新视角》，《国际观察》2008 年第 1 期。
③ 张家栋：《中国威胁论，为何"过气"了》，搜狐网，文章来源：海外网－中国论坛网，2018 年 4 月 25 日，https://www.sohu.com/a/229478901_115376。

西方国家在对社会主义中国进行封锁和遏制的同时，在国际社会对中国进行妖魔化宣传，将"红色中国"视为西方世界的"威胁"。冷战结束后，随着"苏联威胁"的消失，西方社会开始将逐渐强大起来的中国视为新的"威胁"，美国、日本等国的一些政客和学者开始从意识形态、社会制度以及文明冲突的角度宣扬"中国威胁论"。1990 年 8 月，日本《诸君》杂志刊发了日本防卫大学副教授村井龙秀的《论中国这个潜在的"威胁"》一文，从国力角度把中国视为一个潜在的威胁。1992 年，美国传统基金会刊物《亚洲研究》（1992 年秋季号）刊发了费城外交政策研究所亚洲项目主任罗斯·芒罗的《正在觉醒的巨龙：亚洲真正的威胁来自中国》一文，大肆渲染中美军事冲突不可避免。此后，哈佛大学教授亨廷顿在美国《外交》杂志发表了《文明的冲突》一文，将儒教文明视为西方文明的天敌。此后，在西方媒体的推动下，"中国威胁论"开始在国际社会泛滥，严重扭曲了中国在国际社会的形象，造成了国际社会对中国的误解与误判。为了消除国际社会对中国形象的错误认知，从 20 世纪 90 年代中期起，中国开始借助战略沟通项目与世界开展沟通与交流，向国际社会展示中国和平发展的国家形象。

中国战略沟通项目早期主要以在他国举办"中国文化周"的方式进行，并逐渐扩展为各具特色的"中国文化年（国家年）"项目。"文化周""文化年"是国家根据对外关系的整体工作格局与部署，在双边国家约定的特定时间和特定区域内，以文化为载体，以人们喜闻乐见、易于接受的丰富的文化表现形式为手段来开展的国家公关活动。[①] 在一段时间内（数周、数月或一年），在他国集中举办"中国文化周""中国文化年""中国国家年"，可以推动中国文化积极走出国门，走近他国公众，让国际公众在亲身感受、体验丰富多彩、博大精深的中国文化

---

① 李志斐、于海峰：《试论"中国文化年"现象》，《理论界》2007 年第 2 期。

的过程中了解中国、理解中国，消除对中国的误读和错误认知。艺术没有国界，文明因交流而多彩。通过文化周、文化年等战略沟通公共外交项目，数以万计的海外公众在中国京剧脸谱、传统戏曲中感受中国文化的深厚底蕴，在"秦兵马俑""越王剑""战国编钟"中体会中华文明的博大精深，在中国改革开放成就展、现代艺术作品展和现代服饰展中认识现代的中国社会与中国文化。桃李不言，下自成蹊，通过中国文化周、文化年等战略沟通"信息"的集中传递，海外公众对中国的了解不断加深，误读、误判等错误认知带来的消极认同不断降低。换言之，文化周、文化年等战略沟通项目不仅可以让外国公众感受、了解真实的中国，而且有助于改变西方公众对中国的刻板印象，从而使中国在西方社会不是作为"异域"的"他者"而受到排斥，而是在彼此"认同的空间"内享受平等对话与交流。①

（二）展示和塑造中国在国际社会的真实形象

进入 21 世纪以来，随着中国综合国力的增强和在国际事务中作用的上升，中国越来越多地受到国际社会的关注。中国一方面通过文化周、文化年、国家年项目积极推动中国文化"走出去"，在与他国公众的"面对面"交流中增强国际社会对中国的了解，消除国际社会对中国的误读和误判。另一方面，通过举办奥运会、世博会和世园会等历史悠久、影响力广泛的国际盛会，把他国公众积极"请进来"，向世界展示一个真实的中国，展示和塑造中国在国际社会的整体形象。奥运会、世博会和世园会等国际盛会为中国在长达半年至一年的时间内集中向世界展示中国政治、经济、文化、科技提供了重要平台，是 21 世纪中国全面展示和塑造国家形象的有效战略沟通方式。

一个国家所展现出来的经济实力、政府管理能力、经济社会运行秩

---

① 方明、蔡月亮：《政府国际公关：国家与传播国家形象塑造的新视野——兼论中国国家形象塑造》，《东南传播》2007 年第 1 期。

序、教育水平、科技水平以及民族文化、国民素质等具体的形象与国家整体形象息息相关。他国对一国国家整体形象的认知会投射到这些具体的形象上。反过来，这些具体领域的形象也在同步展示和塑造着国家整体形象，如果一国在这些具体领域表现优异，那么该国在国际社会就具有良好的国家形象。在全球化时代，他国公众对一国国家形象的认知在很大程度上是通过直接接触、体验而获得的。因此，通过举办具有影响力的国际盛会，从而吸引更多的外国投资者和游客到中国亲身感受中国的政治、经济、社会和文明程度，是形成对中国正向认同，塑造良好国家形象的重要渠道。进入 21 世纪以来，中国通过成功举办北京奥运会、上海世博会、中国国际进口博览会、北京世园会等大型战略沟通公共外交项目，全面展示了中国进步、开放、友好、和平的国家形象。同时，中国也在一次次世界级的文化大交汇和文明大交流中拉近了与世界的距离。

二　中国战略沟通公共外交运作方式

20 世纪 90 年代以来，战略沟通公共外交逐渐成为中国公共外交的重要组成部分，为消除国际社会对中国的误读、展示和塑造国家形象发挥了重要作用。国家形象是他国公众对一国的整体认知，这种整体认知来源于对该国政治、经济、文化、社会等各个层面的认知与评价，是一种理性认识与感性评价的统一，因此，国家形象是随着国家的发展而不断改变的，而且在很大程度上也是可以被"塑造"或"重塑"的。不过，由于受文化刻板印象的定型化影响，一国在他国国家形象的改变往往比较困难，且存在滞后性。因此，国家形象不仅需要塑造，而且需要通过媒介进行展示和传播。战略沟通公共外交运作的逻辑是：一国政府通过精心策划的一系列战略沟通项目向他国受众集中传递关于本国的信息，使他国受众在接收信息的过程中形成或改变关于该国形象的认知，从而实现展示和塑造本国良好国家形象的目标。简言之，战略沟通公共

外交采用的是"政府—战略沟通项目—他国公众—他国政府"的运作
方式。（见图 5 - 1）

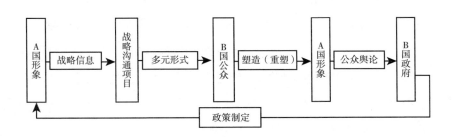

图 5 - 1　战略沟通公共外交运作方式

　　一国在他国及国际社会形象的形成和塑造是通过信息的传播来完成
的。在信息传播过程中，本国自我认知与他国对该国的认知相互博弈，
最终形成一个国家在他国及国际社会的国家形象。① 因此，通过信息传
播将本国自我认知传递给他国公众，是在他国展示和塑造国家形象的
基本路径。战略沟通公共外交就是通过精心策划的一系列活动，在一
定时间内将本国自我认知集中传递给他国受众，使他国受众形成或增
强对该国的认知，从而在他国社会展示和塑造良好的国家形象。向他
国公众集中展示该国良好国家形象的活动，通常需要几周、几个月甚
至一年的时间，以达到良好的展示和塑造形象的目标。简言之，战略
沟通公共外交就是一国通过主题明确、持续的战略沟通项目，将一国
特定的信息以立体多元的形式传递给他国受众，从而达到战略沟通的
效果。②

　　战略沟通公共外交从其本质上来讲是一种信息活动，既具有公共信

---

① 方明、蔡月亮：《政府国际公关：国家与传播国家形象塑造的新视野——兼论中国国家形
　象塑造》，《东南传播》2007 年第 1 期。
② 于朝晖：《整合公共外交——国家形象建构的战略沟通新视角》，《国际观察》2008 年
　第 1 期。

息的一般特征，更有自己独特的特性。战略沟通公共外交运行成功的关键在于选择能够反映一国"国家形象"的"战略信息"进行传递，而且要采用适合"特定受众"的多元化传递方式以确保"信息传递"的有效性。在战略信息的选择上尤其应当注意贴近他国受众的兴趣和需求结构，因为任何传播内容如果忽视受众的差异性和选择性，就有可能产生与传播既定目标相背离的效果。① 因此，不论"创意英国""创新瑞典"战略沟通项目，还是"中国文化年"项目，凡是成功的战略沟通项目都抓住了战略沟通公共外交的关键要素。

1999 年世纪之交中国在巴黎举办了"巴黎·中国文化周"战略沟通公共外交活动，活动的成功也得益于准确把握了战略沟通的三个核心要素。一是选择了能够反映即将迈入 21 世纪的中国具体"国家形象"进行传播。此次文化周是在中国改革开放 20 年之际向世界展示富有活力的中国形象的机会。因此，此次文化周集中展示从传统中复兴、经济社会高速发展的现代中国形象。正如联合国教科文组织助理总干事雅尼科在评价文化周活动时所言，"从现在起，中国已成为世界瞩目的中心"。② 二是准确选择"特定听众"。巴黎是世界著名的文化之都，每年在这里都会举办形式多样的文化活动，来自世界各地的民众徜徉在巴黎的大街小巷。因此，选择在巴黎举办此次文化周，从文化传播角度来看，无疑可以获得更大的影响力和辐射力。三是选择了恰当的反映国家形象的"战略信息"。此次文化周在活动内容和形式的选择上准确恰当，活动既包括中国传统文化的展示，又包括中国现代艺术的展演；既采用图片展与实物展相结合的形式，又有各类现场文艺表演和讲座，符合法国观众的欣赏习惯和接受心理。四是对活动时机的把握，

---

① 方明、蔡月亮：《政府国际公关：国家与传播国家形象塑造的新视野——兼论中国国家形象塑造》，《东南传播》2007 年第 1 期。

② 杨学锋、牛廷涛：《多彩而无垠的文化大陆——'99 巴黎·中国文化周侧记》，《走向世界》1999 年第 6 期。

也是此次文化周成功的重要因素。这场世纪之交的中国文化"巴黎行",也是新中国成立 50 周年之际中国文化走出国门的一次文化盛宴,必然会成为人们关注的热点。法国《费加罗报》在报道此次文化周活动时指出,"在 2000 年即将来临之际,中国人民希望与其他国家和人民进行交流与合作,而这一活动是接触这个多彩而无垠的文化大陆的绝好形式"。①

三 中国文化年战略沟通公共外交的运行机制

战略沟通公共外交是一种类似于国际公关的集中"信息轰炸"活动,其实施路径是多种多样的,具体的运行模式也各有特色。中国战略沟通公共外交是在学习和借鉴西方发达国家战略信息传播基础上,结合本国公共外交资源在开展战略沟通活动的进程中不断发展和完善的,其中最具有代表性的是文化年(国家年)战略沟通项目,在实践中形成了具有中国特色的战略沟通运行机制。文化年(国家年)作为中国战略沟通公共外交的主要实践形式,是一种将中国深厚的文化资源与公共外交的战略沟通相结合的公共外交形式。中国文化年战略沟通项目起始于 20 世纪 90 年代中国在海外举办的"文化周""文化月"活动,此后的中法互办文化年活动成为中外文化交流的典范,后又衍生出"国家年""语言年""旅游年"等各种形式。进入 21 世纪以来,中国已经在法国、英国、德国、意大利、俄罗斯等主要欧洲国家,土耳其、卡塔尔等亚洲国家,埃及、赞比亚等非洲国家以及拉丁美洲和加勒比地区、太平洋岛国成功举办文化年(国家年)活动。文化年成为增强海外公众了解中国、消除西方社会对中国误读与误判、塑造与展示良好国家形象的重要载体。

---

① 杨学锋、牛廷涛:《多彩而无垠的文化大陆——'99 巴黎·中国文化周侧记》,《走向世界》1999 年第 6 期。

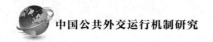

（一）文化年战略沟通项目筹划

中国文化年战略沟通项目的筹划具有战略性。中国文化年项目大多是在中国政府统一领导、策划下发起的，具有决策层次高、海外影响大的特点。[①] 无论中法文化年、中德文化年、中意文化年，还是中俄国家年、中韩旅游年，都是在两国高层协商下举办的，尤其是中国文化年，从项目的发起、策划到战略信息的选择都是在中国政府的统一领导下完成的，具有战略性与前瞻性的特点。21 世纪之交，中法两国在政治、经济交往中的共同利益不断增多，为促进两国关系更紧密的发展，两国最高领导人在互访之际初步商定在对方国家举办文化年战略沟通活动。2001 年 4 月，两国正式签署互办文化年的《会谈纪要》，并商定了互办文化年的时间。为保障文化年项目的顺利实施，2001 年 6 月，两国还协商共同组建了中法文化年"混合委员会"。委员会成立后，先后举行5 次会议商讨文化年举办事宜。中国文化年筹划工作由中国文化部和中外交流协会共同组织，策划了 700 多个项目，从 2003 年 10 月到2004 年 7 月在法国全境集中展示"古老的中国""多彩的中国""现代的中国"形象。[②] 同样，"中俄国家年"也是在两国高层的推动下发起的。2005 年 7 月，时任中国国家主席胡锦涛与俄罗斯总统普京共同宣布中俄两国于 2006 ~ 2007 年两年时间里互办国家年。而 2012 年德国"中国文化年"由时任中国国家主席胡锦涛与时任德国总统克里斯蒂安·伍尔夫共同担任监护人。2016 年 6 月，中国国务院总理李克强与德国总理默克尔在北京共同发表《联合声明》，宣布两国于 2017 年举办文化年活动。

同时，为扩大文化年的影响力，"中国文化年"项目在时间的选取上往往都是选择双边关系的重要节点。如选择两国建交 30 周年、40 周

---

① 李德芳：《全球化时代的公共外交》，中国社会科学出版社，2014，第 154 页。

② 宋冰：《中国文化年：让世界感受中国魅力》，新华网，2007 年 11 月 23 日，http：//news. xinhuanet. com/world/2007 – 11/23/content_ 7129627. htm。

年之际举办文化年活动，文化年与两国友好交往的历史与建交庆祝活动相结合，有利于增强中国文化年的影响力。如中法互办文化年战略沟通项目（2003 年 10 月至 2005 年 7 月）就是在中法建交 40 周年（2004 年）前后举行的盛大人文交流活动。2010 年 10 月 7 日，在中意建交 40 周年之际，意大利"中国文化年"在罗马拉开序幕。"近观中国"——2012 德国"中国文化年"（2012 年 1 月至 2013 年 1 月）也是选择在中德建交（1972 年中国与联邦德国正式建立外交关系）40 周年之际在德国柏林举办的为期 1 年的战略沟通活动。

（二）文化年战略沟通实施主体选择

"中国文化年"项目实施主体具有多元化的特征。"中国文化年"项目的实施既有政府文化部门、外交部门、地方政府机构的参与，也有大量的艺术团体、社会组织的参与。尤其是 2003 年 12 月我国提出文化"走出去"战略之后，对外文化交流的"政府主导、企业主体、市场运作、社会参与"格局逐渐形成，"中国文化年"战略沟通项目的实施主体和参与主体也日渐多元化。同时，"中国文化年"还非常注重与文化年活动受众所在国有影响力的文化艺术机构合作举办活动，借助这些机构专业的运作模式和丰富的运作经验以确保中国文化年活动取得更好的效果。

2003～2004 年在法国举办的"中国文化年"，中国文化部和中外交流协会担纲筹备，实施"主角"不仅包括大批国家级演出团体，也包括来自国内各省市艺术团体、艺术家和各种艺术组织。文化年期间，中国国家级演出团体强大的演出阵容和精妙的演出令法国观众叹为观止，而各具特色的地方艺术团体更是给法国观众带来了崭新的观感。在中法文化年期间，"北京文化周"登陆巴黎，在近一个月的时间里，来自北京市的近 800 名艺术家、市民与旅居巴黎的近 8000 名华侨华人共同参加了各类演出。当"北京风情舞动巴黎"盛装游行在巴黎著名的香榭丽舍大道行进表演时，更是吸引了 86 万巴黎市民及英国、德国、意大利和西班牙等各国游客驻足观看，一时间各式各样的中国结成为最时髦的饰品，"香榭丽舍大道和埃菲尔铁塔都变成了中国的颜色"。① 武汉市携涵盖武汉江城胜景、楚风汉韵、历史遗迹和百姓家居的 200 多幅照片，以"武汉城市风貌摄影展"的形式呈现给法国波尔多观众，"武汉·中国园"也在波尔多国际植物园拉开帷幕。而在波尔多市中心的"中国文化年圣诞集市"上，9 位来自武汉的工艺美术家和烹饪大师各展身手，为当地民众表演了内画壶、布艺软雕、塑面人、毛线织画、三峡石画和风味美食等绝活儿。在里昂市政厅，由中国茶文化协会和法国里昂市政府共同举办的"中国茶文化节"上，来自南昌女子职业学校的姑娘们展示了中国传统的茶艺技术。精湛的茶艺表演不仅吸引了大量里昂居民的目光，一些比利时人、瑞士人也特意驱车赶来观看。而在法国东部城市蒙贝利亚尔市，中国画家孙晓材应邀参加第十届秋季沙龙画展，孙晓材的《来自东方的绘画——吾民大象》系列画作，让法国观众在普通人的欢乐中感受人类共同的情感。"人类需要沟通，而艺术是无形的精神桥梁"。正如蒙贝利亚尔市雅克·贝尔纳丹市长在画展开幕仪式上所说，"艺术是一种不受时间和语言限制的交流形式"，孙晓材的画作跨越万里向法国人民讲述了"他的国家、人民的生活和理想"。②

（三）文化年战略沟通信息选择及项目实施

一国在国际社会国家形象的形成是海外认识主体在对该国历史与现实认知的基础上，概括、抽象出有关该国认知的若干核心领域（如经济实力、政府管理、文化教育等），并对这个国家的这些领域的可接纳程度做出相对稳定评判，而后将这样的评判与"国家"这一标识连接

---

① 《北京风情舞动巴黎 中法文化年北京文化周纪实》，人民网，2004 年 2 月 5 日，http：//www. people. com. cn/GB/wenhua/27296/2322194. html。

② 高津英：《"中国文化年"在法国播撒中国文化和友谊的种子》，新华网，2003 年 12 月11 日，http：//news. sohu. com/2003/12/11/76/news216757615. shtml。

起来，这样的评判及其与国家标识的连接就是国家形象。因此，从传播学的角度来看，如何让海外公众获取关于该国的核心领域的认知，了解该国历史与现实，是海外公众概括、抽象出该国国家形象的前提。简言之，战略信息的选择和实施是战略沟通的关键所在，也是战略沟通公共外交目标达成的重要保障。在外交实践中，中国文化年在战略信息的选择和实施中表现出项目涵盖领域广泛、实施领域覆盖面广的特点，从而保障了文化年活动的成效与影响力。

2003 年法国"中国文化年"是中国在海外举办的首次文化年活动，因此在战略信息的选择上尤其注重覆盖面的广泛性，内容涵盖中国政治、经济、文学、艺术、教育、科技等诸多领域。通过这些具体领域的成果展示将一个传统与现代相结合的中国呈现给海外公众，在国际社会展示和塑造一个全新的中国形象。在近一年的时间里，"中国文化年"在法国推出了 700 项交流项目。这些项目涉及的领域不仅包括展现中国传统文化魅力的孔子文化展、"三星堆"文物展和康熙时期艺术展，也包括 21 世纪中国高等教育展、中国科技成果展、中国电影回顾展、中国旅游展等涉及现代中国教育、科技、广电、旅游等诸多领域的成就。此外，中国妇女文化周、中国时装设计展示会、中国武术展演、中国杂技表演等项目也让法国公众对中国有了更为全面的了解。在实施范围上，文化年从首都巴黎辐射法国全境，并通过中法友好城市等渠道深入法国各地。北京、上海、重庆、广州、深圳和武汉分别在其法国友好城市巴黎、马赛、图卢兹、里昂、维埃纳和波尔多举办文化周活动，将中国文化和友谊的种子播撒到法兰西大地。在法国举办的首次"中国文化年"活动取得了良好的效果，法国民众和社会各界对中国和中国文化表现出极大的热情，众多法国城市也积极参与中国文化年活动，在法国掀起一股"中国热潮"。

法国"中国文化年"活动的成功实践，为此后中国在海外文化年活动的举办提供了可资借鉴的经验与模式。此后，2006～2007 年历时

2 年的中俄互办"国家年"活动共举办了 500 多项活动，涵盖政治、经济、文化、军事、教育、科技、卫生等诸多领域。中俄"国家年"不仅内容丰富，形式多样，而且表现出民众广泛参与的特点。"俄罗斯年"在中国举办期间，俄罗斯 7 个联邦区的领导、65 个州长来华访问，数万俄罗斯人来华，而中方直接参加"俄罗斯年"活动的人数更是达到 50 万人之多。由中国科技部等 6 家部委、北京市等 8 个省市和 186 家国有知名品牌企业共同举办的大型"中国国家展"，通过实物、图片、模型、电子屏幕展示等手段，向俄罗斯民众集中展示了中国改革开放以来的成就以及中国企业的科技水平和竞争力。在短短 4 天时间内，共有 8.61 万人次参观了"中国国家展"。① 中俄两国人民在共同参与国家年活动中增进了相互了解和友谊。在国家年活动期间，中国熊猫和俄罗斯棕熊的卡通形象深入人心，伴随着中俄双方在对方国家200 多项活动的开展，"中国热"和"俄罗斯热"在两国民众中持续高涨，两国民众对对方国家历史、文化和发展成就的了解和认知达到前所未有的高度，相互兴趣和好感明显增加。而 2010 年意大利"中国文化年"也举办了 200 多项交流活动，范围遍及意大利 12 个大区22 个城市，活动内容涵盖文化、艺术、经贸、科技、教育、环保等多个领域。文化年期间，"魅力北京文化周""河南文化周""西藏文化周""安徽周"纷纷登场，一场场涵盖政治、经贸、文化、教育等各个领域的文化盛宴，从不同角度向意大利公众展示了中国古代文明与现代文明，增进了意大利民众了解中国文化的热情。② 2012 年德国"中国文化年"共举办了 500 多场活动，范围遍及德国 40 多个城市，活动形式涵盖音乐、戏曲、舞蹈、展览、对话、电影等多个领域。2016 年

---

① 《中国国家展在莫斯科落下帷幕》，人民网，2007 年 3 月 30 日，http：//world. people. com. cn/GB/1029/42356/5542851. html。

② 《意大利中国文化年体现文化交融》，中国新闻网，2012 年 1 月 16 日，http：//www. china news. com/hr/2012/01－16/3607774. shtml。

"中拉文化交流年"活动更是遍及中国与拉丁美洲和加勒比地区的 30 个国家。2017 年在德国举办的以"今日中国——合作·友谊·共赢"为主题的"中国文化年",活动覆盖德国 11 个联邦州 30 余个城市,涵盖表演艺术、视觉艺术、文化遗产、创意设计、文学出版、电影等多个领域。[①]

　　总之,在 20 多年的实践中,中国战略沟通公共外交在实施渠道及路径上从最初的"文化周"逐渐扩展到"文化(交流)年""国家(旅游)年""语言年""世博会""世园会"等各种"走出去"和"请进来"渠道,为消除国际社会对中国的误读、误判,展示和塑造良好的国家形象发挥了巨大作用。尤其是"中国文化年(国家年)",不仅成为中国战略沟通公共外交的重要载体,而且在实践中形成了具有中国特色的运行模式,成为中国文化"走出去"的国家品牌。不过,相对于西方战略沟通公共外交项目渠道的广泛性而言,中国战略沟通公共外交的实施路径还比较狭窄。同时,在战略沟通公共外交实施中,政府发挥的作用占比较大,社会团体、公众等非政府行为体所发挥的作用还比较有限。此外,与他国非政府组织合作举办的活动也比较少。尽管中国战略沟通公共外交活动在实施的过程中也开始尝试与他国机构合作,借助他国机构和组织的运行模式开展活动,但所占比重还比较小。因此,在未来中国战略沟通公共外交活动的组织与实施中,应注重将非政府行为体纳入实施主体中,加强与他国文化机构和运营组织间的合作,以促进中国战略沟通公共外交效用的发挥。

---

① 《80 余项文化活动庆祝中德建交 45 周年》,国务院新闻办公室网站,2017 年 2 月 21 日,http://www.scio.gov.cn/zhzc/35353/35354/Document/1542709/1542709.htm。

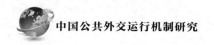

第三节　中国战略沟通公共外交案例：
德国"中国文化年"

　　中国战略沟通公共外交在 20 多年的具体实践中摸索总结出了适合中国战略沟通的实施路径和运行模式。为了总结提炼中国战略沟通公共外交的基本经验，检验中国战略沟通公共外交模式的可行性，本部分将以 2012 年德国"中国文化年"战略沟通项目为例，探究中国战略沟通公共外交发挥的实际效用，以期增强中国战略沟通公共外交的有效性。

一　德国"中国文化年"战略沟通项目

　　2012 年德国"中国文化年"是继中国在法国举办文化年活动之后，在欧洲举行的规模最大的中国文化战略沟通项目，也是中国迄今在德国举办的规模最大、范围最广、历时最长的文化交流活动。德国"中国文化年"从 2012 年 1 月一直持续到 2013 年 1 月，在历时一年的时间内举办了 500 多场活动，成为增进中德两国人民之间相互了解、促进相互合作与友谊的有效渠道。同时，德国"中国文化年"也是中外文化机构和文化团体直接合作、联袂演出的一次成功尝试。

　　（一）德国"中国文化年"战略沟通项目的筹划

　　德国是欧洲第一大经济体，也是欧盟"三驾马车"之一，在欧洲乃至世界事务中发挥着举足轻重的作用。中德自 1972 年建立正式外交关系以来，双边关系发展顺利，各领域合作不断拓展。进入 21 世纪以后，中德政治、经济、人文交流更加频繁，中德关系步入高水平发展阶段。2012 年是中德建交 40 周年，为推动中德两国建立全方位战略伙伴关系，中德两国高层领导人从 2009 年开始协商在德国举办"中国文化年"。2009 年 10 月，时任中国国家副主席习近平访问德国期间与德国领导人商定于 2012 年中德建交 40 周年之际在德国举办"中国文化年"，以人文交流增进两国相互合作与友谊。为保障文化年项目的顺利实施，2010 年 7 月，德国总理默克尔访华之际中德两国正式签署了关于 2012 年在德国举办"中国文化年"的谅解备忘录，时任中国国家主席胡锦涛和德国总统伍尔夫分别担任"中国文化年"中方和德方监护人。德国"中国文化年"战略沟通项目从策划到实施，体现了中国文化年战略性与前瞻性的特点。经过长达两年多的策划与筹备，最终确定 2012 年德国"中国文化年"的主题为"传递今日中国文化精髓，关注中国今天和明天的文化发展"，以音乐、戏剧、舞蹈、文学、电影、展览、对话等形式，介绍中国文化艺术的发展，展现中国新形象。2012 年 1 月 30 日，"近观中国"——2012 德国"中国文化年"活动在德国柏林宪兵广场音乐厅拉开序幕，中国文化部部长蔡武与德国外交部国务部长科尔内利娅·皮珀共同出席开幕式并致辞。

（二）德国"中国文化年"战略沟通实施主体选择

德国"中国文化年"项目在实施主体的选择上继承了中国战略沟通项目实施主体多元化的传统，中国文化部、外交部等相关部委、中国与德国友好省市、德国的孔子学院及大量中德艺术团体共同参与文化年各项活动。中国知名国家级演出团队中国爱乐乐团、上海交响乐团、中国京剧院以及北京现代室内乐团、江苏昆剧院等艺术团体为德国观众献上了精彩的演出，包括郎朗、谭盾等在内的 1500 多名中国艺术家登台演出。此次中国文化年最大的亮点是，文化年的大部分项目由中德双方的文化机构和专家联合策划，参与文化年活动的演出团组和艺术家也是由双方共同选择，彰显了此次文化年"合作与对话"的主题。文化年的大部分项目由中德双方的文化机构和专家联合策划，相当一部分文化年活动通过参与德国著名艺术节的形式举办。石荷州音乐节、慕尼黑双年音乐节、科隆流行音乐节、瓦肯摇滚音乐节、莱辛戏剧节、德累斯顿欧洲艺术中心、莱比锡书展都是此次中国文化年活动的重要合作机构。此外，文化年期间，中国音乐家还与德国慕尼黑爱乐乐团、德累斯顿国家管弦乐团、科隆爱乐乐团、萨尔州广播交响乐团等知名乐团合作举办中国作品音乐会。为办好此次文化年活动，中国的文化机构和艺术团与德国 40 多个文化机构直接合作，在德国 40 多个城市举办了500 多场活动，用德国观众喜闻乐见的艺术形式，全面展现了中国改革开放新形象。① 此外，中国文化机构与德国墨卡托基金会、贝塔斯曼基金会、博世基金会、科贝尔基金会、歌德学院等文化机构还合办了多场文化对话活动，以对话促进彼此理解。

中德两国文化机构和艺术家在数百场演出的合作中，在面对面的交流中，更加了解和体会到彼此文化的精髓。在柏林举办的德国"中国文化年"闭幕式上，中国浙江交响乐团与德国音乐家合作，共同献上改编的马勒名曲《大地之歌》及《看戏》、《龙舞》、《茉莉花》等富有东方风情的曲目，中国传统乐器与西洋乐器、中国交响乐团与德国演唱家交集，中西合璧的演出为台下千余观众带来了独特的体验，再次彰显了此次文化年"合作与对话"的主题，增进了中德民众对彼此文化的了解与友谊。参与筹划"中国文化年"开幕周活动的德国加布里埃勒·明慈女士称赞文化年中两国文化机构相互合作的模式是个了不起的成就，因为"它选择了一种与德国文化机构、艺术节以及文化运营商合作的方式展开，这种合作方式非常成功，让中国在数十个德国城市以及众多非常知名的活动中展现自己，并让全德各地民众在数以百计的活动中认识中国的艺术与文化"。②

（三）德国"中国文化年"战略沟通信息选择及项目实施

中国文化年战略沟通公共外交活动通过集中向海外受众传递关于中国若干核心领域的信息，从而使海外公众在获取这些核心领域认知的基础上，形成和塑造中国在海外的整体国家形象。2012 年德国"中国文化

---

① 《综述：德国"中国文化年"圆满落幕》，《参考消息》2013 年 1 月 14 日，http：//world. cankaoxiaoxi. com/2013/0114/150336. shtml。

② 《综述：德国"中国文化年"圆满落幕》，《参考消息》2013 年 1 月 14 日，http：//world. cankaoxiaoxi. com/2013/0114/150336. shtml。

年”延续中国文化年战略信息选择的广泛性和实施领域覆盖广的特点，中德两国文化机构和专家团队共同筹划了 12 大项的活动，涵盖中国音乐舞蹈、艺术绘画、电影戏剧、文学、科技、教育等多个领域，向德国公众全面展示了一个逐步强大起来的"开放、进步、包容、富有活力"的 21 世纪中国新形象。① 在实施范围上，文化年活动从德国首都柏林辐射德国大部分联邦省，在德国 9 个省的首府及德国各大主要城市举办各类活动。文化年期间，在慕尼黑、莱比锡、萨尔布吕肯、德累斯顿、波恩、纽伦堡、斯图加特、纳特海姆、吕贝克、基尔、鲁道尔施塔特等德国著名城市举办的各类活动，受到了当地民众的极大欢迎。2012 年 7 月 14 日，中国国家京剧院《野猪林》的京剧表演登陆在德国北部城市基尔举办的第 27 届德国石荷音乐节，富有中国传统特色、体现中国精神的"东方戏剧"征服了音乐节上口味挑剔的观众，并出现了一票难求的局面。石荷音乐节是德国也是欧洲规模最大、水准最高的音乐盛会之一，在欧洲具有广泛的影响力。这是中国京剧首次登上石荷音乐节，引起了当地民众极大的观赏兴趣。此外，中德友好省市也在文化年期间通过各种方式进行沟通和交流，增进彼此之间的深入了解与友谊。北京、上海、重庆、安徽、云南、南京等省市与德国科隆、汉堡、杜塞尔多夫、汉诺威、法兰克福、曼海姆、柏林等友好省市都在文化年期间举办了内容丰富、形式多样的合作与交流活动。其中，北京市与科隆市在中国文化年期间举行了为期 1 年的"龙在科隆舞"活动，庆祝两市结成友好城市 25 周年。文化年特别项目"茶筑·筑茶"广场活动在中德 5 对友好省市同时举办，通过公共艺术展览、品茶对话、民俗文化展示等丰富的活动让德国受众体会中国哲学艺术思想的意境，以及中华各地热情洋溢的民俗文化。②

---

① 《2012 德国"中国文化年"将于 1 月 30 日在柏林开幕》，国务院新闻办公室网站，2012 年 1 月 17 日，http：//www. scio. gov. cn/m/zhzc/35353/35354/document/1502194/1502194. htm。

② 《2012 德国"中国文化年"将于 1 月 30 日在柏林开幕》，国务院新闻办公室网站，2012 年 1 月 17 日，http：//www. scio. gov. cn/m/zhzc/35353/35354/document/1502194/1502194. htm。

二　德国"中国文化年"战略沟通项目的效用

2012 年德国"中国文化年"是中德建交 40 周年之际，中国在欧洲举办的最大规模的战略沟通项目，也是中德在进入 21 世纪后共同举办的范围最广的文化交流活动。此次文化年活动以"对话""合作"作为两大主题，从活动的筹划到项目选择与实施，均采用中德全面合作的方式进行，中德文化机构与艺术团体在对话与合作中交流、碰撞，增进彼此的了解与认知。在中德艺术家联袂奉上的 500 多场展示、交流、对话活动中，德国公众对中国和中国文化有了进一步了解，有助于消除德国社会对中国的误解与偏见。文化年也成为向德国民众展示中国改革发展新形象，增进两国人民之间相互理解和尊重的平台。

（一）促进德国民众对中国的了解

在新中国成立后长达几十年的时间内，西方国家对新中国采取封锁、遏制政策，导致包括德国民众在内的西方社会长期以来缺乏对中国的了解。再加上西方媒体有意识地误导甚至歪曲报道，致使中国在西方社会的形象严重扭曲。20 世纪 90 年代以来，"中国威胁论""中国崩溃论"在西方一度甚嚣尘上。在 2012 年德国"中国文化年"筹备期间，《柏林日报》、"德国之声"等一些德国媒体仍在"担心"文化年是中国政府展示文化政策的"挂毯"，是中国政府的"政治宣传"。针对德国对中国不了解甚至误读的现象，德国著名女作家弗朗索豪瑟还专门出版了一本关于中国被德国误读的书——《一切都是神话——20 世纪流行的中国误读》。德国媒体对中国的扭曲报道和德国社会对中国存在的误读，一定程度上也是中德民众之间缺乏相互了解、德国民众对中国缺乏正确认知的反应。消除误解与偏见的最好方式就是让德国民众更多地了解中国，"中国文化年"的目标之一就是推动不同文化背景的人们之间的相互了解。柏林竹苑德中文化交流促进会主席沃尔弗拉姆·维克特（Wolfram Wickert）

指出，文化交流的意义就在于促进不同文化背景的人之间的相互了解。[①] 2012 年德国"中国文化年"在项目的选择与实施上，都是在中德双方文化机构、专业人士共同策划下完成的。正如"中国文化年"开幕周系列活动的德国承办人雷科斯洛特博士所言，"中国和欧洲文化存在着很大的差异。因此比如双方共同完成一个文化合作项目的时候，将会是非常有意思的"。[②] 在共同策划和实施文化年项目中，中西两种不同文化发生交流和碰撞，在对话与合作中进行自我认识和相互认知，从而逐渐消除固有的误解与偏见。据《柏林早报》网站 2012 年 2 月 2 日报道，德国民意调查机构福沙（Forsa）调查数据显示，德国人中对中国崛起感到恐惧者减少到 30%，比 2011 年下降了 10 个百分点。受访者中，68% 的德国人接受中国成为日益强大的经济大国。[③]

（二）向德国民众展示中国新形象

中国和德国都是具有悠久历史和传统的文化大国。然而，由于西方国家对新中国的敌视和封锁，直到 20 世纪 70 年代初，新中国的真实状况在德国以及欧洲社会鲜为人知。随着中德在 1972 年建立起正式的外交关系，德国民众对中国的认知才逐渐增多。此后，随着中国改革开放政策的实施，中国实现了快速发展，中德之间的交往也日渐密切。进入 21 世纪以来，随着中国的国防影响力日渐提升，德国民众对中国的兴趣大增。不过由于根深蒂固的误读和偏见的存在，中国在欧洲和德国的形象仍然不全面、不完整，而且在德国媒体上也时常出现被歪曲的中国形象。因此，如何让经过 30 多年改革开放后的中国形象全面、准确地

---

① 管克江：《第四届柏林中国文化节闭幕》，人民网，2016 年 9 月 12 日，http://news. eastday. com/eastday/13news/auto/news/world/20160912/u7ai6023379. html。

② 殷帆、孔杰：《2012 德国"中国文化年"新闻发布会在柏林举行》，凤凰网，2012 年 1 月 27 日，http://news. ifeng. com/gundong/detail _ 2012 _ 01/27/12154686 _ 0. shtml? _ from_ ralated。

③ 时雨：《2012 年中德关系大事记》，《德国研究》2013 年第 1 期。

传递到德国社会，成为中国对德国公共外交的重要目标之一。2012 年中德建交 40 周年之际举办的"中国文化年"，主要目标就是通过向德国民众介绍中国当代文化，展示中国"开放、进步、包容、富有活力"的新形象。从 2012 年 1 月到 2013 年 1 月，中德联合在德国境内 40 多个城市推出了 500 多场交流活动。这些活动不仅包括展现中国当代艺术成果的"中国之秋""内观中国"等涉及中国当代绘画艺术、舞蹈、戏剧、摄影等领域的系列活动，也包括反映改革开放 30 多年中国社会变化的当代中国艺术展及各类文化对话、论坛等交流活动。① 德国民众在《中国梦》《中国东西》《当代建筑展》《中国新设计》《公共艺术展》等艺术展中了解中国社会 30 年沧桑巨变，在"内观中国"文化活动中感悟中国的开放与活力，在"茶筑·筑茶"广场活动中体会中国哲学艺术思想的意境，在文化对话、论坛活动中加深相互认知，增进了解与信任。历时 1 年丰富多彩的中国文化年活动得到了德国民众的欢迎与积极参与，为德国民众全面了解真实的中国提供了重要契机。

（三）为中德人文交流搭建了平台

"中国文化年"为中德两国人民之间的人文交往提供了一个平台。此次文化年项目不仅为中德双方的文化机构、艺术家直接的接触和联系创造了机会，也为今后两国文化机构和艺术团体之间的长期合作奠定了基础。而文化年期间，中德友好省市通过共同举办各类文化交流活动和对话论坛，为增进两国人民之间的相互理解和尊重提供了一个契机，有助于促进两国省州城市之间的友好关系，也有助于增强中德关系发展的民意和社会基础。2012 年德国"中国文化年"取得了良好的成效，文化年模式成为中德两国人民之间对话交流的重要载体。中德借鉴

---

① 《2012 德国"中国文化年"将于 1 月 30 日在柏林开幕》，国务院新闻办公室网站，2012 年 1 月 17 日，http：//www. scio. gov. cn/m/zhzc/35353/35354/document/1502194/1502194. htm。

2012 年中国文化年项目的经验，从 2013 年起，开始合作在德国举办"柏林中国文化节"。2013 年 9 月 18 日，在柏林市政府、中国驻德国大使馆、柏林中国文化中心、德国柏林竹苑德中文化交流促进会的共同努力下，旨在向德国民众介绍中国高雅文化艺术的首届"柏林中国文化节"开幕。在为期 3 周的时间里，包括中国乐团、画家、工艺美术家、企业文化界人士在内的大批人员赴柏林参加文化节活动。此后，"柏林中国文化节"每年举办一届，为期三周左右。截至 2019 年，"柏林中国文化节"已经连续举办 7 届，成为中国战略沟通公共外交的重要项目之一。2019 年第七届"柏林中国文化节"借助影像聚焦"中国故事"，中德著名摄影师通过创作的 80 多幅摄影作品讲述了他们眼中的中国，反映了中国数十年间的巨变。此次"中国故事"摄影展以大型主题摄影展的方式聚焦中国老百姓日常生活中衣、食、住、行等方面的变化，展示中国社会的进步和人民生活水平的提高，以及中国人民热爱自然、热爱生活、追求和平发展的图象。[①] 在第七届"柏林中国文化节"期间，还举办了中国当代艺术展、箜篌演奏会、文化沙龙和北京房山云居寺历史文化展等活动。此外，为庆祝中德建交 45 周年，2017 年中国在德国再次举办文化年活动。文化年以"今日中国——合作·友谊·共赢"为主题，中德 50 多家机构合作举办了 80 余项文化活动。[②]

小　结

中国战略沟通公共外交始于 20 世纪 90 年代中期中国在海外举办的"文化周"活动，在功能和目标定位上侧重于增进西方社会对中国的了

---

① 《第七届柏林中德文化节开幕　影像聚焦"中国故事"》，中国新闻网，2019 年 5 月 15 日，https://www.chinanews.com/cul/2019/05 – 15/8836904.shtml。
② 《80 余项文化活动庆祝中德建交 45 周年》，国务院新闻办公室，2017 年 2 月 21 日，http://www.scio.gov.cn/zhzc/35353/35354/Document/1542709/1542709.htm。

解，消除西方社会对中国的误读和误判。进入 21 世纪以后，随着国家形象和国际威望等软实力在国际社会作用的提升以及中国综合国力的增强，中国也开始注重通过战略沟通项目在国际社会展示和塑造开放、发展的新形象。从 2003 年开始，中国先后在法国、俄罗斯、意大利、德国等欧洲国家举办形式多样的中国文化年（国家年）战略沟通活动，积极推动中国文化走进欧洲社会，增强了欧洲社会对中国和中国文化的了解与认知，塑造了中国的良好形象，为中欧全面战略伙伴关系的发展奠定了民意基础。此后，中国文化年（国家年）又登陆非洲和拉美，逐渐成为中国战略沟通公共外交的主要渠道，并形成了具有中国特色的战略沟通运行机制。此外，"奥运会""世博会""世园会"等大型活动也成为中国战略沟通公共外交的重要形式，发挥着将海外公众"请进来"的功能。随着中国战略沟通公共外交运行模式和机制的逐渐成熟，战略沟通公共外交已经成为中国公共外交战略的重要组成部分，在塑造和重塑国际社会的"中国观"方面发挥着不可替代的作用。

第六章
中国文化公共外交实践及其运行机制

　　文化公共外交是中国公共外交战略的重要组成部分。文化外交古已有之，在波斯、罗马等古代国家的对外征战中，文化就曾成为配合军事征服的有力工具。尤其是罗马，其文化方面的优势，在罗马征服意大利及欧洲、非洲和亚洲各地的战争中发挥了重要作用。而中国唐朝玄奘西行取经、鉴真东渡也都发挥了文化外交的功能。近代以来，法国是第一个将文化纳入外交战略的大国。19世纪中叶法国在普法战争中战败后，法国开始通过"法语联盟"对外推广法语教育，借此"修复"被击碎的"国家威信"。第二次世界大战以后，文化的公共外交功能逐渐显现，成为各大国推行本国战略和政策的重要工具。美国新闻署、法国文化署、英国文化委员会、德国歌德学院、日本国际交流基金会、西班牙塞万提斯学院等都成为西方各国进行文化公共外交的重要机构。冷战结束后，文化软实力在国际政治竞争中的作用不断上升，文化外交成为世界各国外交战略中与政治、经济并重的外交方式。中国文化公共外交实践伴随着新中国的成立而逐渐展开，经过70多年的发展，文化外交体系和机制不断完善，并在实践中逐渐形成了具有中国特色的文化公共外交运行机制。

第一节 中国文化公共外交的兴起与发展

新中国成立后，中国政府非常注重通过对外文化交往增进世界对中国的了解与认知，文化外交成为促进中国与西方国家建立外交关系的重要推动力量。改革开放后，随着中国与世界交往的日渐密切，文化外交成为增进中国与世界相互了解和认知的重要渠道。进入 21 世纪以来，随着中国综合国力及世界影响力的不断增强，文化外交成为推动中国文化"走出去"、提升中国文化软实力的重要方式。近年来，以孔子学院、海外中国文化中心为代表的中国文化外交平台不断推动中国文化"走出"国门，"走进"世界，成为提升中国文化国际话语权，展示文化自信的重要载体。

一 文化公共外交的内涵

从广义上讲，文化关系与外交活动都属于跨国沟通与交流的范畴，是信息传播的一种形式。文化关系是一种国际公众为增进了解而进行的跨国互动，具有自发性的特点。而外交活动则是政府间为实现国家利益而进行的互动，具有高度自觉性和战略性。文化外交就是将原属于各国公众间自发行为的文化关系项目通过引导，塑造成为服务于国家利益的政府行为。[①] 文化外交之所以成为可能并在国家关系中发挥重要作用，是国际关系发展中公众力量及文化作为权力资源作用上升所必然产生的现象。第二次世界大战以后，随着各国国际交往的增多，国际公众、公众舆论成为影响国际关系、制约国家行为的重要力量，国际关系不再仅仅是"政府之间的关系，而是各国公众之间的关系"。因此，如何影响

[①] 王缅、范红：《国家身份建构：文化外交的基本理论命题》，《社会科学战线》2019 年第 9 期。

他国公众成为国家外交战略必须考虑的重要问题。相对于军事、政治和经济手段，文化作为一种通过"吸引"而不是"威胁""收买"等方式获得影响别人选择的能力，无疑是吸引他国公众、影响公众舆论的最有效方式和手段。文化外交就是通过政府引导的对外文化交流活动，增进他国公众对本国文化的认知，进而将这种文化认知转化为对一个国家的认知，从而达到促进不同国家之间相互理解的目的。

最早阐释文化外交含义的美国学者弗兰克·宁科维奇，将文化外交视为"国际政治中运用文化影响的特殊政策工具"。[①] 美国前国务卿特别助理罗伯特·塞耶则强调，美国开展文化外交的目的就是促进各国公众对美国生活与文化的充分理解，进而促成他国政府对美国和美国政策的理解和支持。[②] 美国负责教育和文化事务的前助理国务卿海伦娜·芬恩（Helena K. Finn）也指出，文化外交"绝不是可有可无、锦上添花之举"，而是"美国军械库中最有威力的一件武器"。[③] 因为文化外交通过"各国公众之间直接和持久的接触"，能够"为国家间的信任与理解创造更好的环境，从而确保官方关系的顺利运行"。[④] 因此，从本质上讲，文化外交本身就具有公共外交的功能。不过，在实施的渠道和方式上，公共外交所能够运用的途径和手段要远多于文化外交，信息输出、对外宣传、媒体外交和战略沟通都是公共外交的重要组成部分。因此，以文化传播、交流为主要内容的文化外交是国家公共外交战略的重要组成部分，是一种文化公共外交。概言之，文化公共外交，是一国政府针对外国公众开展的对外文化交流活动，是国家通过文化传播、教育交流

---

① 〔美〕弗兰克·宁科维奇：《观念外交：美国对外政策与文化关系（1938～1950）》，剑桥大学出版社，1981，第182页。

② Robert H. Thayer, "Cultural Diplomacy: Seeing is Believing", *Vital Speeches of the Day*, Vol. 25, No. 24, 1959, pp. 740–744.

③ 〔美〕海伦娜·芬恩：《论文化外交》，轩传树译，《国外社会科学文摘》2004年第6期。

④ Jessica C. E. Gienow-Hecht and Mark C. Donfried, eds., *Searching for a Cultural Diplomacy*, New York and Oxford: Berghan Books, 2010, p. 25, footnote 2.

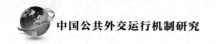

与人际沟通增进国家之间、民众之间的相互了解、认知与信任，提升本国国家形象和文化软实力的一种途径。

文化公共外交与媒体公共外交、战略沟通公共外交相比，在目标效用的达成上具有长期性和持久性的特征。无论语言学习、教育交流还是留学生项目，都不会在短期内产生效用，只有在长期的文化浸润中才能产生潜移默化的影响。因此，文化公共外交是一种国家软实力的柔性传播，有时可能需要数年乃至数十年才能达到观念认同与建立长期关系的目的。不过，尽管文化外交"产生回报"的时间比较长，但也是公共外交最有效的"心灵"沟通渠道，因为一旦与他国公众建构起观念认同，一国在他国公众中的信任度、影响力和吸引力也会随之上升。富布赖特项目和国际访问学者项目是美国文化公共外交项目的典型代表，美国前副国务卿夏洛特·比尔斯就曾把美国的富布赖特项目称作美国政府"最划算的交易"，在二战后几十年的时间内，为美国培养了一大批亲美的国家领导人。① 文化公共外交效用取得的长期性也对文化外交政策的制定和项目的实施提出了要求。一方面，文化外交政策要具有稳定性和延续性，不能朝令夕改；另一方面，实践中成效显著的文化外交项目要长时间持续推进，因为人们只有在长时段内才能对他国文化有一个深刻全面的认识。

此外，文化公共外交的实施主体也逐渐趋向多元化。尽管政府（包括文化机构和外交机构）仍然是文化公共外交的行为主体和主导者，但随着文化外交的发展，越来越多的非政府行为体、公民个人成为文化外交活动有效的实施主体。同时，非政府行为体在文化外交实践中地位和作用的上升，也在一定程度上有助于弱化文化外交的"政治目的"和"政治宣传色彩"，有利于文化外交"心灵沟通"目标的达成。尤其是不同文明间文化交流活动，更要注意避免"异质文化"的"唯

---

① Mark Leonard, *Public Diplomacy*, London：The Foreign Policy Centre, 2002, p. 19.

我性与排他性"影响。因此，在跨文化交流中，政府的主要职责是做好"导演"的角色，引导更多的非政府行为体担任文化交流舞台的"主角"。同时，政府要积极扮演好文化外交活动的监督者和协调者角色，尽可能地让中外"演员"在文化交流舞台上联袂出演，让"异质文化"在相互交融、沟通、学习与合作中增加彼此的了解与认知，从而减少彼此间排外心理和敌对情绪，促进达成共识和增进互信。

二　中国文化公共外交的兴起

中国文化公共外交始于新中国成立前夕中国共产党的对外文化交流实践。1949 年 6 月，我们党从解放区选派青年艺术家组成青年文工团奔赴匈牙利参加第二届世界青年与学生和平友谊联欢节，拉开了新中国对外文化交流的序幕。新中国成立后，在"文化先行，以民促官"外交理念的指导下，新中国文化外交逐步推进，在与世界各国的交流中，促进了中国与世界人民之间的相互了解与友谊。为保障中国文化外交的有序推进，1949 年 11 月，文化部设立对外文化联络事务局①，专门负责文化外交工作。鉴于新中国成立之初所面临的特殊国际环境，新中国文化交流先是以社会主义国家为主，后扩展到发展中国家和西方国家，在文化外交目标和策略上也各有侧重。

新中国成立后，苏联和东欧社会主义国家很快就相继与新中国建立了正式外交关系，在国际社会支持新中国的外交行为。为向苏联、东欧社会主义国家介绍中国革命与建设的成果，增强中国与社会主义国家人民之间的感情，从新中国成立伊始，中国就开始积极推动与社会主义国家之间的文化交流。从 20 世纪 50 年代开始，中国积极同苏联、东欧社会主义国家以及朝鲜、越南等国开展文化代表团、艺术团互访，并通过

---

① 1951 年，对外文化联络事务局改由中央人民政府政务院文化教育委员会领导，1955 年改名为对外文化联络局（简称文联局），1958 年改组为国家对外文化联络委员会（简称对外文委），直属于国务院。

签订政府文化协议的形式积极推动文化外交项目的实施。1951 年，我国与波兰签订了第一个政府间文化合作协定，标志着新中国对外文化交流正式拉开帷幕。据统计，1949～1956 年，我国共与 35 个国家，主要是承认新中国的社会主义国家和友好国家签订了政府文化协定。其间，中国与这些国家的文化交流项目平均每年有 100 多起，每年有近 2000 人次参与文化交流。① 1957 年中国大熊猫平平"落户"苏联，开启了中国文化外交的新形式，"熊猫外交"成为新中国文化公共外交的一大亮点。中国于 1959 年和 1965 年，又分别向苏联和朝鲜赠送了象征友谊的大熊猫。此后，中国大熊猫还远赴美国、日本、法国、英国、墨西哥和西班牙，成为中外友好交流的使者。

新中国成立后，中国在积极支持亚非拉民族解放运动的同时，也非常注重通过文化交流增进与亚非拉国家的关系。20 世纪 50 年代以后，新中国通过为坦桑尼亚、苏丹、肯尼亚和加纳等非洲国家培训杂技演员和帮助建立杂技团的文化外交方式，打开了中非交流的大门。② 1961 年 1 月，周恩来总理率团访问第一个与新中国建交的非社会主义国家缅甸。随团出访的中国电影成为此次访问的一大亮点，中国拍摄的影片《欢迎你，缅甸胞波》在缅甸观众中引起了强烈反响。受此启发，周恩来总理在回国的飞机上就决定成立中国"东方歌舞团"，学习和演出亚非拉各国民族民间歌舞节目，促进我国和亚非拉各国的文化交流。③ 同时，文化外交也成为推动西方国家了解中国，推动西方国家与中国建立外交关系的重要力量。1951 年，中国青年文工团应邀参加在民主德国举行的第三届世界青年联欢节，并访问苏联、奥地利及东欧各国。此后，中国的杂技、歌舞、戏剧等艺术团（组）相继到北欧、西欧等

---

① 孟晓驷：《文化外交的魅力》，《人民日报》2005 年 11 月 11 日。
② 裴坚章主编《毛泽东外交思想研究》，世界知识出版社，1994，第 36 页。
③ 《对外文化交流 70 年：向世界展示中国自信和影响力》，中国产业经济信息网，2019 年 11 月 30 日，http://www.cinic.org.cn/hy/wh/676387.html。

国家交流演出，受到欧洲民众的热情欢迎。在中国政府的推动下，中国与法国从 1955 年开始启动中法文化交流计划。1955 年，中国人民外交学会邀请法国参议员访华，法国著名作家萨特也在此期间访问中国，他们对中国的发展表示了极大的关切。1956 年，中国举办了首届法国影视周，在全国各地播放当时引进的法国故事片。1957 年，应中国人民外交学会邀请，法国前总理埃德加·富尔及夫人到中国进行了长达 1 个月的考察访问，并受到了毛泽东主席、周恩来总理的接见。此后不久，戴高乐上台后，在富尔等人的推动下，中法建交提上日程。1964 年中法正式建立大使级外交关系，法国成为首个与中国建交的西方大国。

此外，中国还积极借助参加奥运会、国际展览会和国际会议的机会，践行多边文化外交，让世界了解中国，在国际社会展示新中国。1952 年 7 月，在周恩来总理的大力推动下，一支由 40 人组成的新中国体育代表团赴芬兰赫尔辛基参加第 15 届奥运会，在奥运会上第一次升起了五星红旗。这是新中国第一次参加奥运会，当中国运动员出现在奥运赛场上时，世界观众从中国运动员身上看到了一个崭新的中国形象。1954 年 4～7 月，为和平解决朝鲜问题，苏、美、英、法、中五国在日内瓦举行会议。周恩来总理将新中国拍摄的第一部彩色电影《梁山伯与祝英台》带到日内瓦，作为中国代表团在会议期间招待客人的固定节目。为使西方观众更易于理解，周恩来总理还亲自将片名译为《中国的罗密欧与朱丽叶》。①西方观众在看完这部中国式的《罗密欧与朱丽叶》后，对产生如此凄美动人爱情故事的中国也心生好感。1955 年，中国首次参加了在法国里昂举办的国际博览会，1956 年又参加了巴黎展览会，中国展馆受到了法国和世界观众的热情关注。

进入 20 世纪 60 年代以后，受"文化大革命"的影响，中国文化公

---

① 裴默农：《周恩来与新中国外交》，中共中央党校出版社，2002，第 415 页。

共外交受到极大冲击。1968 年，文化外交的专门管理机构对外文化联络委员会被撤销，中国对外文化交流项目也急剧减少，中国在国际社会的形象降至最低点。直到 20 世纪 70 年代初，中国文化公共外交项目才逐渐恢复。1971～1976 年，中国先后派出了 40 个艺术表演团组，近 3000 人次，访问了 50 多个国家。同期，也有近 30 个外国艺术团来华访问演出。① 20 世纪 70 年代，中国文化公共外交还有一个突出的成就，就是借助文化交流打开了与西方建交的大门。其中，"乒乓外交"开创了一个以人民之间的友谊推动国家之间的交流与和解的成功模式，而这种外交模式的载体正是跨越国界和意识形态障碍的国际体育交流。② "熊猫外交"在促进中日、中英和中美建交中发挥了重要作用。1972 年 4 月，当中国大熊猫"玲玲"和"兴兴"抵达美国华盛顿动物园时，受到了 8000 多名美国民众的冒雨迎接和欢迎。而"玲玲"和"兴兴"在动物园亮相的第一天就吸引了 2 万人排队观看，1972 年也被美国民众称为"熊猫年"。③ 此后，每年都有约 300 万美国民众专程赶赴华盛顿动物园观看"玲玲"和"兴兴"。④ "熊猫热"使得美国民众开始关注熊猫的故乡，美国民众对中国的看法开始发生转变，为中美建交奠定了社会和民意基础。1972 年，新中国第一个访美艺术团——中国沈阳杂技团成功访美，此后又受邀到加拿大演出，受到了美国和加拿大民众的热烈欢迎。⑤ 20 世纪 70 年代以后，随着中国文化外交项目的增多，中国与各国文教工作者、科学家、音乐家及歌舞团、体育队在频繁的互

---

① 孟晓驷：《文化外交的魅力》，《人民日报》2005 年 11 月 11 日。

② 《乒乓外交破冰中美关系"小球转动大球"》，腾讯新闻，2009 年 9 月 9 日，http：//sports. qq. com/a/20090909/000650. htm。

③ 《熊猫外交故事解密：周总理拍板送美国两只大熊猫》，中国新闻网，2009 年 4 月 25 日，http：//www. chinanews. com/gn/news/2009/04 – 25/1663709. shtml。

④ 《"苏琳"与世界大熊猫的"人缘"》，中国新闻网，2006 年 4 月 21 日，http：//www. chinanews. com/news/2006/2006 – 04 – 21/8/720721. shtml。

⑤ 中华人民共和国文化部对外联络局编《中国对外文化交流概览：1949～1991》，光明日报出版社，1993，第 328～329 页。

访中，增进了中国与各国人民之间的了解，促进了国家关系的顺利发展。

三　中国文化公共外交的发展

20 世纪 70 年代末，随着中国改革开放政策的实施，中国与世界联系的步伐进一步加快，对外文化交流日渐增多，中国文化公共外交进入全面发展时期。

第一，文化外交统筹管理机构得到恢复和建立，开始整合文化外交资源，协调推进文化外交工作。1978 年 9 月，国务院下达《关于对外文化交流工作由文化部归口管理》的文件，正式将文化外交纳入文化部的管理范畴。为加强政府对文化外交的统筹协调，1981 年 3 月，国务院恢复设立对外文化联络委员会，并于 1982 年 5 月将对外文化联络委员会并入文化部。至此，文化部成为全国对外文化交流工作的归口管理部门，文化部对外文化联络局负责履行管理和指导文化外交工作。在五届全国人大五次会议上，又把加强同各国文化交流写入宪法，为中国文化外交的开展提供了依据和保证。为加强对中外文化交流的领导和协调，1982 年和 1988 年国务院两次重组文化部，并于 1984 年批准成立了中国国际文化传播中心，为中国对外文化交流与传播提供了重要的平台和窗口，中国的文化外交得到了迅速发展。进入 21 世纪以后，外交部先后成立了"公共外交办公室"和"公共外交咨询委员会"，统筹规划和综合协调我国公共外交工作。同时，为加强统筹协调和形成文化外交的合力，2009 年文化部相继与外交部、教育部及地方机构建立和启动了 3 个跨部门对外文化工作协调机制，即对外文化工作部际联席会议制度、国内国外沟通协调机制、文化部与地方文化外事工作协调机制。其中，对外文化工作部际联席会议成员单位包括文化部、外交部、商务部、教育部等 12 个部委，为协调推进文化外交提供了机制保障。2010 年，文化部又协同有关部委建立了文化部与直属单位对外文化工作统筹协调机制，充分调动各直属单位开展对外文化交流工作的积极性。此外，在文化外交实践中发展起来的各种对外文化交流组织，也成为增强中国对外文化交流的重要行为主体，如中国对外文化交流协会及各个省市的对外文化交流协会，在促进中国与世界各国文化交流方面也作出了积极贡献。

第二，对外文化关系和交流范围逐步扩大，文化外交的渠道和方式不断拓展，并逐渐形成了多元主体、多渠道、多形式的文化外交格局。在中国对外文化交流的规模上，1979 年中国对外文化交流仅 194 起，参与人数 3035 人次。到 1986 年，中国对外文化交流的规模达到 1075 起，参与人数 9499 人次，分别是"文化大革命"之前年平均数的 16 倍和 40 多倍。[①] 政府间文化协定和文化交流计划也不断增多，到 20 世纪末，中国已与 123 个国家签订了文化合作协定，签订文化交流执行计划 430 个。[②] 在文化外交的渠道和方式上，以"图书文化外交"为例，改革开放后中国对外图书文化外交方式更加多样，规模和效用不断提升。新中国成立后，先后于 1949 年和 1952 年成立了中国国际书店和外文出版社，作为新中国书刊海外传播的主要机构和渠道，图书文化外交方式以向社会主义国家和亚非拉发展中国家赠送为主，也包括图书展览以及与一些友好国家的文化机构、书店建立中国书刊代销关系的办法开展图书文化外交，不过，数量和规模都非常有限。改革开放后，中国图书文化外交的渠道逐渐从无偿赠送图书、图书展览，扩展到对外合作出版以及海外中国文化中心和孔子学院的教科书项目及赠书项目等，规模和范围也不断扩大。[③] 海外书展是中国出版物走向世界的重要展示平台，1980～1988 年，仅中国国际图书公司就在拉美 8 个国家举办了 48 起中国

---

① 蔡武：《改革发展繁荣——改革开放 30 年中国文化发展报告》，文化艺术出版社，2008，第 154、157 页。
② 孙家正：《面向 21 世纪的中国文化》，《对外传播》2001 年第 8 期，第 44 页。
③ 陈剑光：《新中国图书文化外交 70 年的回顾与思考》，《图书馆研究与工作》2019 年第 5 期。

书展。① 1988~2000 年，中国国际图书公司参展亚洲地区书展达到 117 次。② 为了更好地推广中国语言文化，在借鉴西方大国语言文化推广经验的基础上，教育部对孔子学院运作机制进行了调整。2020 年 7 月，孔子学院总部更名为教育部中外语言交流合作中心，孔子学院项目由中国国际中文教育基金会全面负责运营。

　　第三，具有特色的文化外交项目不断增多，品牌效应不断显现。从 20 世纪 90 年代开始，中国文化外交在实践中逐渐形成了具有特色的品牌项目。1998 年，由文化部主办的"亚洲艺术节"在北京举行，这是新中国成立以来首次举办的区域性国际艺术节。此后，一年一度的"亚洲艺术节"成为亚洲各国艺术家充分展示亚洲艺术的舞台，为推动中国与亚洲其他国家的文化交流作出了重要贡献。始于 2008 年的"中非文化聚焦"，是中非共同打造的文化交流品牌，逢双年在中国举办"非洲文化聚焦"活动，逢单年在非洲举办"中国文化聚焦"活动。"中非文化聚焦"以"交流、互鉴、协力、同心"为宗旨，成为推动中非人文交流与合作、促进中非人民之间相互理解的重要渠道。"文化中国·四海同春"活动启动于 2009 年春节期间，是国务院侨务办公室和中国海外交流协会为满足海外侨胞精神需求，增进世界人民对中华文化的认知，增强国家软实力和中华文化国际影响力而打造的具有全球影响力的春节系列文化品牌活动。十年间，"四海同春"艺术团组遍及 144 个国家，在五大洲 303 个城市演出 417 场，广场和剧场观众超过 610 万人次。③ "欢乐春节"活动始于 2010 年春节，是由文化部会同国

---

① 何明星：《新中国书刊海外发行传播 60 年：1949~2009》，中国书籍出版社，2010，第 132 页。

② 何明星：《新中国书刊海外发行传播 60 年：1949~2009》，中国书籍出版社，2010，第 16 页。

③ 《2018 年"文化中国·四海同春"全球华侨华人春节大联欢电视晚会正月初一首播》，央广网，2018 年 2 月 6 日，http://china.cnr.cn/gdgg/20180206/t20180206_ 524126733. shtml。

家相关部委、各地文化团体和驻外机构在海外共同推出的大型文化交流活动。自 2010 年推出以来，每年在 100 多个国家和地区开展数百场活动，成为世界人民学习中国文化、了解中国社会的重要平台，也是中国文化走向世界的重要载体。而"文化年""国家年""文化旅游年"等文化交流项目既是中国战略沟通公共外交的重要表现形式，也是中国文化外交的标志性品牌，成为提升中国文化软实力，塑造和展示国家形象的重要载体。

四　新时代中国文化外交的创新发展

经过 30 多年改革开放的发展，中国在进入 21 世纪的第二个十年一跃成为世界第二大经济体，并逐渐成为世界关注的焦点。越来越多的国家和民众希望了解和认知一个崛起的中国，同时，新一轮的"中国威胁论""文明冲突论"也给中国外部环境带来了极大的挑战。党的十八大报告首次明确提出"扎实推进公共外交和人文交流"以"维护我国海外合法利益"，"夯实国家间关系发展的社会基础"。中国文化公共外交在中国外交战略中被提升到一个前所未有的高度，逐步走出了一条大国公共外交之路。

第一，中国文化外交的实施主体、实践路径与形式的创新发展。2013 年 11 月，党的十八届三中全会通过了《中共中央关于全面深化改革若干重大问题的决定》（简称《决定》）。《决定》明确提出在新形势下要努力"提高文化开放水平"，不断"扩大对外文化交流"，积极"推动中华文化走向世界"。因此，要大力"培育外向型文化企业，支持文化企业到境外开拓市场"。[1] 2014 年 3 月，国务院又颁布了《关于加快发展对外文化贸易的意见》。十八大以来国家出台的一系列重要政

---

[1] 《中共中央关于全面深化改革若干重大问题的决定（全文）》，中国网，2013 年 11 月 15 日，http://www.china.com.cn/news/2013−11/15/content_30615132_6.htm。

策，为我国文化"走出去"提供了政策支持和制度保障。文化企业逐渐成为中国文化外交的重要实施主体，中国对外文化交流取得了前所未有的成效。2018 年，我国文化产品进出口总额为 1023.8 亿美元，是 2005 年的 5.5 倍。① 2019 年，我国文化产品进出口总额达到 1114.5 亿美元，同比增长 8.9%。其中，中国文化产品出口额为 998.9 亿美元，增长 7.9%。② 蕴含中国文化元素和文化内涵的文化用品、工艺美术品、收藏品、出版物成为国际社会了解中国和中国文化的重要载体。教育文化交流是增进人际交往、建立长期友好关系的重要途径。随着中国文化公共外交"请进来"渠道的不断拓展，留学生项目、政府奖学金项目、旅游文化项目等都成为拉近中外民众距离的重要渠道。目前，中国已经成为亚洲最大的留学目的国。2017 年共有 48.92 万名外国留学生及来自 180 个国家的 5.86 万名中国政府奖学金生在华学习。③ 2018 年，来华留学生的数量增加到 49.22 万人，来自 196 个国家和地区。而中国政府奖学金生增加到 6.3 万人，来自 182 个国家。④ 他们在中国学习各种专业知识的同时，也对中国社会、中国文化有着客观深刻的认知，进而有助于增强他们对中国的理解、认知和认同。此外，中国文化交流项目的范围也不断扩展。截至 2017 年底，中国已与 157 个国家签署了文化合作协定，累计签署文化交流执行计划近 800 个，初步形成了覆盖世界主要国家和地区的政府间文化交流与合作网络。⑤

---

① 《对外文化交流 70 年：向世界展示中国自信和影响力》，中国产业经济信息网，2019 年 11 月 30 日，http：//www. cinic. org. cn/hy/wh/676387. html。
② 马玲：《2019 年我国文化产品进出口总额 1114.5 亿美元 同比增长 8.9%》，中国金融新闻网，2020 年 3 月 17 日，http：//www. financialnews. com. cn/cj/sj/202003/t20200317_ 185115. html。
③ 《对外文化交流 70 年：向世界展示中国自信和影响力》，中国产业经济信息网，2019 年 11 月 30 日，http：//www. cinic. org. cn/hy/wh/676387. html。
④ 《196 个国家和地区的 49.22 万名留学生去年来华留学》，新华网，2019 年 6 月 3 日，http：//www. xinhuanet. com//politics/2019 – 06/03/c_ 1124578973. htm。
⑤ 《对外文化交流 70 年：向世界展示中国自信和影响力》，中国产业经济信息网，2019 年 11 月 30 日，http：//www. cinic. org. cn/hy/wh/676387. html。

第二，"一带一路"文化外交规模不断增大，民心相通效用日渐凸显。自 2013 年起，中央电视台、中央人民广播电台相继推出《丝绸之路经济带》《合作共赢·民心相通》《"一带一路"进行时》等节目。2014 年国家新闻出版广电总局创办了丝绸之路国际电影节，到 2016 年参加丝绸之路国际电影节的国家达到 57 个。2016 年，中国与"一带一路"沿线的 64 个国家签订了政府间文化交流合作协定，成为指引两国之间文化交流的纲领性文件。同时，积极实施"丝绸之路"留学推进计划，并设立"丝绸之路"中国政府奖学金，为"一带一路"民心相通培育使者。截至 2016 年底，"一带一路"沿线国家在华留学生达到 20 多万人。同时，国家大力支持中国学生到"一带一路"沿线国家留学。2012 年以来，我国共有 35 万余人赴"一带一路"沿线国家留学，仅 2016 年就有 7.5 万人，比 2012 年增长了 38.6%。此外，全面拓展与深化教育人文交流，为"一带一路"民心相通系牢纽带。借助中国—东盟教育交流周、教育部长圆桌会议、大学校长论坛等重要平台，打造了"中国—东盟双十万学生流动计划升级版"项目等一大批教育人文交流品牌项目。①

在《"一带一路"文化发展行动计划（2016~2020）》和《推进共建"一带一路"教育行动》的推动下，教育文化交流与合作成为增进中国与"一带一路"沿线国家和地区民众建立长期关系的有效途径，也为"一带一路"建设储备了大量人才。教育部 2016 年发布的《推进共建"一带一路"教育行动》设计了"四个推进计划"，即"丝绸之路"留学推进计划、合作办学推进计划、师资培训推进计划和人才联合培养推进计划。随着推进计划的稳步实施，中国与"一带一路"沿线国家的文化教育交流与合作取得了巨大成效。2017 年，共有 31.72

---

① 辛闻：《国新办就推进与"一带一路"沿线国家民心相通情况答记者问》，中国网，2017 年 5 月 12 日，http://www.china.com.cn/news/2017-05/12/content_ 40797499.htm。

万名沿线国家的留学生来华，占来华留学总人数的 64.85%。2018 年，共有来自"一带一路"沿线 64 个国家和地区的 26.06 万名留学生来华，占来华留学总人数的 52.95%。① 截至 2019 年 4 月，我国已与 24 个"一带一路"沿线国家签署高等教育学历学位互认协议，共有 60 所高校在 23 个沿线国家开展境外办学，16 所高校与沿线国家高校建立了 17 个教育部国际合作联合实验室。② 同时，为满足"一带一路"沿线国家对人才的需求，中国职业教育采取学历教育与职业培训相结合的方式，积极为"一带一路"建设培养当地熟悉中国技术、产品、标准，致力于促进两国友好合作的技术技能人才。截至 2018 年，我国与"一带一路"沿线国家已经开展了 351 项职业教育国际合作项目，培养学历教育学生近 6000 人，培训超 10 万人次。③ 此外，从 2016 年起，中国职业教育还积极"走出去"，打造"鲁班工坊"中国职教品牌。随着"鲁班工坊"相继落户泰国、英国、巴基斯坦等国家，"鲁班工坊"逐渐成为职业教育助力"一带一路"建设、促进"民心相通"的奋进之笔，成为中国教育的国际化品牌。④

　　孔子学院作为中国文化外交的重要载体，在促进"一带一路"民心相通方面发挥了重要作用。截至 2018 年底，我国已在 52 个"一带一路"沿线国家设立 140 所孔子学院和 135 个孔子课堂。而"孔子新汉学计划"的实施，为"一带一路"沿线国家、非政府组织官员以及大学

---

① 《196 个国家和地区的 49.22 万名留学生去年来华留学》，新华网，2019 年 6 月 3 日，http：//www.xinhuanet.com//politics/2019－06/03/c_1124578973.htm。

② 《服务"一带一路"教育在行动》，教育部网，2019 年 4 月 25 日，http：//www.moe.gov.cn/jyb_xwfb/s5147/201904/t20190425_379436.html。

③ 《服务"一带一路"教育在行动》，教育部网，2019 年 4 月 25 日，http：//www.moe.gov.cn/jyb_xwfb/s5147/201904/t20190425_379436.html。

④ 《服务"一带一路"教育在行动》，教育部网，2019 年 4 月 25 日，http：//www.moe.gov.cn/jyb_xwfb/s5147/201904/t20190425_379436.html。

校长来华攻读博士学位提供了更多机会。① 此外，随着中国与"一带一路"沿线国家间文化贸易的迅速攀升，中国与"一带一路"沿线国家对彼此文化的了解与认知也不断加深。2018 年，我国对"一带一路"沿线国家和地区文化产品进出口总额达 184.8 亿美元，比 2012 年增长了 43.2%，占文化产品进出口总额的 18.1%，比 2012 年提高了 3.5 个百分点。其中，我国对"一带一路"沿线国家和地区的文化产品出口额为 162.8 亿美元，而 2008 年仅为 55.4 亿美元。②

第三，中国文化外交体制机制不断完善，具有中国特色的文化外交运行模式逐渐形成。2012 年 12 月，外交部推动成立了全国一级社会团体"中国公共外交协会"，成为统筹社会各界资源，动员、协调民间力量开展公共外交活动，促进中国公共外交事业发展的重要组织者和推动者。2013 年，我国设立国家艺术基金，为推动优秀中国文化走出去提供了新机制和新平台。党的十八届三中全会决议中明确提出，"鼓励社会组织、中资机构等参与孔子学院和海外文化中心建设，承担人文交流项目"。③ 同时，"提高文化开放水平"也被纳入"十三五规划"重点实施领域。2018 年，新整合成立的文化和旅游部设立国际交流与合作局，负责我国的文化外交工作。新时期我国关于公共外交的制度建设和政策规划，为文化公共外交的发展提供了坚实的组织基础和政策支撑。此外，随着中国文化外交的推进，中外人文交流机制也不断发展和完善。截至 2018 年底，中国已经成立中俄、中美、中法、中英、中欧盟、中印尼、中南非、中德八大中外人文交流机制，与 188 个国家和地区建立了教育合

---

① 《服务"一带一路"教育在行动》，教育部网，2019 年 4 月 25 日，http：//www.moe. gov. cn/jyb_ xwfb/s5147/201904/t20190425_ 379436. html。

② 《对外文化交流 70 年：向世界展示中国自信和影响力》，中国产业经济信息网，2019 年 11 月 30 日，http：//www. cinic. org. cn/hy/wh/676387. html。

③ 《中共中央关于全面深化改革若干重大问题的决定（全文）》，中国网，2013 年 11 月 15 日，http：//www. china. com. cn/news/2013 – 11/15/content_ 30615132_ 6. htm。

作与交流关系，与 46 个重要国际组织开展教育合作与交流。①

这一阶段影响最大的是孔子学院文化教育交流平台的建设。自 2004 年国家汉办在韩国设立首个孔子学院以来，10 年间中国孔子学院已经扩展到 134 个国家（地区），建立了 500 所孔子学院和 1000 个孔子课堂（截至 2015 年 12 月）。此后，孔子学院的发展进入更加注重质量提升的时期。2019 年，中国在全球新设 27 个孔子学院、66 个孔子课堂，其中，海地、中非共和国等 8 个国家首次设立孔子学院。② 不少国家和地区还将汉语教学纳入本国国民教育体系。孔子学院已经成为目前我国在世界各地设立的推广汉语和传播中国文化的最重要机构之一。与英国文化委员会、法语联盟、歌德学院、塞万提斯学院、但丁学院一样，孔子学院既是汉语国际推广的主要平台，也是国家对外教育文化交流与合作的重要渠道，在国家文化外交中发挥着重要的作用。此外，海外中国文化中心作为中国文化传播的重要平台，也从 20 世纪 80 年代的 2 家扩展到 2018 年的 36 家，遍布欧洲、亚洲、美洲和非洲。③ 海外中国文化中心秉承"优质、普及、友好、合作"的宗旨，通过与当地机构合作举办各种文化活动和交流研讨会，并通过组织语言、文化艺术等各类培训项目以及向当地民众介绍中国的历史、文化、发展等，促进双边文化交流与合作，加强两国人民之间的相互了解和友谊。

此外，中国国际文化和旅游品牌也得到不断拓展。2013 年以来，先后成功举办中国—中东欧、中国—东盟、中国—欧盟等 10 余个"文化年""旅游年"活动，还举办了丝绸之路（敦煌）国际文化博览会、

① 《对外文化交流 70 年：向世界展示中国自信和影响力》，中国产业经济信息网，2019 年 11 月 30 日，http://www.cinic.org.cn/hy/wh/676387.html。

② 《8 个国家首次设立孔子学院》，《人民日报》（海外版）2019 年 12 月 13 日，第 1 版。

③ 《第 36 个海外中国文化中心在摩洛哥首都拉巴特正式启用》，华夏经纬网，2018 年 12 月 21 日，http://www.huaxia.com/zhwh/whjl/5980750.html。

丝绸之路国际艺术节、海上丝绸之路国际艺术节等以"一带一路"为主题的综合性文化节会。① 自 2015 年起，文化部和旅游部又启动了"美丽中国——丝绸之路旅游年"项目，成功打造了"欢乐春节""丝路之旅""青年汉学研修计划""中华文化讲堂""千年运河""天路之旅""阿拉伯艺术节"等近 30 个中国国际文化和旅游品牌。

第二节　中国文化公共外交运行机制建构

中国文化公共外交从新中国成立之初发轫，经过 70 多年的发展和探索，已经建立起比较完善的文化公共外交体系。尤其是党的十八大以来，中国文化公共外交已经成为提升中国文化软实力、推进民心相通建设的重要载体。中国文化公共外交也在实践中逐渐形成了具有中国特色的实践路径和运行模式。

一　中国文化公共外交的目标与功能

文化外交是一种通过文化、教育交流增进国家间相互了解和认知，促进理解与信任的活动。从文化公共外交实施的途径来划分，中国文化公共外交有"走出去"和"引进来"两种路径。从文化公共外交的目的和任务来看，随着中国在不同发展阶段面临的国际形势不同，国家外交战略的侧重点也不同，中国文化公共外交的目标和诉求也不尽相同。中国文化公共外交的目标经历了从新中国成立之初让世界了解中国，到改革开放后向世界说明中国，再到新时代提升中国文化软实力、推动构建人类命运共同体的嬗变。

（一）让世界了解中国，打开与世界交往的大门

从新中国成立初期至 20 世纪 70 年代末，是中国文化公共外交的初

---

① 《对外文化交流 70 年：向世界展示中国自信和影响力》，中国产业经济信息网，2019 年 11 月 30 日，http://www.cinic.org.cn/hy/wh/676387.html。

创时期。在新中国成立之初，中国面临的国际形势非常复杂，一边是社会主义国家迅速与新中国建立友好关系，另一边是以美国为首的西方国家对新中国的敌视和封锁以及一些中立国家对新中国的隔阂与远离。因此，在这一时期，新中国文化公共外交的目标和任务具有多重性的特点：一方面，通过与社会主义国家间的文化交流，加深理解，增进友谊；另一方面，借助文化外交增进西方国家和一些中立国家对中国的认知，消除政治隔阂，打开中国与西方世界交往的大门。因此，新中国成立后，中国文化公共外交以与社会主义国家的文化交流为主，逐渐扩展到与中立国家和西方国家的文化交往，文化公共外交的目标以增进国际社会对新中国的了解为主。中国共产党和人民政府历来重视对外文化工作，毛泽东主席曾多次阐述各国之间进行文化交流的必要性，因为"每个民族都有它的长处"，强调加强各民族的文化交流，取长补短，相互帮助。[1] 1956 年，周恩来总理在一届全国人大三次会议上指出："作为增加各国人民之间的相互了解和促进国际合作的一个方法，文化交流已经取得了初步的成就，但是还有更多的工作需要做。"[2] 从 20 世纪 50 年代开始，中国不断增强与朝鲜、越南及苏联、东欧社会主义国家间的文化交流，增进了中国与其他社会主义国家间的友谊。而中国与亚非拉第三世界国家及中立国家间开展的文化交流与互访，也增进了亚非拉国家及中立国家民众对中国的了解，打开了新中国外交新局面，促成了 20 世纪 70 年代世界各国与中国建交的高潮。而"围棋外交""熊猫外交""乒乓外交""文物外交"也发挥了"以民促官"的破冰作用，打开了新中国与西方国家建交的大门。[3]

---

[1] 参见《毛泽东文集》第 7 卷，人民出版社，1999，第 41 页；《毛泽东文集》第 6 卷，人民出版社，1999，第 486 页。

[2] 《周恩来总理兼外交部长关于目前国际形势、我国外交政策和解放台湾问题的发言（之二）》，《人民日报》1956 年 6 月 29 日，第 2 版。

[3] 赵毅、赵剑：《世界大国（地区）文化外交·中国卷》，世界知识出版社，2014，第 188 页。

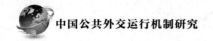

（二）向世界说明中国，展示中国和平发展的国家形象

改革开放至 21 世纪初，是中国文化公共外交全面发展时期。党的十一届三中全会确立了改革开放的战略方针，我国进入了以经济建设为中心的现代化建设新时期，中国外交工作也进入了一个新的阶段。为我国的改革开放和现代化建设创造一个和平发展的外部环境，成为新时期我国外交战略的重要目标。1983 年，邓小平在党的十二届二中全会上指出："经济上实行对外开放的方针，是正确的，要长期坚持。对外文化交流也要长期发展。"① 1984 年，邓小平在新中国成立 35 周年庆祝典礼上的讲话中再次郑重宣布：中国"愿意在和平共处五项原则的基础上，同世界上一切国家建立、发展外交关系和经济文化关系"。② 文化外交作为国家外交战略的重要组成部分，是发展对外文化关系的主要渠道。因此，这一时期中国文化外交的主要目标和任务是向世界说明真实的中国，展示中国和平发展的国家形象，为中国改革开放和经济社会发展塑造一个良好的国际舆论环境。20 世纪 90 年代以后，随着中国改革开放和经济建设成效的不断显现，"中国威胁论"的论调在西方甚嚣尘上。面对复杂的国际环境，以文化为桥梁，让世界了解一个和平发展的中国，推动国际社会对中国的了解、认知和信任，成为当时文化外交的重要目标。党的十五大报告提出，"要坚持以我为主、为我所用的原则，开展多种形式的对外文化交流，博采各国文化之长，向世界展示中国文化建设的成就"。③ 党的十六大报告第一次把文化交流作为外交的一部分进行阐述，强调不断"扩大对外文化交流，增进人民之间的友谊，推动国家关系的发展"。④ 党的十七大报告又提出了通过文化外交

① 《邓小平文选》第 3 卷，人民出版社，1993，第 43 页。
② 《邓小平文选》第 3 卷，人民出版社，1993，第 70 页。
③ 中共中央文献研究室主编《十五大以来重要文献选编》（上），人民出版社，2000，第 37 页。
④ 中共中央文献研究室主编《十六大以来重要文献选编》（上），中央文献出版社，2005，第 37 页。

"提高国家文化软实力"的目标和任务。① 中国文化外交的理念、目标不断完善，文化外交的"引进来""走出去"渠道也不断拓展，中国文化外交趋于稳定和成熟，成为提高国家文化软实力、增强中国文化影响力和竞争力的重要载体。

（三）提升中国文化软实力，塑造良好国家形象

党的十八大以来，是中国文化公共外交创新发展时期。在经过30多年改革开放的发展后，中国的综合国力和国际影响力都显著上升。中国在逐渐走向世界舞台中央的同时，国际社会出现了"中国责任论""中国威胁论"的声音。如何提升中国文化软实力、在国际社会塑造负责任的大国形象，成为我国公共外交的重要任务。文化软实力（又称文化力）作为国家综合国力和国际竞争力的重要组成部分，是塑造国家形象和国际威望、提升国际影响力和吸引力的重要促进力量。而文化外交是一国提升文化软实力，实现国家战略目标的重要途径。美国前参议员富布赖特在谈到发起富布赖特交流项目时就曾指出，"一代人之后，美国与其他国家的价值观念交流要比军事和外交优势对世界格局的影响更大"。② 经过半个多世纪的发展，富布赖特项目作为当前世界上规模最大的国际文化交流计划，对美国价值观念的传播和文化软实力的提升起到了巨大的促进作用。党的十九大报告明确提出，要在国际社会"讲好中国故事"，展现"真实、立体、全面"的中国，提高"国家文化软实力"。③ 因此，提升文化软实力，增强文化自信，塑造负责任大国形象成为新时代我国文化公共外交的重要目标和任务。孔子学院、海

① 中共中央编译局主编《中国共产党第十七次全国代表大会文件汇编》，人民出版社，2007，第32页。

② Philip H. Coombs, *The Fourth Dimension of Foreign Policy: Educational and Cultural Affairs*, New York and Evanston: Harper and Row, 1964, pp. X - XI.

③ 习近平:《决胜全面建成小康社会 夺取新时代中国特色社会主义伟大胜利——在中国共产党第十九次全国代表大会上的报告》，中国政府网，2017年10月27日，http://www.gov.cn/zhuanti/2017-10/27/content_5234876.htm。

外中国文化中心的数量和规模不断扩大，成为中国文化"走出去"的重要载体，为世界人民了解中国、贴近中国提供了平台。"中国文化年""欢乐春节""丝路之旅"等文化交流品牌的效用不断显现，成为推进"一带一路"民心相通、塑造人类命运共同体意识的重要途径。

二　中国文化公共外交运作方式

文化外交是一种以"文化传播、交流与沟通为内容所展开的外交"。[①] 文化外交是公共外交的重要组成部分，甚至"在很大程度上可以说，公共外交就是文化外交"。[②] 1979 年，前美国审计长埃尔默·斯达茨（Elmer Staats）在提交给国会的报告中就把公共外交界定为"由公众参与的国际交流、文化和教育活动"，认为公共外交由国家信息、教育和文化关系组成。[③] 而英国负责公共外交的机构是英国文化委员会，英国的公共外交也被称为"文化外交"。可见，"文化外交"与"公共外交"的联系最为密切，在很多国家的外交实践中，这两者也是重叠在一起的。从公共外交的范畴来看，文化外交属于公共外交的一部分，是公共外交中借助文化和教育交流进行的公共外交活动，也是公共外交中花费时间最长的部分。文化外交突出的是"相互理解"与"互惠"（reciprocal），致力于相互关系和稳定关系的建立，追求、强调通过赢得观念和建立信任实现长期目标和长远利益。[④] 文化公共外交运作的逻辑是：一国政府借助国内教育文化部门、社会组织和公众与海外公众进行文化、教育交流，增进相互了解与认知，目的在于塑造文化认同和建立稳定的关系，从而能够对他国的对外政策施加影响，使之能够朝

---

① 李智：《文化外交——一种传播学的解读》，北京大学出版社，2005，第 24 页。
② 李智：《文化外交——一种传播学的解读》，北京大学出版社，2005，第 34 页。
③ Allen C. Hansen, *USIA*: *Public Diplomacy in the Computer Age*, New York: Praeger, 1989, p. 2.
④ Jan Melissen, *The New Public Diplomacy*: *Soft Power in International Relations*, New York: Palgrave Macmilian, 2005, p. 21.

着有利于增进本国利益的方向演变，进而促成目标国政府制定有利于本国的政策、推动双边关系的发展。简言之，文化公共外交采用的是"政府—文化交流—他国公众—他国政府"的运作方式（见图6-1）。

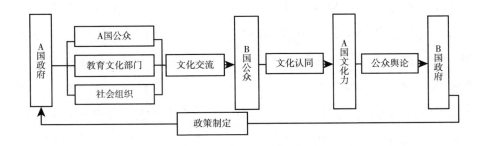

图6-1　文化公共外交运作方式简图

从本质上看，文化公共外交所反映出来的是"一国政府着眼于沟通不同思想文化，促进彼此的理解和交流的外交努力"。① 这种以文化为载体的外交形式，在行为主体、行为对象和行为方式上既具有公共外交的一般特性，也有其自身的特点。

第一，文化公共外交的行为主体是一国政府，这是公共外交的本质特征之一。不过，文化公共外交在实施的过程中主体的多元化倾向越来越突出。政府的主体作用更多地表现为一种管理、协调作用，越来越多的社会组织和公众参与到文化公共外交的各类项目和活动中，成为有效的公共外交实施主体。中国文化公共外交的实施主体包括两类。一是政府机构和政治家，政府机构尤其是负责文化公共外交的文化、教育或外交机构是文化交流的主导者、策划者，也是管理者和协调者；而政治家通过与目标国公众进行直接交流或参与目标国文化交流是拉近与目标国公众距离的有效方式。2019 年上半年，习近平主席分别给美国北奈尔斯高中学生、意大利罗马国立住读学校学生和老挝农冰村小学师生写了

---

① 赵可金：《美国公共外交的兴起》，《复旦学报》（社会科学版）2003 年第 3 期。

"特殊"的回信,勉励同学们为增进两国人民友谊作出贡献。三封回信内容寄语谆谆,见证了促进民心相通的一段段佳话,展现了习近平主席加强中外人文交流的大国领袖风范。二是数量庞大的文艺演出团体、学术机构等社会组织以及高等院校、智库、文化企业等文化公共外交实施主体。这类公共外交的实施主体范围广泛、类型多样、各具优势和特色,使中国文化交流规模和形式日益多样化,文化交流项目和活动的受欢迎度和效应也不断提升。此外,近年来,中国高校、智库等专门的学术机构和社会组织,在加深中国对外文化交流的层次、增进双向交流与认同方面发挥了重大作用。

第二,文化公共外交的行为对象是他国公众。从文化公共外交发挥作用的路径来看,文化公共外交是行为主体与客体之间不同文化信息的交换过程,是一种借助文化交流增进不同文化实体之间的相互理解和认知的活动。"文化外交的实质是与世界各国人民之间心灵的沟通和情感的交流,在沟通、了解的基础上达到理解与尊重。"①

第三,文化公共外交的行为方式及目标的达成具有间接性的特征,即通过与目标国公众之间文化的信息交换,实现目标国公众对该国文化的认知与理解,塑造和展示良好国家形象,进而建立相互信任和认同,从而达到影响目标国看法的目的。尤其是异质文化间的跨文化交流,有助于减少文化差异导致的误读和误解,增进不同文化群体之间的理解和信任。简言之,文化外交可以通过凝聚在文化活动和文化产品中的价值观念的对外投射产生文化吸引力,提升本国文化的影响力,进而构建与他国民众之间友好、信任的认同关系。

三 中国文化公共外交的运行机制

文化公共外交作为一种利用文化手段与他国公众之间的交往活动,

---

① 孙家正:《不断提高建设社会主义先进文化的能力》,《求是》2004 年第 24 期。

包括艺术展演、语言教学、教育交流与合作项目、人员往来以及文化产品贸易等诸多方式。因此，文化公共外交的运行模式与路径选择也具有多样性。从文化公共外交的向度划分，我国文化公共外交有"引进来"和"走出去"两种运行模式。其中，"引进来"向度的文化外交，包括两个方面的主要内容，一是致力于向我国人民介绍各国人民创造的优秀文化成果的文化产品、艺术引进项目，二是留学生项目、中国政府奖学金项目等"建立长期关系"的努力。"走出去"向度的文化外交，致力于向世界人民展示中国优秀传统文化和社会主义新文化，增强世界对中国和中国文化的了解、认知和认同。近年来，以孔子学院、海外中国文化中心的汉语教学、中国艺术团体的海外演出、文化产品的出口以及"文化年""旅游年"等大型文化交流活动为主要渠道和载体的"走出去"项目和活动，是中国文化公共外交的最主要的实践路径。

（一）"引进来"方式

"文化因交流而丰富，因交融而多彩。人类社会的发展过程，就是各种文明不断交流、融合、创新的过程。"[①] 中华文化的重要特性之一就是善于借鉴世界优秀文化，不断丰富和发展自身。中华文明历经五千年生生不息，既是中华民族精神的积淀，也是同其他文明不断交流互鉴的结果。历史上，丝绸之路的开辟、玄奘西行、郑和七下西洋以及马可·波罗与利玛窦来华传教，中国在向世界其他国家传播中国文化的同时，也引进了大量世界优秀文化成果。沿着古丝绸之路，中国的造纸术、火药、印刷术、指南针四大发明传到西方，推动了世界变革和西方文艺复兴。同时，佛教、伊斯兰教、基督教、阿拉伯的天文、历法、医药以及欧洲的数学、地理学、现代科技知识也纷纷传入中国，丰富了中国人民的精神世界，促进了中国科技的发展。

---

① 《习近平发表演讲：文化交流需要超越偏见和误解》，中国网，2009 年 10 月 14 日，http://www.china.com.cn/book/txt/2009-10/14/content_18701048.htm。

新中国成立后，中国共产党和人民政府非常重视引入和吸收外国先进文化，为发展中国新文化提供借鉴。这一时期，中国与苏联等社会主义国家及广大亚非拉第三世界国家开展的文化交流与合作，巩固了中国与这些国家的友好关系，增进了中国人民与各国人民的友谊。同时，对外文化交流与合作也促进了新中国文化事业的发展。在苏联等社会主义国家的帮助下，我国引进了芭蕾舞、交响乐、歌剧等许多西方古典艺术门类，培养了大批文艺人才。[①] 此外，中国也在学习和借鉴国外先进文化管理经验的基础上，先后成立了新型文艺院团，在全国各地建设了影剧院、图书馆、美术馆、博物馆等公益文化设施，基本改变了旧中国文化事业积贫积弱的局面。[②]

改革开放后，中国的文化外交进入全面发展时期，中国在大量引入外资和技术发展经济的同时，文化"引进来"的成果也不断显现。改革开放初期，中国文化外交以"引进来"为主，促进了我国文化市场的培育和文化经济、文化产业的发展。1984 年，广州开设了第一个音乐茶座，上海和广州也开始引进录像机并开始大规模生产。日本的动漫和村上春树的文学作品、美国流行音乐及好莱坞影片，成为改革开放后对中国几代人都产生重大影响的"外来文化"。同时，来华留学生项目和中国政府奖学金项目也开始逐渐扩大。我国的留学生项目始于20 世纪 50 年代，当时主要是按照中国与苏联、东欧社会主义国家达成的交换留学生协议，接受少量的社会主义国家的留学生和交换生。1950 年，来自保加利亚、匈牙利等东欧国家的 33 名留学生成为新中国接受的第一批来华留学生。为规范留学生项目的开展，1955 年，我国出台了

---

① 韩鑫：《中国共产党领导新中国文化对外交往的成就与经验》，国史网，2014 年 11 月 6 日，http://www.hprc.org.cn/gsyj/yjjg/zggsyjxh_1/gsnhlw_1/d11jgsxsnhlw/201411/t20141106_300742.html。

② 韩鑫：《中国共产党领导新中国文化对外交往的成就与经验》，国史网，2014 年 11 月 6 日，http://www.hprc.org.cn/gsyj/yjjg/zggsyjxh_1/gsnhlw_1/d11jgsxsnhlw/201411/t20141106_300742.html。

《各人民民主国家来华留学生暂行管理办法》。不过，改革开放前，来华留学生大多属于协议留学生或学校互相交流派遣的交换生，人数非常有限。改革开放后，为促进人文交流和建立良好的人际关系，我国的留学生项目开始逐步扩大。1985 年和 1989 年，我国还先后出台了《外国留学生管理办法》和《关于招收自费外国来华留学生的有关规定》。此后，来华留学生数量、生源国数量、接受院校规模均逐年增长，到 2000 年，来华留学生人数已经超过 5 万人。进入 21 世纪以来，来华留学生人数连年攀升（2003 年因"非典"略有下降），到 2004 年来华留学生人数已经超过 11 万人，留学生来自全球 178 个国家和地区。[①] 2004~2014 年，来华留学生人数增长了 2.4 倍，2014 年来华留学生超过 37.7 万人。[②] 近年来，在留学中国计划及"一带一路"沿线国家来华留学生计划等相关政策的推动下，来华留学生数量进一步攀升。2018 年，共有 49.22 万名外国留学生来华学习。其中，来自"一带一路"沿线国家的留学生达到 26.06 万人。[③] 中国已经成为亚洲最大的留学目的国，来华留学生不仅是中外人民友好交流的桥梁和纽带，也是中国发展的见证人。同时，来华留学生项目也为中国友好国家特别是发展中国家培养了大批优秀人才和中外友好关系的推动者。2010 年，来华参加"新中国接受外国留学生 60 周年纪念活动"的罗马尼亚前驻华大使罗明说："我们为中国的成就感到自豪，中国是我们真正的、全天候的朋友。"[④] 罗明是新中国首批接受的来华留学生之一，他的夫人萨安娜也在 1956 年来华留学，罗明大使的女儿和女婿也曾是来华留学生，女婿伊斯蒂奇瓦曾任驻华大使，

---

① 《2004 年全国来华留学统计年鉴》，教育部网，2019 年 10 月 20 日，http：//www. moe. gov. cn/srcsite/A20/moe_ 850/200502/t20050206_ 77817. html。

② 《2014 年全国来华留学生数据统计》，教育部网，2020 年 5 月 20 日，http：//www. moe. gov. cn/jyb_ xwfb/gzdt_ gzdt/s5987/201503/t20150318_ 186395. html。

③ 《从"有学上"到"上好学"》，《人民日报》（海外版）2019 年 9 月 12 日，第 6 版。

④ 《教育部举办新中国接受外国留学生 60 周年纪念活动》，《教育部简报》2010 年第206 期，教育部网，2010 年 11 月 9 日，http：//www. moe. gov. cn/jyb_ sjzl/s3165/201011/t20101126_ 111908. html。

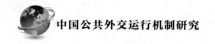
女儿塔尼亚曾任文化参赞，罗明大使一家对中罗友好作出了重要贡献。

（二）"走出去"方式

新中国成立初期，鉴于我国文化艺术力量和国力的有限性，我国文化外交"走出去"的形式与规模都非常有限。派遣文艺团（组）出国访问演出、艺术展览和图书外销等是新中国早期文化外交"走出去"的主要方式，文化外交的目标国以苏联、东欧社会主义国家和亚非拉第三世界国家为主。从 1951 年开始，作为中国的文化使节，中国的文化代表团开启了文化交流之旅。中国青年文工团于 1951 年访问苏联、奥地利等国家后，中国的杂技、歌舞、戏剧等艺术团（组）的足迹遍布尚未与中国建交的北欧、西欧及亚非拉国家，扮演了"开路先锋"和"外交先行官"的角色。① 为促进苏东人民"对中国艺术的认识"，1950年10月至1951年10月，"中华人民共和国艺术展览会"先后在苏联、民主德国和波兰展出。此次展览历时一年多，是新中国成立后中国文化"走出去"的第一次重大活动。展览引起苏联和东欧国家人民的广泛反响，在莫斯科展览的半个月内，参观人数达到20万人。② 通过中国古代文物和现代艺术作品展览，展示了中国的文化与历史及中国革命曲折而光辉的历程，是一次展示新中国形象、巩固友谊之旅，也促进了苏联、东欧国家人民对中国历史和社会现状的了解和认知。③ 1950 年元旦，新中国第一本外文期刊《人民中国》问世。此后，《人民画报》《中国文学》《中国建设》《北京周报》等外文期刊相继创刊，成为新中国向世界介绍中国经济社会发展及历史文化的重要载体。④ 此外，

---

① 赵可金、陈碧琳：《中国共产党对文化外交的理论探索》，《当代世界与社会主义》2016 年第 1 期。

② 新华社：《中苏两国人民一年来的文化交流》，《人民日报》1951 年 2 月 15 日。

③ 赖荣幸：《新中国第一次中国艺术海外展的模式与意义——1950 年苏联"中国艺术展"》，《美术研究》2014 年第 2 期。

④ 韩鑫：《中国共产党领导新中国文化对外交往的成就与经验》，国史网，2014 年 11 月 6 日，http：//www. hprc. org. cn/gsyj/yjjg/zggsyjxh _ 1/gsnhlw _ 1/d11jgsxsnhlw/201411/t20141106_ 300742. html。

1952 年，我国著名语言学家朱德熙教授受政府派遣到保加利亚教授汉语，开启了中国对外汉语教学的历史。

改革开放后，中国文化外交"走出去"的渠道和规模不断扩大，并形成了一大批富有中国传统文化色彩的文化外交品牌，为增进中国与世界相互了解提供了重要平台。1996 年，全国对外文化工作会议确定了新形势下我国对外文化工作的原则，即"把握方向，服从大局，以我为主，择精取优，扩大影响，促进友谊"。[①] 2003 年 12 月，我国正式提出文化"走出去"战略，中国文化外交"走出去"步伐进一步加快。"亚洲艺术节""中非文化聚焦""文化中国·四海同春""欢乐春节"等一批重点文化交流活动覆盖全球 100 多个国家和地区，成为中国文化外交"走出去"的标志性品牌。孔子学院、海外中国文化中心成为中国文化"走出去"的重要代表。从 2004 年中国在韩国建立第一所孔子学院开始，孔子学院、孔子课堂遍及世界五大洲的 140 多个国家和地区。2004 年，中国图书对外推广计划启动，通过资助出版中国的图书和向国外图书馆赠送图书，让世界各国人民更好地了解中国。2005 年，中国的出版社就与英国、法国、日本、美国、澳大利亚、新加坡等国的十余家出版机构签署了资助 300 多万元人民币、出版 170 多种图书的协议。[②]

党的十八大以来，我国文化外交"走出去"最大的亮点是"一带一路"文化外交项目的实施。自 2013 年起，新闻出版广电总局实施了"丝绸之路影视桥工程"和"丝路书香工程"，两大工程在促进民心相通方面发挥了积极作用。中国还通过与"一带一路"沿线国家和地区签订互译出版协议的形式翻译出版中国优秀图书。同时，文化部与旅游部

---

① 《对外文化原则》，中国文化网，2004 年 6 月 28 日，http：//www.chinaculture. org/gb/cn_law/2004 -06/28/content_ 49700. htm。

② 《相关资料："中国图书对外推广计划"综述》，国务院新闻办公室网，2012 年 4 月 1 日，http：//www. scio. gov. cn/ztk/dtzt/71/9/Document/1135689/1135689. htm。

也在着力建立"一带一路"文化交流机制，夯实互联互通基础，建立健全丝绸之路国际剧院、博物馆、艺术节、图书馆、美术馆联盟。近年来，开展的"一带一路"文化贸易与投资重点项目征集活动，培育了一批重点文化企业和文化项目，推动了中国文化产业的蓬勃发展。此外，继《动漫游戏产业"一带一路"国际合作行动计划》之后，我国政府又印发了《2018 年文化部"一带一路"文化贸易与投资重点项目名单》，进一步助推中国与"一带一路"沿线国家文化交流合作和文化贸易发展。① 总之，党的十八大以来，我国文化外交"走出去"不断创新观念、思路、体制机制和方式方法，形成了"政府主导、企业主体、市场运作、社会参与"的对外文化交流格局。②

此外，中国文化外交"走出去"品牌也不断进行形式和路径的创新。"欢乐春节"品牌自 2010 年正式冠名以来，活动形式不断创新，"春节庙会""行走的年夜饭"等子品牌蓬勃发展，内容也从文艺演出拓宽至非遗互动、艺术展览、文贸推介、创新创业、商务对接等诸多方面，成为具有广泛影响力的中国文化"走出去"品牌。在"欢乐春节"品牌下，越来越多的中国演艺团体走出国门，让海外观众有机会在家门口就能欣赏中国的文化和艺术。乌克兰文化部副部长福缅科指出，精彩的"欢乐春节"文艺演出是"一份来自中国的礼物"，是"一场真正的文化盛宴"，它让两个相距遥远的国家和民族在活动中如此接近。③ 2017 年，"欢乐春节"在全球 140 多个国家和地区的 500 余座城市举办了 2000 多项文化活动。④ 2019 年，"欢乐春节"以文化和旅游融合发展

---

① 《对外文化交流 70 年：向世界展示中国自信和影响力》，中国产业经济信息网，2019 年 11 月 30 日，http：//www. cinic. org. cn/hy/wh/676387. html。

② 欧阳雪梅：《改革开放 40 年中国文化建设的成就》，《国家行政学院学报》2018 年第 6 期。

③ 《"欢乐春节"走过九载 古老节日焕发新活力》，央广网，2018 年 2 月 19 日，http：//news. cnr. cn/native/gd/20180219/t20180219_ 524138722. shtml。

④ 《对外文化交流 70 年：向世界展示中国自信和影响力》，中国产业经济信息网，2019 年 11 月 30 日，http：//www. cinic. org. cn/hy/wh/676387. html。

为主题，将文化体验和旅游推广融入"欢乐春节"各项活动，在 133
个国家和地区的 396 座城市开展了 1500 余场活动，涵盖演出、展览、
庙会、广场巡游、非遗互动、讲座论坛、冰雪龙舟等 30 多种类型。①
"欢乐春节"在推动春节成为全球共享的国际性节日，扩大中国文化和
旅游影响力方面发挥了重要作用。

　　总之，新中国文化外交从一开始就非常注重文化交流的双向度性，
通过"引进来"与"走出去"并举的路径模式，促进中国人民与世界
各国人民之间的相互了解、认知与信任。不过，受国际环境、国内经济
社会发展水平和外交战略等因素的影响，早期中国文化外交的规模和实
施渠道都比较有限。改革开放后，随着我国与世界交往的深度和广度的
增强及我国综合国力的增长，我国文化外交无论是"引进来"还是
"走出去"的规模、层次和影响力都不断提升，发挥着讲好中国故事，
展示中国形象，提升中国文化软实力的重要作用。尤其是随着"一带
一路"建设的推进，一系列"一带一路"文化外交项目和活动成为促
进民心相通、增强命运共同体意识的重要方式和手段。简言之，中国文
化公共外交"引进来"与"走出去"并重的双向交流模式，在增进中
国与世界相互理解与信任、提升中国文化软实力方面发挥着不可或缺的
重要作用。

第三节　中国文化公共外交案例：孔子学院

　　中国文化公共外交"引进来"与"走出去"并重的路径方式，是
新中国 70 多年文化公共外交理念与实践经验的总结。进入 21 世纪以
来，随着我国文化外交"走出去"战略的实施，文化外交"走出去"

---

　　① 《2019 年"欢乐春节"将闪耀全球》，新华网，2019 年 1 月 16 日，http：//www. xinhua
net. com/politics/2019 - 01/16/c_ 1123999907. htm。

的渠道、层次和规模不断拓展，成为我国文化外交的主要方式。为检验中国文化外交"走出去"路径方式的可行性与效用，本部分以海外孔子学院的建设为例，探究孔子学院在"走出去"历程中取得的成效，分析其优势与不足，以期增强中国文化公共外交的效用。

一　孔子学院的发展历程

进入 21 世纪以来，经过 30 多年改革开放发展的中国越来越走近世界舞台的中央，国际社会了解中国的意向也不断增强。同时，随着国际社会软实力竞争的不断加剧和国际社会新一轮"中国威胁论"的泛滥，中国亟须提升在国际社会的软实力，讲好中国故事，促进世界对和平崛起的中国的了解。因此，在中国文化"走出去"战略指导下，中国借鉴西方国家语言推广的经验，开始在海外设立孔子学院，推广汉语教学满足国际社会对"汉语热"的需求，传播中国文化，展示中国文化软实力。2004 年 11 月，中国首家海外孔子学院在韩国首尔成立，揭开了孔子学院发展的序幕。孔子学院的发展大体经历了初创起步、迅速发展和稳步推进三个阶段，成为传播中国文化和推广汉语教学的全球品牌和平台。

（一）孔子学院初创起步阶段

从 2004 年全球第一家孔子学院设立到 2005 年底，大体属于孔子学院的初创起步阶段。这一时期，国际社会对孔子学院这一新生事物大多持观望态度，孔子学院的发展处于摸索阶段。2005 年，全球新增 25 所孔子学院。在地域分布上，前两年设立的孔子学院多集中在亚洲周边国家和美国、英国等少数国家。其中，2005 年建立的瑞典斯德哥尔摩大学孔子学院是欧洲首个孔子学院，同年成立的伦敦孔子学院是英国第一家孔子学院。2005 年 8 月，由山东大学与新加坡南洋理工大学合作建设的南洋理工大学孔子学院，是新加坡第一所也是唯一一所孔子学院。在孔子学院师资力量上，初期汉语教师主要由国家汉办从国内选拔派出，数量比较有限。2005 年全年派出汉语教师仅 300 余人，派出志愿者 700 人。[1] 在孔子学院的建设模式上，以国内高校和国外高校合作办学为主。这种模式建立的孔子学院一般由国外高校提供教学、办公场所和设备，同时，负责办理孔子学院建立的相关法律手续，并负责招生和管理工作。中方高校主要负责提供师资，并派遣孔子学院院长与外方院长共同管理孔子学院工作。

（二）孔子学院迅速发展阶段

2006 ~ 2012 年，是孔子学院迅速发展时期，孔子学院的数量和地域分布都有了大幅扩展。到 2006 年底，我国在海外建立的孔子学院达到 122 所，分布在 49 个国家和地区，一年新增孔子学院 97 所。此后 6 年间，每年都在增加。截至 2012 年 12 月，已有 400 所孔子学院、500 多个孔子课堂遍布世界 100 多个国家和地区，注册学员 65.5 万人，成为各国人民了解中国文化和当代中国的窗口。[2] 同时，汉语教学的影响力也在不断上升，2006 年全球孔子学院举办汉语课程仅 300 班次，到 2012 年全球 400 家孔子学院举办汉语课程达到 34000 班次（见表 6 - 1）。随着孔子学院汉语教学的影响力不断增大，国际社会"汉语热"也不断升温。到 2012 年，已有英国、瑞典、爱尔兰等 40 多个国家将汉语教学纳入国民教育体系。同时，汉语也成为日本、韩国、泰国、蒙古国等国的第二大外语。[3] 这一时期，孔子学院的办学模式有了较大的发展，形成了不同类型的合作办学模式，如国内外高校联合共建模式、中小学或语言中心联合共建模式、高校联合社团机构或跨国公司合作共建模式、高校与政府联合共建模式以及汉办与外方直接

---

[1]　昌灏：《孔子学院的发展回顾与前瞻》，《高教发展与评估》2015 年第 1 期。

[2]　《第七届全球孔子学院大会在京召开》，人民网，2012 年 12 月 17 日，http://world. people. com. cn/n/2012/1217/c1002 - 19917780. html。

[3]　《刘延东出席第八届全球孔子学院大会开幕式并致辞》，中央政府门户网，2013 年 12 月 7 日，http://www. gov. cn/ldhd/2013 - 12/07/content_ 2544200. htm。

合作共建模式。① 不过，国内外高校联合办学仍然是孔子学院建设中比较普遍的一种类型，这种办学模式能够较好地利用高校的师资力量和学习资源。

表 6-1　孔子学院发展情况（2006~2012 年）

年份	孔子学院数（所）	分布国家/地区数（个）	汉语课程（班次）	注册学生数（万人）
2006	122	49	300	1.3
2007	226	66	1200	4.6
2008	249	78	6000	13
2009	282	88	9000	26
2010	322	96	18000	36
2011	358	105	24000	50
2012	400	108	34000	65.5

资料来源：孔子学院总部官方网站；《孔子学院年度报告 2006~2013》；《中国教育年鉴 2000~2013》。

同时，孔子学院在师资力量的建设上也取得了重大进展，教师数量不断增加，师资队伍的多元化趋势也不断拓展。2006 年，我国向 80 个国家共派出汉语教师 1004 人，是 2005 年派出人数的 3 倍多。培训国外汉语教师 15896 人次，比 2005 年增长了 50%。② 此后，孔子学院汉语教师派出数量和国外培训汉语教师的数量都在不断增加，汉语教师队伍的多元化和本土化趋势不断显现。2010 年，我国派出的汉语教师已经超过 3000 人，分布在 114 个国家和地区，比 2009 年增长了 46%。同时，还组织了 2500 名外国中小学教师来华接受教材培训。③ 此外，孔子学院在教材建设方面也取得了巨大进展。在教材的

---

① 昌灏：《孔子学院的发展回顾与前瞻》，《高教发展与评估》2015 年第 1 期。

② 涵宇：《汉语加快走向世界是件大好事——海外孔子学院建设跨越式发展综述》，《中国教育报》2007 年 3 月 17 日，第 3 版。

③ 孔子学院总部暨国家汉语国际推广领导小组办公室：《孔子学院总部暨国家汉办 2010 年年度报告》，中国人民大学出版社，2010，第 33 页。

开发方式上，从中方单方开发教材逐渐发展到国内外联合开发教材，教材的国别化、本土化也不断增多。在教材的发行方式上，也从孔子学院总部统一赠书发展到根据海外孔子学院的申请配赠，并设立海外教材推广中心以贸易方式进行教材的推广。据统计，截至 2012 年，全球出版的汉语教材已经超过 1.2 万种。①

（三）孔子学院稳步推进阶段

随着海外孔子学院数量和规模的不断扩大，孔子学院的影响力也不断扩大。以美国为首的西方国家开始"质疑"孔子学院的性质与动机，给孔子学院贴上政治标签，指责孔子学院是中国"输出文化价值观的平台"，是搞"文化渗透"，目的就是阻碍中国孔子学院的发展。2012年 5 月，美国国务院对美国孔子学院的学术资质进行所谓的"审查"，要求部分孔子学院教师离境。2014 年，芝加哥大学和宾夕法尼亚州立大学又先后宣布停止与孔子学院合作。孔子学院的发展遭受质疑，很大程度上是西方出于意识形态原因对中国文化传播的打压。当然，孔子学院在迅速发展的过程中也出现了一些忽视建设质量的问题。因此，针对孔子学院在建设中出现的问题，为进一步加强孔子学院建设，2013 年 2 月，教育部发布了《孔子学院发展规划（2012～2020 年）》（以下简称《孔院发展规划》）。《孔院发展规划》为今后孔子学院建设提供了指导思想，明确今后孔子学院建设要"适应我国公共外交和人文交流需要，抓住机遇，合理布局"。《孔院发展规划》强调，今后孔子学院要"以汉语教学为主体"，并充分发挥孔子学院"综合文化交流平台"的作用，推动中国语言文化走向世界，促进中外友好关系的发展。同时，要求在孔子学院建设中"以提高质量为核心"，突出发展重点，提高办学质量和水平，特别强调"开办一所就办好一所"。《孔院发展规划》还为今后孔子学院建设提出了遵循的四项基本原则，即坚持"科学定

---

① 昌灏：《孔子学院的发展回顾与前瞻》，《高教发展与评估》2015 年第 1 期。

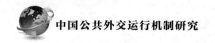

位、突出特色""政府支持、民间运作""中外合作、内生发展""服务当地、互利共赢"。① 在《孔院发展规划》的指导下，孔子学院建设进入提质增效、稳步推进的新阶段。

截至 2013 年 12 月，我国在全球 120 个国家和地区设立了 440 所孔子学院，并在 646 所中小学建立了孔子课堂，注册学员达 85 万人。② 到 2014 年全球第一个孔子学院建立 10 周年之际，已建成 465 所孔子学院和 713 个中小学孔子课堂，覆盖全球 123 个国家和地区。③ 孔子学院成为传播中国文化、促进文明交流的重要载体，也成为中国文化"走出去"的标志和品牌。此后，孔子学院的办学质量和水平不断提高，商务、中医、武术等特色孔子学院不断增多，孔子学院的办学实效和吸引力不断上升。继 2006 年英国伦敦商务孔子学院建立后，商务特色孔子学院建设成为特色孔子学院建设的代表。截至 2019 年，全球已经建成英国利兹大学商务孔子学院、希腊雅典商务孔子学院、巴西商务孔子学院、ESCP 欧洲高等商学院商务孔子学院（欧洲商务孔院）、斯洛伐克马杰伊贝尔大学商务孔子学院等十几所商务特色孔子学院。商务孔子学院不仅面向在校学生和企业社会团体及个人开设商务特色汉语课程，还定期举办中外经贸和商务主题的各种研讨会、报告会和圆桌会议，利用多种形式推广介绍中国文化和当代中国社会、经济发展经验，成为推广汉语言和中国文化，促进中外商界与青年相互理解，推动中外经济交流和发展的重要载体。④

① 《孔子学院发展规划（2012～2020 年）》，教育部网，2013 年 2 月 28 日，http://www.moe.gov.cn/jyb_xwfb/gzdt_gzdt/s5987/201302/t20130228_148061.html。
② 《刘延东出席第八届全球孔子学院大会开幕式并致辞》，中央政府门户网，2013 年 12 月 7 日，http://www.gov.cn/ldhd/2013-12/07/content_2544200.htm。
③ 《世界同庆全球孔子学院建立十周年暨首个全球"孔子学院日"》，《人民日报》2014 年 9 月 28 日，第 3 版。
④ 《欧洲商务孔子学院在巴黎揭牌》，新华网，2019 年 5 月 14 日，http://www.xinhuanet.com/world/2019-05/14/c_1124491749.htm。

中医、武术被国际社会认为是具有代表性的中国元素，因此，近年来中医孔子学院和武术孔子学院也成为孔子学院建设的特色之一。继 2008 年在英国伦敦南岸大学设立第一所中医孔子学院后，澳大利亚、日本、埃塞俄比亚、哥伦比亚、匈牙利、泰国、南非等国也相继建立中医孔子学院。其中，2015 年 4 月设立的匈牙利佩奇大学中医孔子学院是欧洲大陆首所，也是全球第 7 所中医孔子学院。2019 年 9 月建立的南非西开普大学中医孔子学院则是非洲大陆首家中医孔子学院。2017 年 4 月 9 日，全球孔子学院首家"中国武术中心"在美国亚利桑那大学孔子学院正式揭牌。2018 年 12 月，孔子学院总部与国家体育总局签署了关于开展太极和武术对外交流的战略合作备忘录，双方合作在海外孔子学院开设太极文化和武术课程，并推动太极文化和武术孔子学院的建设。此外，还有一些孔子学院将汉语教学和职业培训结合起来，帮助学生在学习汉语言文化的同时提高职业技能。经过十几年的发展，孔子学院"多层次、多样化、广覆盖"的发展格局基本形成。

截至 2020 年 4 月，全球已有 162 个国家（地区）设立了 541 所孔子学院和 1170 个孔子课堂。不过，从孔子学院的地域分布来看，孔子学院在各大洲之间的分布差别仍然较大。其中，欧洲的孔子学院数量最多，欧洲 43 个国家和地区共建有 187 所孔子学院。美洲建有 138 所孔子学院，亚洲建有 135 所孔子学院。美洲孔子课堂数量最多，有 560 个，欧洲次之，有 346 个。孔子学院在欧洲分布最广，基本上实现了欧洲国家全覆盖。大洋洲孔子学院的数量和国家覆盖率最低，仅有 20 个孔子学院分布在大洋洲 7 个国家（见表 6 - 2）。①

---

① 国家汉办官网 - 孔子学院，http：//www.hanban.org/confuciousinstitutes/node_ 10961.htm，最后访问日期：2020 年 5 月 10 日。

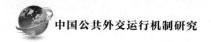

表6-2　孔子学院/孔子课堂全球分布情况

单位：个

大洲	地区	孔子学院	孔子课堂
欧洲	43	187	346
美洲	27	138	560
亚洲	39	135	115
非洲	46	61	48
大洋洲	7	20	101
总计	162	541	1170

资料来源：根据国家汉办官网数据统计，http：//www. hanban. org/confuciousinstitutes/node_ 10961. htm，最后访问日期：2020 年 5 月 10 日。

此外，孔子学院在世界各国的分布状况也差别巨大。拥有孔子学院最多的 10 个国家的孔子学院数量占到全球孔子学院总数的 45% 以上。美国是建有孔子学院数量最多的国家，共有 81 所孔子学院，而排名第 10 的意大利仅有 12 所，不到美国孔子学院数量的 15%（见图 6-2）。此外，绝大多数建有孔子学院的国家仅有 1~2 所孔子学院。南非是非洲拥有孔子学院数量最多的国家，仅有 6 所孔子学院。大洋洲 20 所孔子学院中，澳大利亚一国就占了 14 所。[1]

二　孔子学院的运行模式

为推广普及汉语教学，增进各国人民对中国语言文化的理解，满足国际社会日渐上升的"汉语热"需求，2004 年国务院批准了国家汉办制定的"汉语桥工程"。"汉语桥工程"旨在"向世界推广汉语，弘扬中华文化，增进世界各国对中国的了解和友谊，促进世界和平与发展"。[2] 孔子学院是"汉语桥工程"的重要组成部分，目的是"促进世

---

[1]　国家汉办官网-孔子学院，http：//www. hanban. org/confuciousinstitutes/node_ 10961. htm，最后访问日期：2020 年 5 月 10 日。

[2]　《汉语桥工程简介》，教育部网站，2005 年 7 月 10 日，http：//old. moe. gov. cn//publicfiles/business/htmlfiles/moe/moe_ 1017/200507/10586. html。

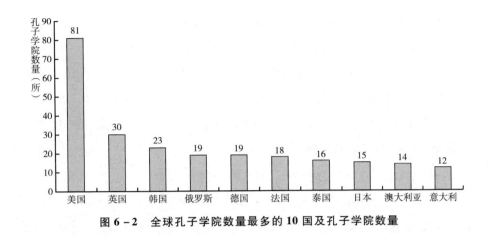

图 6 - 2　全球孔子学院数量最多的 10 国及孔子学院数量

界文化多元化，使中国更好地融入国际社会"。① 经过十几年的发展，孔子学院已经成为中国文化"走出去"的一个重要标志和品牌，成为提升中国文化软实力的重要载体。

（一）孔子学院的目标定位

孔子学院是中国推广汉语和中国文化的教育、交流机构。从性质上看，孔子学院属于中外合作建立的非营利性教育机构，是世界各国民众学习汉语言文化、了解当代中国的重要场所。孔子学院的设立"致力于适应世界各国（地区）人民对汉语学习的需要"，其目标和定位在于"增进世界各国（地区）人民对中国语言文化的了解，加强中国与世界各国教育文化交流合作，发展中国与外国的友好关系，促进世界多元文化发展，构建和谐世界"。② 从孔子学院建设的目标出发，孔子学院的主要任务是开展对外汉语教学和中外教育、文化等方面的交流与合作。因此，孔子学院的主要活动包括"开展汉语教学；培训汉语教师，提供汉语教学资源；开展汉语考试和汉语教师资格认证；提供中国教育、

① 《汉语桥工程简介》，教育部网站，2005 年 7 月 10 日，http：//old. moe. gov. cn//publicfiles/business/htmlfiles/moe/moe_ 1017/200507/10586. html。

② 国家汉办官网 - 孔子学院，http：//www. hanban. org/confuciousinstitutes/node_ 10961. htm。

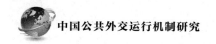
文化等信息咨询；开展中外语言文化交流活动"。① 此外，孔子学院还充分利用自身优势，开展丰富多彩的教学和文化活动。

孔子学院的领导机构是国家对外汉语教学领导小组办公室（简称国家汉办）。改革开放后，为适应中国对外汉语教学的需要，1987 年 7 月经国务院批准成立了国家对外汉语教学领导小组。国家对外汉语教学领导小组负责领导全国对外汉语教学工作，由教育部归口管理，成员由教育部、国务院侨务办公室、国务院新闻办公室、外交部等 8 个部委和北京语言学院的领导组成。1998 年，领导小组成员单位增加了财政部、国家发展计划委员会、对外贸易经济合作部，成为 11 个部委联合领导机构。② 国家汉办是国家对外汉语教学领导小组下设的日常办事机构，挂靠在教育部。在中国文化"走出去"战略的推动下，2002 年，国家汉办开始酝酿在海外设立汉语推广机构。从 2004 年开始，在借鉴歌德学院、法语联盟、塞万提斯学院等推广本民族语言机构办学经验的基础上，国家汉办启动了海外孔子学院项目。国家汉办由此也成为"以教授汉语和传播中国文化"为宗旨的孔子学院的管理机构。2007 年 4 月 9 日，孔子学院总部在北京挂牌成立，与国家汉办合署办公，成为全球孔子学院和孔子课堂的领导和管理机构。孔子学院总部设立理事会，由主席、副主席、常务理事和理事组成。孔子学院总部在理事会领导下管理日常事务，具体职责包括：制订孔子学院建设规划和设置、评估标准；审批设置孔子学院；审批各地孔子学院的年度项目实施方案和预决算；指导、评估孔子学院办学活动，对孔子学院运行进行监督和质量管理；为各地孔子学院提供教学资源支持与服务；选派中方院长和教学人员，培训孔子学院管理人员和教师；每年组织召开孔子学院大会；

---

① 国家汉办官网－孔子学院，http：//www. hanban. org/confuciousinstitutes/node_ 10961. htm。

② 《国家对外汉语教学领导小组简介》，教育部网站，2020 年 5 月 1 日，http：// www. moe. gov. cn/s78/A20/gjs_ left/moe_ 852/tnull_ 8590. html。

制定中方资金资产管理制度。①

依据《孔子学院（课堂）章程》，孔子学院遵循"相互尊重、友好协商、平等互利"的原则，采用中外合作的形式办学。同时，孔子学院在海外开展汉语教学和中外教育、文化等方面的交流与合作，应当遵守当地法律法规，尊重当地文化教育传统与社会习俗，并且不得与中国有关法律相抵触。② 孔子学院的设立，首先由外方自愿提出申请，在中外双方充分协商的基础上签署合作办学协议。一所孔子学院的开设流程大体分为六步：①国外合作方向孔子学院总部提交筹备设立建议方案及相关材料；②孔子学院总部评定合作方的资质与条件；③双方互相进行考察和协商；④双方签署合作协议；⑤成立学院理事会并确定院长、各部门负责人；⑥孔子学院正式挂牌成立。③ 为了更好地推广中国语言文化，在借鉴西方大国语言文化推广经验的基础上，教育部对孔子学院运作机制进行了调整。2020 年 7 月，孔子学院总部更名为教育部中外语言交流合作中心，孔子学院项目由中国国际中文教育基金会全面负责运行。

（二）孔子学院的发展模式

孔子学院在创立之初，《孔子学院（课堂）章程》就对孔子学院的办学模式提出了建议，可以根据各国（地区）特点和需要，采用灵活多样的模式。④ 在实践中，结合孔子学院所在地域文化特征、服务对象的需求以及与中国的经济、外交关系等因素，孔子学院在发展过程中形成了不同的发展模式。这些发展模式大体分为汉语教学型、培养汉学家

① 《孔子学院总部》，中国网，2012 年 7 月 19 日，http：//www. china. com. cn/guoqing/2012－07/19/content_ 25956924. htm。
② 《孔子学院（课堂）章程》，国家汉办官网－孔子学院，http：//www. hanban. org/confuciousin stitutes/node_ 7537. htm。
③ 《孔子学院总部》，中国网，2012 年 7 月 19 日，http：//www. china. com. cn/guoqing/2012－07/19/content_ 25956924. htm。
④ 《孔子学院（课堂）章程》，国家汉办官网－孔子学院，http：//www. hanban. org/confuciou sinstitutes/node_ 7537. htm。

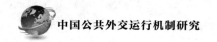

型、汉语教学与职业技能型、特色文化传播型四类。① 当然，汉语教学和文化交流是所有孔子学院的基本工作方式，不同的孔子学院类型主要表现为课程设置和目标定位有所差异、各有侧重。

特色汉语教学型孔子学院以汉语教学为主要目标和任务，旨在满足孔子学院所在地民众"汉语热"需求。这类孔子学院多分布在韩国、日本、泰国等东亚及东南亚国家，如韩国外国语大学孔子学院、日本早稻田大学孔子学院、泰国清迈大学孔子学院等早期成立的孔子学院。这类孔子学院设立的原因主要是随着中国在亚太地区影响力的扩大，周边国家与中国的经济社会联系日益密切，民众与中国往来的机会也不断增多，学习汉语成为一种工作或生活需要。汉语教学型孔子学院的学员大体分为三类：一是大学生和部分社会人士，他们学习汉语的主要目的是掌握一门外语，为获得一份与中国有关的工作或为未来职业晋升增加筹码；二是一部分大学生和中学生为了获得汉语等级证书而学习汉语，目的是到中国留学或继续学习汉语；三是一些对中国和中国文化感兴趣的民众，通过汉语学习更多地了解中国或到中国旅游。

特色文化传播型孔子学院以中国文化的传播为主要目标和任务，通过汉语教学和各种文化交流活动促进孔子学院所在地民众对中国和中国文化的了解与认知。这类孔子学院设置的地域范围较广，主要针对异质文化区域，包括欧洲、美洲、非洲、大洋洲以及亚洲部分地区。对于这些地区的民众而言，中国文化属于一种"外来"文化，在文化的表现形态、认知方式及价值观念等方面与本地文化存在较大差别。语言的隔阂、文化的差异带来的认知歪曲甚至误解与偏见，成为影响当地民众"中国观"的重要因素。因此，在这些国家和地区设立的孔子学院承担着向众多不了解中国的当地民众介绍中国和中国文化的重要任务。此

---

① 张东辉、谷婷婷：《孔子学院发展模式探析——对四所孔子学院的比较研究》，《复旦教育论坛》2015 年第 13 卷第 1 期。

外，一些特色文化传播型的孔子学院，如中医孔子学院、商务孔子学院、武术孔子学院等也成为展示中国特色文化的重要平台。通过孔子学院的汉语教学和文化交流，展示中国语言和中国文化的独特魅力，也有助于增强中国文化的吸引力，提升我国的文化软实力。

汉语教学与职业技能型孔子学院是一种将汉语教育与职业技能培训相结合的"汉语教学＋职业技术"模式。这一发展模式是为了满足孔子学院注册地经济发展需要和当地人才培养的需求而形成的一种发展模式，也是孔子学院创新发展、特色办学的体现。这类孔子学院目前主要设立在与中国经济联系密切但当地经济发展水平相对落后的国家和地区。近年来，一些设立在非洲、南美洲、大洋洲和亚洲部分国家（地区）的孔子学院，为满足当地人才需要，积极创新发展模式，探索出各种"汉语教学＋职业技术"模式，如"汉语教学＋铁路技术""汉语教学＋农业技术""汉语教学＋维修技术""汉语教学＋导游"等。2016 年，泰国孔敬大学孔子学院为满足当地轻轨建设中铁路专业技术人员大幅增长的需求，设立了"中泰高铁汉语培训班"，为当地职业院校开设职业汉语培训。截至 2019 年，"中泰高铁汉语培训班"已经连续举办 4 届，为当地社会培养了一大批本土复合型技术人才。此外，培训班也为很多泰国职业院校的普通学生提供了走出国门的机会，大批优秀学生到中国继续学习汉语和先进的铁路技术，也因此改变了他们的人生轨迹。[①] 近年来，埃塞俄比亚职业教育孔子学院也先后为当地民众开设了机电一体化、车身材料与技术以及重型汽车技术等多样化的职业培训，肯尼亚埃格顿大学孔子学院为当地开设资源环境信息化青年创业培训班和农业技术培训班。近年来，孔子学院已经在全球 40 多个国家开设了"汉语＋"课程，内容涉及高铁、经贸、旅游、法律、海关、航

[①] 《泰国孔敬大学孔子学院举办"中泰高铁汉语培训班"》，人民网国际频道，2019 年 3 月 14 日，http://world.people.com.cn/n1/2019/0314/c1002 - 30976242.html。

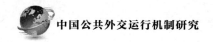

空等数十个领域。① 孔子学院这些量身定制的职业汉语培训课程，将汉语教学与职业技能培训结合起来，满足各国培养语言和技术人才的需要，促进了当地经济社会的发展。

培养汉学家型孔子学院是一类以增强中国文化研究为主的孔子学院，是孔子学院向深度发展的标志。从孔子学院设立之初的目标和定位来看，孔子学院以汉语教学和传统文化展示为主要任务。但从对外文化交流的层次来讲，相对于汉语教学而言，汉语研究和中国文化研究属于更高层次的文化"走出去"。随着国际社会文化竞争的日趋激烈以及我国文化软实力的不断增强，孔子学院应当"承担更高层次的文化推介与研究工作"。② 事实上，孔子学院章程本身就包含了"进行当代中国研究"的内容。不过，培养汉学家型孔子学院的设立有其特有的条件限制，适合在一些有良好的汉语教学基础和研究基础的大学和研究机构设立，是一类主要面向文化精英和学者的孔子学院类型。因此，目前这类孔子学院的数量相对较少，主要设立在欧美一些拥有东亚研究机构或中国研究中心的一流大学里，属于一类"少而精"的孔子学院发展模式，如中国人民大学与芝加哥大学合作建立的芝加哥孔子学院。芝加哥大学的东亚研究中心已有半个多世纪的历史，具备深厚的语言和学术科研基础。因此，芝加哥大学孔子学院具备培养汉学家的语言和科研基础，承载着培养汉学家的历史使命。而美国哥伦比亚大学孔子学院建立之初就定位于从事汉学和中国问题研究，致力于培养汉学和中国问题研究的学者。③ 这类孔子学院的建立，不仅可以解决已有东亚和中国研究

---

① 《"汉语＋"推动各国复合型人才培养，创新驱动助力国际中文教育可持续发展》，国家汉办官网－孔子学院，2020 年 5 月 12 日，http：//www. hanban. org/article/2020－05/12/content_ 807267. htm。

② 周璐铭：《孔子学院十年发展统计、成果分析与战略建议》，《西南交通大学学报》（社会科学版）2015 年第 1 期。

③ 聂学慧：《汉语国际推广背景下中国文化的定位与选择——以美国孔子学院为例》，《河北学刊》2013 年第 4 期。

中心掌握有关中国数据和资料不足、不准确的问题，也有助于推动西方学术界进一步全面了解中国，培养更多致力于中国研究的汉学家，推动中国文化不仅"走出去"而且"走进"世界。

三　孔子学院的公共外交效用

孔子学院作为以教授汉语和传播中华文化为主要任务的文化外交载体，它的迅速发展已经成为中国文化"走出去"的重要标志。孔子学院在推动汉语的国际推广、展示中国优秀文化、提升中国文化软实力等方面扮演了积极的角色，成为推动汉语走向世界，展示文化自信的重要平台。

（一）中国文化走向世界的主要推动者

语言是人类进行交流的工具，也是增进人与人之间相互了解和沟通的渠道。尤其是对于跨文化交流而言，语言既是交流的载体，也是增进彼此理解与认知的重要途径。作为中国文化的重要载体，汉语的国际推广是促使中华文化走向世界的重要渠道，也是中国文化外交的首要任务之一。汉语是一种语言符号与文化寓意高度结合的语言，要想真正了解中国文化，学习汉语是一个必需的步骤。因此，孔子学院的汉语教学不仅是让外国人学会汉语，也是了解中国文化的平台。此外，孔子学院在所在国开展的一系列文化交流活动和文化体验、互动活动，也为世界了解中国文化提供了更多机会。因此，遍及五大洲的孔子学院（课堂）不仅成为推动汉语国际化的重要渠道，也为中国文化走向世界提供了渠道和平台。而结合中国传统文化而建立的"中医孔子学院""戏曲孔子学院""武术孔子学院"，以及与中国现代文化与技术相结合的"汉语教学＋职业技术"型特色孔子学院，让海外民众在学习汉语的同时对中国传统文化和现代文化有了更直接的感受和认同。此外，"商务孔子学院"侧重于通过教授汉语、当代中国文化、经济、法律以增进外国工商界人士对中国的了解，而以出版为特色的英国牛津布鲁克斯大学孔

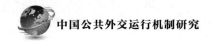

子学院，则有助于中英在书籍出版与研究方面加强合作，促进双方人文交流的深入发展。

（二）中外文化交流的重要平台

孔子学院不仅是推动中国文化走向世界的重要力量，也为中国与世界的沟通架起了文化桥梁，成为展示中国国家形象的重要平台。面对面的文化交流、文化体验和文化互动，是增进海外公众了解中国文化、拉近人际距离的重要渠道。随着孔子学院在全球的扩展，越来越多的中国人、中国文化"走进"他国民众中间，也有越来越多的外国人进入孔子学院学习，参与孔子学院的文化交流、体验活动，成为推动中外文化交流、建立中外人际关系的重要渠道。孔子学院和孔子课堂深入当地社会，以其独特的参与性、互动性和广泛性，为中国与西方民众交往提供了重要平台。① 截至 2018 年底，孔子学院中外专兼职教师达到 4.7 万人，各类面授学员 186 万人，网络注册学员 81 万人，全年举办各类文化活动受众达 1300 万人。② 近年来，中国派出孔子学院志愿者和教师的数量也在不断增加。2019 年下半年孔子学院新选志愿者 2793 人，同时补选上半年赴任志愿者 698 名。③ 2020 年新选志愿者 5522 人，其中优先面向中方合作院校招募孔子学院志愿者 2850 人，面向全国各类学校招募普通项目志愿者 2672 人。④ 同时，遍及全球的孔子学院通过其推广汉语方面卓有成效的工作在国际社会树立了积极正面的中国形象。⑤ 孔子学院是中国用"汉语文化来创建一个更加温暖和更加积极的中国社

① 《孔子学院：向世界的一声问候》，《光明日报》2012 年 1 月 5 日，第 1 版。

② 《2018 年度孔子学院发展报告》，搜狐网，2019 年 12 月 14 日，https：//www. sohu. com/a/316948351_ 100119508。

③ 《2019 年国家汉办招聘 2793 名汉语教师志愿者公告》，国家公务员考试网，2018 年 12 月 25 日，http：//www. chinagwy. org/html/zkgg/sydw/201812/40_ 277582. html。

④ 《关于 2020 年汉语教师志愿者报名的通知》，国家汉办官网 – 孔子学院，2019 年 10 月 11 日，http：//www. hanban. org/news/article/2019 – 10/11/content_ 787573. htm。

⑤ Gil Jeffrey，"The Promotion of Chinese Language Learning and China's Soft Power"，*Asian Social Science*，Vol. 4，No. 10，2008.

会形象"的重要载体。① 孔子学院除了进行汉语教学以外，还通过举办和参与当地社会的各种文化交流，向所在国的普通百姓介绍中国，展示中国人和中国文化形象，有助于增进当地民众对中国的良好印象。中国通过孔子学院展开的"魅力攻势"在全球各地赢得了盟友。②

（三）提升中国文化软实力的重要渠道

随着综合国力的不断增强，中国的迅速崛起得到了国际社会许多国家的认可，但质疑、误读中国的声音也一直不绝于耳。"中国威胁论""中国债务陷阱论"等各种抹黑、歪曲中国的报道经常见诸报端，给中国的和平发展造成了不利的舆论环境。因此，让国际社会理解中国的发展道路，认可和支持中国的和平发展，对于我国实现伟大复兴的中国梦有着重要意义。孔子学院通过语言与文化的传播，将中国"和为贵""和谐共赢"的思想理念传达给外国民众，增进外国民众对中国的正确认知，有助于消除"中国威胁论"的负面影响，增强我国文化的吸引力。西方研究孔子学院的学者也指出孔子学院建设有助于中国应对"中国威胁论"，提升中国软实力。③ 相比较而言，一国软实力在很大程度上源自本国文化的传播程度和吸引力，如果文化通过跨国界传播成为其他国家和国际社会的基本价值或主流文化，孕育这种文化的社会自然就获得了巨大的软实力。④ 孔子学院的语言推广和文化传播功能，成为提升中国软实力的重要载体。同时，孔子学院通过持续地为外国学习者提供各种教育、职业技术培训等服务，使他们切实体会到学习汉语给他们带来的"收益"，增强对中国的好感和向往，将"汉语热"转化为

---

① Howard W. French, "Another Chinese Export Is All the Rage: China's Language", *New York Times*, 11th January 2006.

② 《孔子学院让中国成为"友善的龙"》，新华网，2011 年 12 月 22 日，http://news. xinhuanet. com/overseas/2007 - 12/05/content_ 7207393. htm。

③ Paradise James, "China and International Harmony: The Role of Confucius Institutes in Bolstering Beijing's Soft Power", *Asian Survey*, Vol. 49, No. 4, 2009.

④ 王沪宁：《作为国家实力的文化：软权力》，《复旦学报》（社会科学版）1993 年第 3 期。

"中国热"，提升中国的吸引力和影响力。此外，孔子学院建设还可以产生积极的"经济影响"，尤其是发展中国家的孔子学院建设有助于解决国际贸易中的语言文化障碍，从而"促进中国与这些国家的出口贸易和外商直接投资"。① 从实践来看，外国人学习汉语将直接减少中国人与外国人各种往来的交易成本，从而使得中国在建设和发展方面获得利益。事实上，孔子学院不仅是"教授汉语"的机构，也发挥了"文化交流、为商业贸易提供便利"的功能。②

总之，孔子学院的发展极大地促进了汉语和中国文化在世界范围的传播，加强了中国与其他国家民众之间的文化交流，成为中国文化"走出去"、提升中国文化软实力的重要平台。不过，随着国际文化软实力竞争的加剧，孔子学院在发展中也面临着不断出现的挑战。一些西方学者和媒体以双重标准对待孔子学院，认为孔子学院是由中国政府资助的，必然存在"政治意图"，是一种"文化殖民"。西方学者和媒体对孔子学院的指责多集中在"可能影响学术自由""学术性与政治性模糊不清""意在推广政体模式""汉语教材、教师是由孔子学院统一挑选和控制"等方面。③ 这种带有意识形态色彩的指责，一方面反映了西方学者和媒体是用西方的价值标准——"政府是一种必要的恶"衡量孔子学院的发展，另一方面也反映出评价标准的双重性。事实上，西方大国负责海外语言教学的机构都有本国政府的支持。作为世界上最早设立的海外语言传播机构，法语联盟一直得到法国政府财政与政策的大力支持。而英国文化委员会本身就是准官方的文化推广机构，是一个接受

---

① Lien Donald, Oh Hoon Chang & Selmier W. Travis, "Confucius Institute Effects on China's Trade and FDI：Isn't It Delightful When Folks Afar Study Hanyu?", *International Review of Economics and Finance*, No. 21, 2012；Lien Donald, "Financial Effects of the Confucius Institute on Chinese Language Acquisition：Isn't It Delightful That Friends Come from Afar to Teach You Hanyu?", *North American Journal of Economics & Finance*, Vol. 1, No. 24, 2013.

② Paradise James, "China and International Harmony：The Role of Confucius Institutes in Bolstering Beijing's Soft Power", *Asian Survey*, No. 49, 2009.

③ 安然等：《海内外对孔子学院研究的现状分析》，《学术研究》2014 年第 11 期。

英国外交部领导的"非营利性组织",英国政府每年通过政府直接拨款和政府项目拨款的形式为英国文化委员会注入大笔资金,而且投入的资金额度不断增加。诚然,孔子学院在自身建设及与西方交流方式上的不足也是西方社会对孔子学院建设产生误读和曲解的重要原因。此外,随着孔子学院数量的不断增多,当前孔子学院不仅面临办学质量有待提高、经费保障危机等具体办学问题,也存在孔子学院地区发展不平衡、可持续性遭遇挑战等问题。因此,未来孔子学院在发展的过程中需要进一步加强队伍建设,增强院校在学科和教材开发方面的支撑作用,并借助院企合作的方式吸纳社会资金,缓解经费不足。同时,要因地制宜,不断拓展孔子学院的"汉语教学+"模式,发展特色孔子学院以适应当地经济社会发展和人才培养需求。

小　结

新中国成立 70 多年来,中国的文化公共外交呈现阶段性变化的特点,经历了新中国成立初期到 20 世纪 70 年代的初创时期、改革开放后至 21 世纪初的全面发展时期和党的十八大以来的创新发展时期。从总体上看,这种嬗变是新中国成立以来国内国际形势变化以及我国外交战略应对新变化的结果,反映了我国文化外交理念与实践在发展中由萌芽不断走向成熟的历程。经过 70 多年的实践和探索,中国文化公共外交形成了"引进来"和"走出去"两种路径和运行机制,并建立了比较完善的文化公共外交体系。中国文化公共外交在中国外交战略的统筹下,通过对外文化交流、推广汉语教育、吸引留学生、开展文化教育合作等各种形式,成为推动世界了解中国、向世界说明中国、提升中国文化软实力的重要载体和平台。尤其是进入 21 世纪以来,中国文化公共外交坚持"引进来"与"走出去"并重的发展战略,积极在国际社会展示中国良好的国家形象,提升中国文化的吸引力和影响力。随着

"一带一路"倡议的实施，中国文化公共外交更是发挥了搭建民心相通平台、培育命运共同体意识的积极作用。国之交在于民相亲，民相亲在于心相通，文化公共外交在促进不同国家民众之间的相互理解与信任，争取和赢得民心方面发挥着其他外交形式所难以替代的作用。此外，随着中国文化在国际社会吸引力和影响力的增强，中国文化的"和合"理念、"人类命运共同体"理念也将对国际社会产生"内化"功能，这将是中国对国际社会作出的巨大贡献。

第七章
中国公共外交的未来

　　中国公共外交萌芽于中国共产党领导的革命战争时期的对外宣传工作，形成于新中国成立初期的对外传播和"人民外交"实践，并在实践中逐渐形成了以媒体公共外交、战略沟通公共外交和文化公共外交为代表的中国公共外交形态和运行模式。尽管中国在 21 世纪初才设立了统筹规划和综合协调公共外交工作的专门机构，但公共外交在中国外交战略和实践中从未缺席，是中国全方位外交布局中的重要组成部分。中国公共外交在促进世界了解中国、展示中国国家形象、提升中国软实力等方面发挥了其他外交方式不可替代的作用。进入 21 世纪以来，尤其是党的十八大以来，随着中国的高速发展，中国与世界的关系发生了迅猛的变化，中国从世界的外围逐渐走向世界舞台的中央，世界也开始用新的更加复杂的眼光审视中国。与此同时，在"百年未有之大变局"的时代背景下，中国公共外交的发展也面临着更加复杂的新形势与新问题，面临新的机遇与挑战。中国公共外交不仅担负着推动中国发展"化危为机"、为中国发展赢得更好的发展环境的重要任务，而且担负着拓展全球伙伴关系网、不断扩大我国"朋友圈"的重任。未来，中国公共外交是继续推动"一带一路"民心相通的利器，也是"讲好中国共产党的故事，讲好中国的故事，讲好中国人民的故事，促进中外理解和友谊"的重要载体和平台。

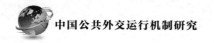

第一节　中国公共外交面临的机遇与挑战

2017 年 12 月，中国国家主席习近平在 2017 年度驻外使节工作会议上指出，从当今时代潮流和国际大势来看，我们面对的是百年未有之大变局。世界正处于大发展大变革大调整时期，世界多极化加速发展，国际力量对比更趋均衡，国际体系、国际格局以及由此引起的国际秩序都在发生重大变化。而随着中国的迅速发展，世界与中国的关系也正在发生着迅猛变化。党的十九届四中全会强调，"当今世界正经历百年未有之大变局，我国正处于实现中华民族伟大复兴关键时期"。因此，在世界的百年未有之大变局和中国进入强起来的"新时代"高度重叠的背景下，中国公共外交处于大有作为的战略机遇期。同时，中国的高速发展在国际上引发了一系列复杂的反应，也对中国公共外交工作提出了更高的要求，中国公共外交面临国内主要矛盾转化、国际不稳定不确定性因素突出的挑战。中国日益增长的经济力、强有力的政治运行能力和有吸引力的文化力为中国公共外交的发展提供了可资利用的资源。但中国国际传播力的不足、中国文化价值观在国际社会的弱势地位以及国际竞争性公共外交使中国公共外交面临挑战。优势与问题并存，新的机遇与挑战共生。

一　中国媒体公共外交面临的机遇与挑战

媒体公共外交是中国公共外交最基本的实践形式，也是传播中国国家形象，增进外国公众对中国了解、理解与认同最有效的途径之一。进入 21 世纪以来，中国媒体公共外交在提升中国信息的输出能力，向世界说明中国方面成效显著。不过，相对而言，我国媒体在国际话语权方面仍然处于弱势地位。同时，在信息技术革命的推动下，中国媒体公共外交的国际传播环境和传播手段都发生了巨大变化，新兴传播媒体的兴起及国际话语权竞争的加剧，既为中国媒体公共外交的发展提供了新的发展机遇，也提出了新的挑战。

（一）世界对中国的关注度日益增大

进入 21 世纪以来，随着中国国家实力的快速增长和在国际社会影响力的不断提升，中国日益成为国际社会关注的焦点。国际社会对中国关注度的提升，一方面为中国向国际社会输出关于中国的信息提供了机遇，另一方面也给国际话语权较弱的中国媒体公共外交主体带来了极大的压力和挑战。

国际社会对中国关注度的提升，为中国媒体公共外交的发展提供了新的机遇。中国在国际社会地位和作用的上升，尤其是中国在 2008 年世界金融危机中的表现以及在全球经济治理中扮演的重要角色，改变了中国与世界的关系，中国与世界正在进入新一轮"战略磨合期"。在这一"战略磨合期"，国际社会需要掌握更多的关于中国的信息以重新认识、评估中国。同时，中国也在探索如何更好地向世界说明中国，增进国际社会对中国的理解与认同。中国与世界关系的变化为中国媒体公共外交增强国际话语权、在国际社会更好地发出中国声音提供了机遇。2009 年，中国出台了《2009～2020 年我国重点媒体国际传播力建设总体规划》（以下简称《规划》），明确提出把我国重点媒体国际传播能力建设纳入国家经济社会发展总体规划。在《规划》指导下，新华社、中国新闻社、人民日报社、中国日报社、中国国际广播电台、中央电视台等中国主流媒体在国际传播能力建设、国际对话和国际合作等方面都取得了显著提升。同时，在北京奥运会、上海世博会、北京世园会等一系列大型国际盛会以及中国两会、中国共产党代表大会等中国重大政治事件的新闻报道中，中国媒体以信息传输的即时性和新闻报道的专业性增强了中国媒体的公信力和影响力，提升了国家话语权。党的十八大以来，以习近平同志为核心的党中央领导集体审时度势，积极思考和探索中国与世界的关系，提出了构建新型国际关系、"一带一路"和"人类命运共同体"等一系列立足于地区和全球的新思想、新理念，得到了国际社会的广泛认同和支持。这些新思想、新理念一方面要求中国媒体公共外交在国际传播中增强主体意识和引领意识，与世界分享中国发展的经验、理念，另一方面也给中国媒体公共外交提供了启示，有助于提升中国媒体公共外交的塑造效应和信任效应。同时，中国政府已经将媒体国际传播力建设纳入国家发展整体规划，为我国媒体公共外交的发展提供了政策支撑和物质保障。

相对于全球范围内关于中国"信息需求"的不断提升，我国媒体公共外交的国际竞争力不足，在国际社会发出的"中国声音"仍然相对较少。再加上西方主流媒体在国际话语权的优势地位，从而导致国际社会关于中国的信息更多是来自"他人"的表达。这种"他人"的表达在一定程度上造成了中国在国际社会形象的变形甚至扭曲。《中国国家形象全球调查报告 2018》① 调研结果显示，海外民众了解中国信息的主要渠道是本国的传统媒体，占比高达 48%，② 这也在一定程度上反映了中国媒体公共外交"走出去"的效果还有很大不足，国际传播力仍然处于相对弱势的地位。此外，《中国国家形象全球调查报告 2018》还指出，尽管"一带一路"倡议提出已经 5 年之久，但除了少数国家的受访者对"一带一路"倡议有较高的认知之外，海外受访者对"一带一路"的整体认知度仍然不高，仅 20% 左右。③ 这在一定程度上也反映出中国媒体公共外交的国际传播力不强，传播的渠道和方式还存在不

---

① 《中国国家形象全球调查报告 2018》是当代中国与世界研究院于 2018 年在全球 22 个国家开展的一次中国国家形象全球调查，目的是全面了解国际社会对中国国家形象尤其是党的十九大以来中国国家形象的认知。此次调查涉及中国整体形象与影响力、政治、外交、经济、文化和科技的国际形象与传播等各个方面，受访者达 1.1 万人，是一次全面了解国际社会对中国国家形象认知的调查。

② 《传播好新时代中国国家形象》，光明网，2019 年 10 月 18 日，http：//theory.gmw.cn/2019 – 10/18/content_ 33245546. htm。

③ 《传播好新时代中国国家形象》，光明网，2019 年 10 月 18 日，http：//theory.gmw.cn/2019 – 10/18/content_ 33245546. htm。

足，国际社会对"一带一路"的了解和认知还比较有限。为满足国际社会对中国信息的需求，中国媒体公共外交仍然需要不断增强国际传播力和综合竞争力，建构中国媒体公共外交有效运行模式，在国际社会发出更多的"中国声音"，提升国际话语权。

（二）数字新媒体的兴起

进入 21 世纪以来，在信息技术革命的推动下，媒体传播的渠道、载体、速度等都在发生巨大的变化。尤其是以数字信息技术和移动通信技术为基础发展起来的网络媒体、移动媒体等各种数字新媒体形态，改变了传统媒体传播单向输出的特征。以数字杂志、数字报纸、数字广播、桌面视窗、数字电视、数字电影、触摸媒体等为表现形态的"第五媒体"逐渐成为信息传播的主要渠道。而"第五媒体"最基本的特征是信息的双向传播、互动传播，"数字媒体时代"的媒体传播突破了传统媒体单向传播的窠臼，成为一种"所有人对所有人的传播"。这些数字新媒体的兴起，为我国媒体公共外交提供了新的渠道和载体，如果能够抓住机遇增强数字媒体建设，将大大提高我国媒体的传播能力，促进国际传媒格局的变革，提升我国媒体的国际话语权。2014 年 8 月 18 日，中央全面深化改革领导小组第四次会议审议通过了《关于推动传统媒体和新兴媒体融合发展的指导意见》（以下简称《意见》）。《意见》强调，要"适应媒体格局深刻变化、提升主流媒体传播力、公信力、影响力"，积极推动传统媒体和新兴媒体在内容、渠道、平台、经营、管理等方面深度融合，着力打造一批形态多样、手段先进、具有竞争力的新型主流媒体，建成几家拥有强大实力和传播力、公信力、影响力的新型媒体集团，形成立体多样、融合发展的现代传播体系。[①]《意见》的出台推动了我国数字媒体的迅速发展，也增强了传统媒体与新媒体融合

---

① 《〈关于推动传统媒体和新兴媒体融合发展的指导意见〉出炉》，中国文明网，2014 年 8 月 21 日，http://www.wenming.cn/syjj/sp_syjj/201408/t20140821_2133098.shtml。

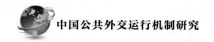

发展的动力,以数字信息技术为基础的新媒体、自媒体、融媒体成为新时代中国媒体公共外交的重要载体,逐渐形成了多层次、多领域、宽覆盖的媒体公共外交格局。同时,西方一些媒体机构在国际金融危机和信息技术革命的冲击下,出现了发展速度放慢甚至运营危机,这也为我国新媒体公共外交的发展提供了机遇。

不过,鉴于当前"西强东弱"的国际舆论格局,尤其是在以英语为主要传播符号的国际信息市场上,我国媒体在全球文化"话语权"领域及世界传媒市场都处于弱势地位。在数字媒体领域,西方媒体一直走在世界前列。早在 1995 年美联社就建立了互联网服务部,通过网络向用户发布新闻。以美联社为代表的美国媒体更是走在世界通讯社的前列,仅美联社一家就拥有全球 800 多家网络用户订户。2006 年,美联社和微软合作进军网络视频新闻,向成员新闻单位免费提供流媒体网络视频新闻服务 (AP Online Video Network),网络受众高达 4500 万人。2006 年,美联社还实施了名为 e – AP (电子美联) 计划的技术改造,推动通讯社在数据采集、数据分析、数据存储、数据发布、数据备份等的全系列数字化过程,从而最终实现数字美联计划。此后,美联社还在 2008 年实施"移动新闻网" (Mobile News Network) 计划,并先后推出了新闻注册 (news registry) 优先发布和互动新闻服务。[①] 美国第二大通讯社合众国际社 (United Press International,UPI) 也是西方四大通讯社之一,拥有世界范围的图片网。此外,美国有线电视新闻网、谷歌新闻、美国之音、特纳广播公司等美国新闻网站也具有全球影响力。中国媒体公共外交在网络媒体领域同样面临激烈的竞争,处于弱势地位。互联网上 80% 以上的网页都是英文网页,中文网页只占 12% 左右,以汉字为传播符号的信息量

---

① 《美联社:世界最大的通讯社》,53BK 多媒体数字报纸,2019 年 10 月 17 日,http://www.53bk.com/news/detail/v12062.html。

也仅占国际信息传播总量的 5% 左右。[①]

（三）国际话语权竞争日益激烈

国际话语权是一国软实力的重要构成要素和重要表征。随着软实力在国际社会作用的上升，国际话语权的竞争也日趋激烈，一国在国际社会的话语能力成为国家软实力竞争力的重要体现。国际话语权不仅是一个国家在世界上"说话"的权力和能力，本质上体现的是一国在国际社会权力结构中的地位和影响力。国际话语权的提升有助于促进一国国家形象的海外塑造、民族文化和价值观念的传播，对于增强该国的吸引力、增进国际理解、引导国际舆论发挥着重要作用。[②] 由于历史、现实的双重原因，长期以来以英语为主的西方话语体系始终占据国际舆论的主导地位，而中国媒体在国际话语权建设方面则受到语言弱势、传播能力不足、传播渠道有限等各种因素的制约。

全球约 80% 的国际新闻来自西方通讯社，50 家西方跨国媒体公司占据了全球 95% 的传媒市场，[③] 而美国媒体在国际舆论格局中更是占据半壁江山。美国联合通讯社（The Associated Press，简称美联社）是目前全球最大的通讯社，不仅是美国报纸的主要消息来源，也同时使用 100 多种外文向世界 100 多个国家发稿。美联社不仅拥有全世界数目最多的分社和记者站，280 个记者站遍布美国本土和欧洲、亚太、拉美、非洲、中东地区，而且拥有数量庞大的海外订户，有 8500 家海外报纸、电台和电视台都是美联社的订户。以美国媒体为代表的国际媒体巨头在国际话语权领域具有强大的影响力，无疑是强大的竞争对手。而由于历史、意识形态及政治、经济利益等因素的影响，我国新闻媒体在国际社

[①] 北京外国语大学公共外交研究中心：《中国公共外交研究报告（2011/2012）》，时事出版社，2012，第 70 页。

[②] 陈正良：《国际话语权对国家软实力影响效用探赜》，《观察与思考》2017 年第 1 期。

[③] 北京外国语大学公共外交研究中心：《中国公共外交研究报告（2011/2012）》，时事出版社，2012，第 70 页。

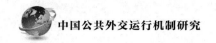

会的影响力还比较弱，西方发达国家和广大第三世界国家的主流媒体都较少使用中国新华社、人民日报社等主流媒体的新闻产品。

中国媒体在国际话语权之争中所处的"有理说不出""说了传不开"的窘境，致使"中国故事"多通过西方媒体表达，从而造成了各种一叶障目、误读甚至扭曲、歪曲的现象。进入 20 世纪 90 年代以来，伴随中国实力增长而在国际社会上出现的一轮又一轮的"中国威胁论"，西方媒体"功不可没"。自己不去表达、没有能力表达或表达能力不足，就只能任由他人表达，片面表达和歪曲表达就难以避免。因此，要在国际社会"讲好中国故事，传播好中国声音"，就必须不断增强中国媒体的国际传播能力，拓展传播渠道，创新传播方式，提升中国在国际社会的话语权。

基于媒体传播在话语体系的传播和话语权争夺中扮演的关键角色，国家主席习近平在不同场合多次强调要推进中国媒体的国际传播能力建设，讲好中国故事，提升国际话语权。当然，提升国际话语权，突破西方话语体系、构建中国特色的国际话语体系，是一项艰巨而复杂的任务，既要打破西方主流社会多年来的思维定式，还要让广受西方话语影响的国外受众听得懂、听得进，并给予认同。[1] 因此，新时代中国媒体公共外交要积极主动发出中国声音，尤其是在重大事件上做到不缺席、善表达，增强用中国话语解释中国实践，讲好中国故事的能力。同时，要讲好中国实践背后的故事，不断增强中国理念、中国价值的吸引力和影响力。而在讲故事的方式上要考虑听众的习惯和需求，用听众听得懂的语言和乐于接受的方式讲好中国故事；要考虑到新闻传播的地域差异和文化差异，在充分调研的基础上，打造适合在当地传播的产品，以最合适的途径，把中国的话语体系推向国外。[2] 此外，在讲中国故事时要

---

① 程曼丽：《新时代对外传播的基本趋势与特征》，《中国社会科学报》2018 年，第 1477 期。
② 刘仲翔：《媒体传播与话语体系建设》，《国家行政学院学报》2017 年第 1 期。

把握尺度，既要自信地讲我们取得的成就，也要从容地讲我们面临的问题与不足，把一个真实、立体、全面的中国展现给世界。只有这样才能让中国故事"传得开""叫得响"。

二　中国战略沟通公共外交面临的机遇与挑战

战略沟通公共外交是中国公共外交在国际社会塑造和展示国家形象的重要方式和渠道。近年来，随着中国文化强国战略的实施，中国战略沟通项目得到了国家政策的大力支持，"文化（交流）年""国家（旅游）年"已经成为中国战略沟通公共外交的重要载体和品牌，成为中国塑造和重塑国际社会尤其是西方世界"中国观"的重要载体。不过，受西方社会对中国认知偏见和定型观念的影响，中国战略沟通公共外交遭遇了国家形象塑造和重塑的困难，以及西方媒体和公众对中国战略沟通公共外交项目"政治性目的"的攻击。此外，中国文化年（国家年）战略沟通项目也出现了战略信息选择困难、实施方式趋同等问题。

（一）中国国家形象塑造（重塑）的机遇与挑战

在国际社会塑造和展示一国良好的国家形象，提升国家声誉和国际威望是战略沟通公共外交的主要目标和功能定位。战略信息或国家形象选择是战略沟通公共外交开展的前提和目标达成的保障。因此，战略沟通首先要选择合适的"形象"，形成关于该形象的核心信息进行集中传递，以达到塑造和展示特定形象的目的。而国家形象是一个综合体，是一国政治、经济、社会、文化、人民等集体形象的综合。因此哪些因素代表了该国形象，如何选择该形象的承载者，是进行有效战略沟通的前提，也是向国际社会传递该国"合适"形象的保障。随着中国实力的增强，中国在维护世界和平、促进世界发展及全球治理等方面发挥着越来越重要的作用，体现了中国的大国责任和担当。国际社会开始以新的眼光看待中国的发展和中国的贡献，这为我国在国际社会塑造和重塑国家形象提供了机遇。近年来，我国开始注重从国际社会软实力竞争和国家发展战略层面关注我国在国际社会国家形象的塑造和重塑。国家主席习近平多次强调要注重塑造我国国家形象，向国际社会展示一个真实、全面、立体的中国，重点展示我国和谐文明、和平发展、负责任的社会主义大国形象。

一国在国际社会的国家形象表现为他国公众对一国的总体印象和综合评价。而这种总体印象和综合评价又主要是通过媒体的新闻和言论报道塑造的。而且受认知因素的影响，关于一国的总体印象和评价一经形成，就具有相对的稳定性和长期性，改变和重新形成新的形象认知具有一定的难度。受中国在国际话语权领域弱势地位的影响，中国在国际社会的形象长期以来都是由西方媒体来表达和阐释的，国际社会上的中国形象实际上是由"他人"塑造和加工的形象。而由于历史、意识形态、文化等多重因素的影响，中国在西方社会一直被视为不同于西方的"他者"。因此，与西方社会有着不同文化、不同社会制度、不同发展道路的中国，也被西方视为洪水猛兽，"担心"中国成为西方文明的挑战者和破坏者的声音也不时响起。西方社会对中国认知的这种思维定式，又被西方媒体有意识地固化，从而严重影响国际社会对中国国家形象的重新认知。在这种认知形势下，当中国将关于中国的新信息传递给国际社会时，短时间内难以改变这种定型观念。此外，随着近年来中国综合国力的不断增长和在国际社会影响力的上升，西方一些国家从冷战思维出发，不断抛出"中国责任论""中国债务陷阱论"等各种"中国威胁论"的变种，严重歪曲了中国作为国际社会负责任建设者的形象，对中国国家形象的塑造造成了严重阻碍。西方大国出于打压和延缓中国和平发展步伐的需要，这些"中国威胁论"的论调将长期伴随中国崛起进程，成为中国公共外交必须长期应对的严峻挑战。因此，中国在国际社会塑造和建构新的形象不仅需要长时间的努力，更需要创新国家形象传播的途径和渠道。

（二）中国战略沟通模式的优势与挑战

通过文化交流展示和传播国家形象，是国际形象传播的重要方式。中国文化年（国家年）是中国战略沟通公共外交的重要载体和方式，是充分整合中国文化资源优势、制度优势和人力资源优势发起和实施的战略沟通项目，成为 21 世纪以来中国国家形象海外传播的重要渠道。中国文化年（国家年）从筹划到实施都是在国家文化部门的协调和指导下进行的，有政策和资源的有力支撑。同时，每个文化年（国家年）项目在承载国家形象的信息、特定受众和时间的选择上都具有战略性和策略性，一般都会选取中外双方关系发展的关键时间点，有针对性地进行文化交流与展示，并注重把中国传统文化与现代文化、中国历史与现代化中国相结合，以特定受众喜闻乐见的形式全面展示中国和中国文化。因此，中国文化年（国家年）在实施的进程中呈现层次高、规模大、影响广的特点，不仅为海外公众接触中国文化提供了渠道和平台，也展示了中国整体国家形象，推动了中国文化软实力的提升。

随着"一带一路"倡议的实施，越来越多的国家加入"一带一路"朋友圈，中国与"一带一路"共建国家相互了解的需求也不断上升，为中国文化"走出去"战略沟通项目的实施提供了新的机遇与挑战。一方面，近年来中国已经在法国、俄罗斯、英国、意大利、德国、拉丁美洲、太平洋岛国等多个国家和地区举办文化（交流）年、国家（旅游）年等大型战略沟通活动，为今后我国战略沟通公共外交的实施提供了经验和运行模式借鉴。另一方面，政府主导型的中国战略沟通公共外交项目也在一些西方媒体的有意"引导"下被打上中国政府"政治宣传"的标签，从而引发海外公众对中国"文化殖民""价值观输出"的"担心"。同时，作为中国战略沟通公共外交主要渠道的中国文化年（国家年）在实施的进程中，也出现了文化交流、展示活动同质化，过于追求活动的规模而在一定程度上忽视受众需求，以及通过文化活动具体展示什么样的国家形象不够明晰等问题，从而影响中国战略沟通公共外交的效用发挥。因此，未来中国战略沟通公共外交不仅需要在国家形象选择上注重传统与现代、历史与现实的结合，在实施主体的选择上也需要吸引更多的非政府行为体和受众国机构与非政府组织的参与。此外，拓展和创新战略沟通公共外交的实施手段与方式，通过制作优秀的中国文化作品和文化产品，将中国国家形象以一种更生动、更形象的方式传播出去，以更好地发挥战略沟通公共外交增进了解与互信、展示形象的功能。

三　中国文化公共外交面临的机遇与挑战

进入 21 世纪以来，随着世界多极化、经济全球化的深入发展，"各种思想文化交流交融交锋更加频繁，文化在综合国力竞争中的地位和作用更加凸显"，[①]　文化软实力成为国际关系中大国竞争的关键因素。文化因素在国际关系中地位的上升及中国提升国家文化软实力的需要为我国文化公共外交提供了发展的机遇与动力。同时，国际社会软实力竞争的加剧、跨文化交流的障碍以及文化外交作为"软"实力的特征也对中国文化公共外交的发展提出了新的要求和挑战。

（一）中国文化公共外交发展的机遇与动力

在经济全球化和信息技术革命的推动下，不同国家民众之间相互交流的时空障碍被逐渐打破，尤其是在互联网的推动下，文化与信息的全球传播与共享成为可能。文化、价值观的吸引力和影响力，成为国际社会中权力之争的重要内容，也是一国软实力的主要来源。为增强本国文化的吸引力和影响力，各国纷纷将文化外交视为提升国家软实力的重要渠道。美国、英国、法国等文化强国纷纷推出本国的文化外交战略，日本将加强"国际文化交流"看作实现"国际合作构想"

---

① 《中共中央关于深化文化体制改革推动社会主义文化大发展大繁荣若干重大问题的决定》，人民网，2011 年 10 月 25 日，http://politics.people.com.cn/GB/101380/16017722.html。

的三大支柱之一，加拿大也将文化外交视为该国外交政策的"第三支柱"。进入 21 世纪以后，随着中国逐渐走近世界舞台的中央，提高国家文化软实力，成为我国的一项重大战略任务。提高国家文化软实力，不仅"关系'两个一百年'奋斗目标和中华民族伟大复兴中国梦的实现"，也是中国成长为世界性大国的标志。而要提高国家的文化软实力，就需要"加大对中国人民、中华民族的优秀文化和光荣历史的正面宣传力度"，积极开展文化外交以"努力展示中华文化独特魅力"。①

同时，随着中国的日益强大并在国际社会发挥着越来越重要的作用，中国与世界的关系发生了巨大变化。一些西方国家从西方历史和"国强必霸"的国际关系"经验"出发，认定中国不可能"和平"崛起，视中国为世界秩序的挑战者，不断抛出各种"中国威胁论"。究其原因，既有西方国家难以接受一个非西方国家崛起的事实而打压中国发展的因素，也有对中国政策、中国文化不了解而导致对中国误读和误解的原因。因此，通过文化交流、文化对话来增进彼此了解，消除误解，增信释疑，从而为中国的和平发展和中国梦的实现创造良好的国际环境，成为中国文化公共外交的重要目标任务。简言之，文化因素在国际社会影响力的上升和国际社会软实力竞争的加剧，为中国文化公共外交的发展提供了国际时代背景和发展机遇；而中国和平发展与实现中国梦的诉求，则为中国文化公共外交提供了国内政策机遇和政策动力。此外，中国绵延五千年的灿烂文化和推动新中国从"站起来""富起来"到"强起来"的现代先进文化为中国文化外交的开展提供了深厚的资源和基础，中国不断增强的文化自信成为中国文化公共外交的重要动力和支撑。

---

① 《习近平谈国家文化软实力：增强做中国人的骨气和底气》，中国共产党新闻网，2015 年 6 月 25 日，http://cpc.people.com.cn/xuexi/n/2015/0625/c385474-27204268.html。

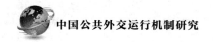
（二）中国文化公共外交面临的挑战与问题

随着中国文化公共外交的开展，文化交流与互动促进了世界对中国的了解，提升了中国的文化软实力。不过，中国文化的"走出去"之路也遇到一些挑战甚至是悖论，文化外交不能必然保证良好国家形象的建构和软实力的提升，文化外交能否转化为软实力还要受到国家间政治关系、经济关系和意识形态等多种因素的影响。例如，大多数外国人对中国文化表现出极大的喜爱，但这种喜爱更多是对中国传统文化的一些表现形态如艺术品、武术、文艺演出等的喜爱，并不代表他们也喜欢中国传统文化中蕴含的哲学观念、人文精神和价值理念。而喜欢中国传统文化、欣赏中华文明的外国人，却不一定喜欢甚至不喜欢中国当代文化。此外，文化软实力也不等于政府软实力，尤其是当一国政府的行为被他国民众视为负面行为时，文化外交所塑造的良好国家形象就难以转化为政府的软实力。① 因此，西方社会赞叹于中国经济的快速发展，却不一定认同中国的发展模式；羡慕中国社会稳定，人民安居乐业，却不一定认同中国的政治制度和中国共产党。因此，要发挥中国文化外交在促进世界尤其是对中国怀有深刻偏见的民众理解中国、认同中国方面的作用，不仅是一项持久性的任务，更需要在文化交往中阐明中国文化一脉相承的发展历程，阐明中国共产党与中国传统文化、马克思主义文化的关系，阐明中国经济发展、社会稳定的制度因素和理念因素。讲好中国故事，不仅要讲好传统中国的故事，还要讲好现代中国和全球中国的故事；不仅要提升文化软实力，也要提升"中国梦""人类命运共同体"等中国政治理念、外交理念的影响力和吸引力。

---

① 北京外国语大学公共外交研究中心：《中国公共外交研究报告（2011/2012）》，时事出版社，2012，第192～193页。

第二节　新时代中国公共外交运行机制建构

中国公共外交是中国整体外交的重要组成部分，与中国所处的时代背景及外交战略相适应，在不同发展阶段承担着不同的外交使命。随着中国特色社会主义进入新时代，中国公共外交也要与时俱进，适应时代发展的需要，为中华民族伟大复兴提供国际民意基础和社会基础，成为新时代中国公共外交的重要目标和任务。新时代中国公共外交必须"超越公共外交"，将传统公共外交与中国民间外交实践相结合，进一步明确新时代中国公共外交的使命和目标任务，在公共外交主体、渠道、路径建设等方面不断创新，构建新时代中国公共外交体系和运行机制。

一　新时代中国公共外交的使命

随着国际社会软实力竞争的加剧，国家形象、国际声誉、价值认同成为一国在国际社会地位与作用的重要载体，是一国软实力和国际影响力的主要体现，也是直接影响一国未来发展的重要因素。尤其是随着一国实力的不断增长，如果其国力增长不能得到国际社会的认可和接受，将会给国家的发展带来严重的制约和挑战。冷战后，随着中国实力的不断增长，国际社会不断出现的"中国威胁论""中国债务陷阱论"，恶化了我国发展的国际舆论环境，给我国的发展造成了巨大的制约与挑战。同时，国家形象、品牌、声誉等软实力还直接影响一国对外贸易、投资和旅游经济的发展。因此，公共外交这一"民心相通"工程关乎国家的外在发展环境、国家安全和内在经济社会发展。随着中国的和平崛起，中国在国际社会发挥的作用也越来越大，但是国际社会对中国的崛起既有欢迎的声音，也不乏质疑甚或"恐惧"。2013 年 12 月，习近平总书记在主持中共中央政治局第十二次集体学习时强调，"提高国家

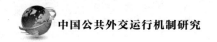
文化软实力关系‘两个一百年’奋斗目标和中华民族伟大复兴中国梦的实现”。① 通过公共外交更好地向世界说明中国的真实情况、争取世界各国对中国梦的理解和支持，成为实现中华民族伟大复兴的基础工程，是构建良好国际关系的铺路石。②

《中国国家形象全球调查报告2018》调研结果显示，中国整体形象保持稳定，受访者预期中国的国际地位和全球影响力会持续增强。不过，调查结果也显示出中国国家形象在传播中存在的一些问题。在国际公众眼中，"历史悠久、充满魅力的东方大国"仍是中国最突出的国家形象，而对于现代中国形象的认知度和认同度还比较低。③ 此外，国外公众对于中国文化的认知仍然聚焦在少数传统文化因素，对于中国传统文化的认知远远高于现代文化。其中，"中餐""中医药""武术"是海外受访者认为最能代表中国文化的元素，55%的海外受访者认为中餐最能代表中国文化，50%的受访者认为是中医药，46%的受访者认为是中国武术。④ 因此，新时代中国公共外交仍然肩负着向世界说明中国、讲好中国故事的使命和任务。党的十八大报告提出，"扎实推进公共外交和人文交流"，维护我国海外合法利益，"夯实国家间关系发展的社会基础"。党的十九大报告又提出，"推进国际传播能力建设，讲好中国故事"，展现"真实、立体、全面"的中国，提高"国家文化软实力""推动构建人类命运共同体"。2017 年 12 月，国家主席习近平在驻外使节工作会议上进一步阐述了新时代中国公共外交的使命和任务，即"讲好中国共产党的故事，讲好中国的故事，讲好中国人民的故事，促

① 《习近平主持政治局集体学习：增强做中国人骨气底气》，中国新闻网，2013 年 12 月 31 日，http：//www.chinanews.com/gn/2013/12 – 31/5685623.shtml。
② 赵启正：《中国进入公共外交新阶段》，中国共产党新闻网，2018 年 4 月 11 日，http：//theory.people.com.cn/n1/2018/0411/c40531 – 29918421.html。
③ 《传播好新时代中国国家形象》，光明网理论频道，2019 年 10 月 18 日，http：//theory.gmw.cn/2019 – 10/18/content_ 33245546.htm。
④ 《传播好新时代中国国家形象》，光明网理论频道，2019 年 10 月 18 日，http：//theory.gmw.cn/2019 – 10/18/content_ 33245546.htm。

进中外理解和友谊",从而为新时代中国的政治经济建设"拓展全球伙伴关系网"、扩大我国的"朋友圈"。① 总之,步入新时代,中国公共外交肩负着向世界传递中国思想信息、传播合作共赢理念、塑造共同认知、推动文明对话的重大使命,中国公共外交大有可为,任重道远。

二　新时代中国公共外交的目标定位

与新时代中国公共外交的使命相适应,中国公共外交的目标定位于向世界说明中国、讲好中国故事、阐明中国价值理念,即通过公共外交活动的开展,促进世界"认识、认可、认同"中国,形成中国与世界的"共识、共鸣、共振",② 从而实现民心相通,为人类命运共同体的构建奠定社会民意基础。

新时代中国公共外交第一层次的目标是"向世界说明中国",向世界展示一个"真实、立体、全面"的中国国家形象,让国际社会认识发展中的(developing)、富有活力的(dynamic)、具有多样性的(diverse)"3D中国"。③ 向世界展示一个客观真实的中国,是增进国际社会对中国认知的最基本的途径,在国际传播中真实的"纪录片"才是最有效的"纪录片"。因此,通过媒体外交、战略沟通和文化交流呈现在海外公众面前的不仅包含中国的发展和繁荣,也要通过镜头展示中国正在奋力走出贫困的人们的生活现状与努力;不仅展示中国高铁的速度和科技成就,也要展示中国人的个体故事和创业者的努力与艰辛。只有将中国普通人的真实生活、中国乡村的真实面貌、中国城市的真实场景等一个个鲜活的真实形象呈现于海外公众视域,才能引起海外公众的

---

① 习近平:《放眼世界,我们面对的是百年未有之大变局》,中国新闻网,2017 年 12 月 29 日,http://www.chinanews.com/gn/2017/12 - 29/8412268.shtml。

② 王义桅:《国之交如何民相亲——新时代中国公共外交之道》,中国人民大学出版社,2020,第 10 ~ 11 页。

③ 王义桅:《国之交如何民相亲——新时代中国公共外交之道》,中国人民大学出版社,2020,第 10 ~ 11 页。

共识和共鸣，才能帮助他们了解一个真实的中国。向世界展示一个立体的中国，不仅要展示中国整体的国家形象、政府形象，也要展示我们的社会、城市、乡村和人民的生活。向世界展示一个全面的中国，就是要求我们在对外传播中不仅要聚焦中国的经济科技、文化教育，也要传递我们的环保事业、医疗保障的成就，还要聚焦中国的共享经济、精准扶贫以及农村变化和城市化等国际社会共同关注的话题，展现中国人民的不懈努力和探索。只有将中国的整体形象与中国政治、外交、经济、文化、科技、民生等各领域的具体形象全面展示在国际公众面前，才能促使国际社会对中国的全面认知，消除片面认知带来的误读与偏见。国家主席习近平多次强调指出，向世界说明中国，就是要注重塑造我国在国际社会的大国形象，重点展示"中国历史底蕴深厚、各民族多元一体、文化多样和谐的文明大国形象"，"政治清明、经济发展、文化繁荣、社会稳定、人民团结、山河秀美的东方大国形象"，"坚持和平发展、促进共同发展、维护国际公平正义、为人类作出贡献的负责任大国形象"，"对外更加开放、更加具有亲和力、充满希望、充满活力的社会主义大国形象"。① 简言之，就是要"向世界展示一个真实的中国，一个推动合作共赢的中国，一个与世界人民友好交往的中国，一个致力于推动构建人类命运共同体的中国"，拉近中国与世界的距离，增加理解、认同与支持，通过"融通中外、增信释疑"，为我国经济社会发展营造有利的国际环境。②

新时代中国公共外交第二层次的目标是"讲好中国故事"，即讲好中国发展的故事、中国共产党的故事、中国人民的故事和中外交流的故事，促进国际社会对中国的理解和友谊，进而"认可"中国的发展成就、发

---

① 《习近平主持政治局集体学习：增强做中国人骨气底气》，中国新闻网，2013 年 12 月 31 日，http：//www. chinanews. com/gn/2013/12–31/5685623. shtml。

② 苏格：《公共外交大有可为，任重道远》，中国网，2019 年 11 月 27 日，http：//www. china. com. cn/opinion/think/2019–11/27/content_ 75453413. htm。

展道路和发展模式。中国改革开放 40 多年的发展，使得中国跃升为世界第二大经济体，并成为经济全球化重要引领者和全球治理的领导者。改革开放 40 多年，中国不仅实现了国内经济的持续稳定增长，也促进了人民生活水平的不断提高和生态文明的不断进步。讲好中国故事，就是要向国际社会讲清楚中国成功故事背后的制度根源与文化基因，尤其是中国国家治理体系与发展模式。① 讲好中国故事，还要讲好中国共产党领导中国人民经过百年的不懈奋斗实现从"站起来""富起来"到"强起来"的伟大实践，让国际社会认识和理解中国共产党执政的合法性源自历史的选择和人民的选择，认同中国共产党的执政能力和执政水平。同时，还要讲好中国人民的故事和中外交流的故事，讲好中国人民历经数千年促进中华文明生生不息的故事，讲好中国人民不畏强权与世界人民一道抗击侵略者的故事，讲好中外友好交往的故事，增进世界对中国文明、中国精神的理解和认同，为中外关系的发展奠定社会民意基础。随着中国发展与国际影响力的不断提升，中国故事越来越引起海外公众的兴趣和关注，《中国国家形象全球调查报告 2018》指出，近年来国际社会对中国的认知由浅表到不断深入，对"中国道路"也由了解转向理解。②

新时代中国公共外交第三层次的目标是"阐释中国价值理念"，通过讲述中国故事背后的价值理念从而实现国际社会"认同"中国的发展理念、和平理念、合作理念、共赢理念及"人类命运共同体"理念，提升中国文化软实力。2013 年 12 月 30 日，习近平总书记在第十八届中共中央政治局第十二次集体学习时指出，当代中国价值观念，就是中国特色社会主义价值观念，代表了中国先进文化的前进方向。因此，提高

---

① 王义桅：《中国公共外交的自信与自觉》，中国社会科学网，2015 年 4 月 29 日，http：//www.cssn.cn/zzx/gjzzx_ zzx/201504/t20150429_ 1659130.shtml? COLLCC = 1760669531＆。
② 《传播好新时代中国国家形象》，光明网，2019 年 10 月 18 日，http：//theory.gmw.cn/2019 - 10/18/content_ 33245546.htm。

国家文化软实力，就要努力传播当代中国价值观念。[1] 随着中国改革开放进程的推进，中国在借鉴世界文明成果的基础上，不断开拓创新，在短短几十年时间里完成了西方一两百年才能走完的路，经济总量跃居全球第二位，对世界经济的贡献率和对世界减贫的贡献率居世界首位。2019 年，中国对世界经济增长贡献率达 30% 左右，成为推动世界经济增长的主要动力源。[2] 同时，中国也是世界上减贫人口最多的国家，是第一个完成联合国千年发展目标减贫目标的发展中国家，对世界减贫贡献率超过 70%。[3] 实践证明，中国的道路、制度、理论是成功的。中国的成功源自中国正确的发展理念、发展道路，彰显了中国智慧与中国精神，也为世界发展提供了一种不同于西方模式的"中国模式"。中国智慧、中国精神以及中国倡导的发展理念、全球治理理念和人类命运共同体理念，既是中国成功故事背后的价值根源，也是人类和平发展的价值诉求。因此，阐释中国价值理念，阐明中国故事背后的价值诉求，把当代中国价值观念贯穿于中国公共外交的方方面面，是促进国际社会认同中国理念，提升中国文化软实力的重要目标，也是新时代中国公共外交新的努力方向。近年来，随着中外人文交流的日渐密切，国际社会对中国的"陌生感""隔阂感"在日渐消除，国际社会在与中国的交流中也开始从"接受信息"转向"接受理念"。[4] 尤其是伴随着"一带一路"建设、共建"人类命运共同体"的不断推进，国际社会对"一带一路"和"人类命运共同体"的认知度不断提升，对中国的"大国担当"更加认同。其中，约 60% 的海外受访者认为"人类命运共同体"理念对

---

[1] 《习近平主持政治局集体学习：增强做中国人骨气底气》，中国新闻网，2013 年 12 月 31 日，http：//www.chinanews.com/gn/2013/12 - 31/5685623.shtml。

[2] 《2019 年中国对世界经济增长贡献率达 30% 左右》，中国新闻网，2020 年 2 月 28 日，http：//www.chinanews.com/cj/2020/02 - 28/9107603.shtml。

[3] 《中国对世界减贫贡献率超过 70%》，新华网，2020 年 10 月 20 日，http：//www.xinhuanet.com/mrdx/2020 - 10/20/c_ 139453751.htm。

[4] 《传播好新时代中国国家形象》，光明网，2019 年 10 月 18 日，http：//theory.gmw.cn/2019 - 10/18/content_ 33245546.htm。

个人、国家、全球治理具有积极意义，发展中国家的受访者对于"一带一路"倡议的积极意义更加认可。① 公共外交的核心就是通过人与人之间的双向或多向沟通增进"民心相通"，在相互了解的基础上，建立信任和友谊，最终构建人类命运共同体。②

三　新时代中国公共外交参与主体的多元化

从公共外交的外交特性出发，公共外交的主体是一国政府。然而从公共外交实践的角度来看，越来越多的非政府行为体成为公共外交活动的重要参与者和国家形象与声誉的重要建构者。21 世纪公共外交的特征之一就是公共外交参与主体的多元化，非政府组织、跨国公司、公民个人等非政府行为体逐渐成为公共外交的重要参与主体。新时代中国公共外交为了实现"向世界说明中国、讲好中国故事、阐明中国价值理念"的目标任务，不断扩大公共外交的参与主体。公共外交参与主体的多元化成为新时代中国公共外交的重要特征和促进中国公共外交效用的保障。

中国公共外交从萌芽之初就呈现出参与主体多元化的特征。革命战争时期，中国共产党在"公共外交"实践中非常注重借助国外媒体记者之手宣传党的政策和主张。新中国成立后，中国公共外交主要通过"民间外交""人民外交"的形式呈现，人民成为新中国公共外交的天然参与主体。此后，随着中国改革开放进程的推进，越来越多的公民个人、社会团体、经济组织参与到日渐增多的中外交流中，成为中国国家形象的重要代表者和表达者。近年来，个人行为体在中国公共外交活动中发挥的作用越来越成为中国公共外交的重要特色之一。从首脑外交、

---

① 《传播好新时代中国国家形象》，光明网，2019 年 10 月 18 日，http：//theory. gmw. cn/2019－10/18/content_ 33245546. htm。

② 王义桅：《国之交如何民相亲——新时代中国公共外交之道》，中国人民大学出版社，2020，第 10～11 页。

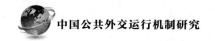

夫人外交、体育外交到中国形象大使、旅游形象大使、奥运形象大使，国家元首、政府首脑、体育明星、商界精英、普通民众都成为展现中国形象，为国家赢得声誉的重要使者。

习近平主席的"首脑外交"已经成为中国公共外交的一道亮丽风景线，尤其是党的十八大以来，习近平主席的出访在世界上刮起了一股"中国风"。习近平主席在出访世界各国的行程中，非常注重运用中国传统文化"讲好中国故事"，传播"中国好声音"，也特别注意用他国民众熟悉的故事打动听众。2013 年 3 月，习近平主席作为中国新一任最高领导人出访俄罗斯、坦桑尼亚、南非和刚果（布）四国。在紧张的行程中，习近平主席广泛与到访国民众接触，并利用公开演讲的机会"讲故事"，不仅讲中国故事，也讲到访国故事和双边交往的感人故事，拉近中国与到访国民众之间的距离。在俄罗斯的演讲中，习近平主席借用俄罗斯谚语"大船必能远航"寄望中俄关系乘风破浪、扬帆远航。在非洲访问期间，习近平主席借用非洲谚语"河有源泉水才深"形容中非友好交往的源远流长。在坦桑尼亚的演讲中，习近平主席用斯瓦希里语问好，还讲述了一对中国年轻人把蜜月旅行目的地选在坦桑尼亚的故事，称"中非人民有着天然的亲近感"。在刚果（布）的演讲中，习近平主席用"中刚友谊小学"的故事和中国华侨冒着生命危险救出 12 名刚果（布）邻居的故事赞扬"两国人民在患难与共和真诚互助中结下了深厚的兄弟情谊"。① 习近平主席的出访成为践行中国公共外交的典范，在访问期间与外国公众进行面对面的交流、在演讲中引用他国谚语阐释两国关系，拉近了中国与他国民众的距离，也展示了富有亲和力的大国首脑形象。而陪伴习近平主席出访的彭丽媛夫人，也以女性特有的亲和力赢得了到访国民众的喜爱，展现了新时代中国女性的

---

① 《习近平主席首访解读：为中国公共外交树典范》，中国新闻网，2013 年 3 月 31 日，http：//www.chinanews.com/gn/2013/03－31/4690988.shtml。

魅力和形象。《华盛顿邮报》在评价彭丽媛的首次"夫人外交"时指出，中国的第一夫人外交"可以帮助中国改变以往粗糙的国际形象，而且也标志着中国为赢得世界注意所做努力的成功"。①

而北京奥运会赛场内外的青年志愿者，纽约时代广场 LED 大屏上自信的中国笑脸，中国体育明星姚明、李娜，物联网巨头马云、马化腾及每一位走出国门的中国学者、留学生、旅游者，都发挥着中国"公共外交大使"的作用，塑造着中国在国际社会真实、鲜活的形象。

四 新时代中国公共外交路径方式的创新

党的十八大以来，中国在继续推进媒体公共外交、战略沟通公共外交和文化公共外交等传统公共外交路径方式的同时，积极利用信息技术革命的成果和"一带一路"建设的成就，创新和拓展公共外交的方式、渠道，大力推进新媒体公共外交、企业公共外交、城市公共外交、智库公共外交等非传统公共外交创新方式，不断完善中国公共外交路径与运行机制。

新媒体公共外交的传播力和影响力不断上升。媒体公共外交是中国公共外交战略的重要组成部分，也是中国公共外交最早的实践形式之一，在我国国家形象的传播中发挥着不可替代的作用。近年来，我国传统媒体与新兴媒体的融合发展迅速，一大批主流传统媒体在原有自办网站的基础上，强化报纸与网站的互动，成立了全媒体中心、新媒体中心等推动融合的机构，实现报纸与网络之间内容、人员、技术共享共用。同时，各大媒体纷纷开通微博、微信、客户端等新兴媒体，不断推出新兴媒体产品，如人民日报客户端、新华社的"新华社发布"客户端，并建成了由总端和数量众多的各地子端构成的客户端集

---

① 《世界热议习近平首次国际亮相 媒体和民众称赞》，中国新闻网，2013 年 3 月 30 日，http://www.chinanews.com/gj/2013/03－30/4690245.shtml。

群，极大地增强了媒体的传播力。此外，各大媒体也开始借助新兴社交媒体积极推动海外新媒体的推广。新华社在开通国内官方微博、官方微信、手机应用的同时，也积极推动新华社社交媒体账号"New China"在 Facebook、Twitter 和 YouTube 等海外社交媒体平台运行。随着新媒体的普及应用，各大媒体的社交媒体在海外的用户数量急剧增长，成为新媒体公共外交对外传播的重要途径。

此外，为增强我国广播电视媒体的整体实力和竞争力，推动多媒体融合发展，加强国际传播能力建设，2018 年 3 月，中共中央印发了《深化党和国家机构改革方案》，整合中央电视台（中国国际电视台）、中央人民广播电台、中国国际广播电台，组建由中央宣传部领导的中央广播电视总台，大外宣融媒体中心传播能力得到极大加强。截至 2018 年底，中国国际电视台（中国环球电视网，CGTN）已开通英、西、法、阿、俄语种和纪录国际 6 个电视频道，2018 年新增海外整频道用户 3300 万户，用户总数达到 2.8 亿，在 162 个国家和地区实现整频道落地。① 同时，CGTN 移动网和"一键触发"的海外推送机制不断完善，中国主流媒体的对外合作传播和本土化传播也不断取得进展，与海外主流媒体合办的精品栏目和特别节目，以及满足当地个性化需求的平台和节目受到海外主流人群和年轻受众的欢迎，中国融媒体传播力和影响力不断提升。

企业公共外交成为新时期中国公共外交体系中的有机组成部分。企业与国家之间是一种相互支撑的关系，在国际化水平日益提升的经济全球化时代，企业和产品成为一国最好的外交名片，代表和体现着一国国家形象。企业在他国塑造自身形象的同时，也在塑造着母国形象。同样，国家的整体形象也会投射到这个国家的企业和国民身上，企业的国

---

① 《2018 年度中央广播电视总台中央电视台媒体社会责任报告》，蓝鲸财经，2019 年 5 月 31 日，https：//news.hexun.com/2019 - 05 - 31/197376438.html。

家属性使得它们在民众眼中会承载着对其所属国家整体形象的一种预期。① 因此，跨国企业成为国家形象的重要载体，也是一国公共外交的重要行为主体。跨国企业间接或者直接参与的公共外交活动，就是"企业公共外交"。② 简言之，企业公共外交就是"一国企业为了改变外国公众观念、塑造自我良好国际形象而开展的信息、知识和价值传播活动"。③ 随着中国"走出去"战略尤其是"一带一路"倡议的实施，越来越多的中国企业走出国门。截至 2019 年 9 月，中国企业对"一带一路"沿线国家投资累计超 1000 亿美元，中国与"一带一路"沿线国家的贸易额占中国对外贸易总额的比重不断上升，达到 30.1%。④ 以跨国公司和外向型企业为代表的各类企业，发挥着"公共外交载体"的功能与作用，成为中国国家形象的重要代表者和塑造者。中国企业在海外的形象不仅关系到企业在海外并购和投资的成败，也关系到中国国家形象的塑造和国家利益的实现。中国在国际社会的良好形象有助于中国企业的海外拓展，公共外交在助力企业国际化、提高企业形象方面发挥着重要作用。

随着中国企业"走出去"规模、层次的增长，中国企业发挥的公共外交载体功能也在不断扩大。以中电建、中交建、中石油、中石化等为代表的中国大型国有企业在参与"一带一路"建设中，主动传递中华文明中的互利共赢、诚信友善观念，增强了"一带一路"沿线国家对中国及中国企业的了解，消除了它们对中国海外投资的疑虑。同时，一些中国企业在海外设立的分支机构和分公司，雇用大量当地民众，既解决了当地就业问题，也在与当地民众全面接触过程中，提升了中国及

---

① 刘君、张胜军：《企业的"公共外交载体"功能》，《公共外交季刊》2016 年春季号。

② 李永辉、周鑫宇：《企业公共外交：宏观战略与微观管理》，《公共外交季刊》2013 年夏季号。

③ 李志永：《企业公共外交怎么做？》，《对外传播》2016 年第 8 期。

④ 《中国企业对"一带一路"沿线国家投资累计超 1000 亿美元》，新华网，2019 年 9 月 29 日，http://www.xinhuanet.com/2019-09/29/c_1125057885.htm。

中国企业在当地的形象。还有一些在当地比较有影响力的企业，通过参与慈善活动、改善当地教育医疗等社会民生问题，扩大了企业在当地的影响力。简言之，作为公共外交新的载体，企业的公共外交功能主要体现在两个方面，一是"对国家关系的直接参与，主要包括游说活动和与自身经营直接相关的政策配合"，二是以自身为纽带，对母国形象的维护和对双边文化交流的支持。[①] 今后，中国企业在"走出去"的进程中需要不断培育和强化企业公共外交意识、塑造产品国家品牌形象、承担企业社会责任和传播体现国家核心价值观的企业文化，以增强企业在塑造和传播国家形象方面的作用。[②]

智库公共外交成为推动"一带一路"民心相通的重要载体。智库以其独立性、专业性和学术性在增进国际学术交流、展示彼此价值观、促进观念沟通等方面发挥着独特的作用。与西方发达国家相比，中国的智库建设相对比较滞后。在《全球智库报告2008》中，中国仅有74家智库列入评估，中国智库数量较少，发挥的作用也比较有限。党的十八大以来，中国智库建设开始增量提质，一大批具有中国特色的新型智库开始在国际舞台上发出中国声音，成为推动中国文化和当代中国价值观念走向世界的重要力量。2014年10月27日，中央深化改革小组第六次会议审议通过了《关于加强中国特色新型智库建设的意见》（以下简称《意见》）。《意见》指出，智库是国家软实力的重要载体，逐渐成为国际竞争力的重要因素。在中国大国之路进程中，中国智库建设跟不上、不适应的问题越来越突出，尤其是缺乏具有较大影响力和国际知名度的高质量智库。因此，《意见》提出，要把中国特色新型智库建设作为一项重大而紧迫的任务切实抓好，充分发挥

① 刘君、张胜军：《企业的"公共外交载体"功能》，《公共外交季刊》2016年春季号。
② 李志永：《企业公共外交的价值、路径与限度——有关中国进一步和平发展的战略思考》，《世界经济与政治》2012年第12期。

中国特色新型智库在公共外交和文化互鉴中的重要作用。[1] 在《意见》的指导下，中国特色新型智库建设及智库联盟都得到了快速发展。察哈尔学会、人大重阳研究院等新型智库以及一系列具有国际影响力的智库论坛如"香山论坛""世界和平论坛""北阁论坛"等，都已经在国际政策界产生了积极影响。2014 年 11 月，首届"金砖国家经济智库论坛"在北京举行，论坛上正式成立了金砖国家经济智库。2015 年 11 月，"一带一路"沿线国家研究智库联盟成立，并发布《"一带一路"沿线国家研究智库联盟倡议书》。2016 年 2 月，50 多个"一带一路"沿线国家的 60 家智库共同组成了"一带一路"国际智库合作联盟。此外，中国智库与国外知名国际智库合作项目也成为扩大中国智库影响力、增进中外交流的重要渠道。如清华—布鲁金斯公共政策中心（由清华大学与布鲁金斯学会共建）、清华—卡内基全球政策中心（由清华大学与卡内基国际和平基金会共建）都是智库交流中比较活跃的合作项目。[2] 《全球智库报告2019》显示，中国有 507 家智库入选，成为全球拥有智库机构数量排名第三位的国家。在"亚洲大国（中国、印度、日本、韩国）智库百强榜单"中，中国有 27 家智库上榜。在全球顶级智库分类排名中，中国也有多家智库入选，中国智库的国际影响力在逐步提升。[3] 中国特色新型智库成为中国文化软实力的重要组成部分，对于增强我国的国际影响力和国际话语权，促进"一带一路"民心相通发挥着重要作用。

小　结

进入新时代以来，中国公共外交在更加复杂多变的百年未有之大变

---

① 《中办国办印发〈意见〉：加强中国特色新型智库建设》，《人民日报》2015 年 1 月 21 日，第 1 版。

② 赵可金：《中国公共外交的创新与发展》，《公共外交季刊》2017 年春季号。

③ 《全球智库报告 2019：中国智库国际影响力逐步提升》，人民网国际频道，2020 年 2 月 1 日，http：//world. people. com. cn/n1/2020/0201/c1002 - 31566499. html。

局中，面临新的机遇与挑战。世界对中国关注度的增加与新媒体的兴起，"更新"了中国传统媒体公共外交的路径与方式，中国媒体公共外交也在国际话语权的竞争中不断提升讲好中国故事的能力。中国战略沟通公共外交在应对信息选择困难、实施方式趋同问题的过程中，不断创新国家形象传播的途径和渠道，效果逐渐显现。中国文化公共外交在提升中国文化软实力和中国理念的影响力方面也发挥着越来越重要的作用。新时代中国公共外交的使命、目标定位更加准确，参与主体、路径方式的多元化也更加凸显，逐步建构起具有中国特色的公共外交体系和运行机制。

结　语

　　本书在分析中国公共外交理念内涵、指导思想的基础上，梳理了中国公共外交兴起与发展的历程，并重点探讨了中国媒体公共外交、战略沟通公共外交和文化公共外交的运行机制与实践，以期为中国公共外交体系的建构和公共外交理论的发展提供实践与经验支撑。当然，中国公共外交在实践路径和运行机制建构上绝不限于媒体外交、战略沟通和文化外交，尤其是随着中国公共外交理论与实践的发展，"大公共外交"的理念与体系正在逐步形成。一方面，随着全球化和信息技术的进一步发展，媒体外交、战略沟通和文化外交的路径和平台进一步拓展，各种自媒体、网络平台不仅为媒体外交提供了新的路径，也为战略沟通和文化外交提供了交流与沟通的载体；另一方面，在"一带一路"建设的推进进程中，各种新型公共外交方式与实践不断出现，其中首脑外交、智库外交、企业公共外交等成为中国公共外交新的实践形式，并发挥着提升中国在国际社会话语权、推进人类命运共同体理念认同的重要作用。尤其是党的十八大以来，新时代中国公共外交在主体建设、渠道拓展以及方式创新等方面都取得了巨大发展，推动了中国公共外交理论与实践的创新发展。从理论上而言，新时代中国公共外交的使命任务与目标定位更加明确，强调向世界说明中国，讲好中国故事，阐释好中国价值理念，为公共外交理论贡献了中国智慧和中国方案。从实践上来看，新时代中国公共外交更加注重公共外交主体建设和新的方式、手段的运用，不断拓展公共外交的参与主体，探索公共外交新渠道、新方法，中国公共外交实践的影响力得到不断提升。党的十九大以来，在中国特色大国外交理念的指导下，与中国特色大国外交战略相适应，中国公共外交正在走出一条具有中国特色的大国公共外交之路。在总结党的十八大以来的中国公共外交经验的基础上，中国公共外交的运行机制得到不断完善，"一带一路"民心相通和人类命运共同体理念的国际传播不断取得新成就，为实现中华民族伟大复兴和人类命运共同体建设服务的能力不断提升，中国特色大国公共外交正在向更高的水平迈进。

参考文献

中文文献

北京外国语大学公共外交研究中心：《中国公共外交研究报告（2011/2012）》，时事出版社，2012。

〔美〕布兰德利·沃麦克：《"软权力"评析》，《吉林大学社会科学学报》2006年第5期。

蔡武：《改革发展繁荣——改革开放30年中国文化发展报告》，文化艺术出版社，2008。

陈卫星主编《国际关系与全球传播》，北京广播学院出版社，2003。

程曼丽：《十年：新闻发言人面对面》，清华大学出版社，2014。

《邓小平文选》第3卷，人民出版社，1993。

〔英〕费尔萨姆：《外交手册》，胡其安译，中国对外翻译出版公司，1984。

冯友兰：《中国哲学史》（上册），中华书局，1984。

〔美〕弗兰克·宁科维奇：《观念外交：美国对外政策与文化关系（1938～1950）》，剑桥大学出版社，1981。

高飞：《公共外交的界定、形成条件及其作用》，《外交评论》2005年第3期。

郭可：《当代对外传播》，复旦大学出版社，2003。

韩方明主编《公共外交概论》，北京大学出版社，2011。

韩召颖：《输出美国：美国新闻署与美国公众外交》，天津人民出版社，2000。

〔美〕汉斯·摩根索：《国家间政治——为权力与和平而斗争》，杨岐鸣等译，商务印书馆，1993。

洪帆、郭振雪：《中国媒体外交：发展、挑战与思考》，《世界经济与政治论坛》2013年第4期。

姜安：《外交谱系与外交逻辑》，中国社会科学出版社，2004。

〔美〕杰里尔·A. 罗赛蒂：《美国对外政策的政治学》，周启朋、傅耀祖等译，世界知识出版社，1997。

〔日〕金子将史、北野充：《公共外交："舆论时代"的外交战略》，《公共外交》翻译组译，外语教学与研究出版社，2009。

李德芳：《全球化时代的公共外交》，中国社会科学出版社，2014。

李华：《国际组织公共外交研究》，时事出版社，2014。

李华锋：《劳工主义而非社会主义：英国工党早期主导思想探析》，《当代世界与社会主义》2019年第1期。

李华锋：《英国工党主流思想的嬗变研究》，中国社会科学出版社，2021。

李华锋、董金柱：《中国特色社会主义进入新时代的重大意义》，《光明日报》2018年8月13日。

李华锋、俞思念：《科学社会主义学科的"三大体系"建设刍议》，《科学社会主义》2020年第4期。

李杰：《软实力建设与中国的和平发展》，《国际问题研究》2007年第1期。

李寿源主编《国际关系与中国外交——大众传播的独特风景线》，北京广播学院出版社，1999。

李正国：《国家形象构建》，中国传媒大学出版社，2006。

李志斐、于海峰：《试论"中国文化年"现象》，《理论界》2007年第2期。

李志永：《企业公共外交的价值、路径与限度——有关中国进一步和平发展的战略思考》，《世界经济与政治》2012年第12期。

李志永：《企业公共外交怎么做？》，《对外传播》2016年第8期。

李智：《试论国际传播在国家树立国际威望中的作用》，《国际论坛》2005年第1期。

李智：《文化外交——一种传播学的解读》，北京大学出版社，2005。

廖宏斌：《公共外交：国际经验与启示》，《当代世界与社会主义》2009年第1期。

刘继南等：《国际传播与国家形象》，北京广播学院出版社，2002。

刘君、张胜军：《企业的"公共外交载体"功能》，《公共外交季刊》2016年春季号。

刘明：《当代中国国家形象定位与传播》，外文出版社，2007。

刘笑盈：《中外新闻传播史》，中国传媒大学出版社，2007。

鲁毅等：《外交学概论》，世界知识出版社，1997。

陆佳怡：《媒体外交：理论与实践》，中国传媒大学出版社，2016。

〔美〕罗伯特·基欧汉、约瑟夫·奈：《权力与相互依赖》，门洪华译，北京大学出版社，2005。

孟晓驷：《文化外交的魅力》，《人民日报》2005年11月11日。

聂学慧：《汉语国际推广背景下中国文化的定位与选择——以美国孔子学院为例》，《河北学刊》2013第4期。

〔美〕欧文·拉兹洛：《多种文化的星球：联合国教科文组织国际专家小组的报告》，戴侃、辛未译，社会科学文献出版社，2001。

庞中英：《公共外交实践研究及其意义》，《山西大同大学学报》

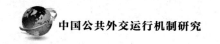

（社会科学版）2013年第1期。

裴坚章：《研究周恩来——外交思想与实践》，世界知识出版社，
1989。

裴坚章主编《毛泽东外交思想研究》，世界知识出版社，1994。

裴默农：《周恩来与新中国外交》，中共中央党校出版社，2002。

曲星：《公共外交的经典含义与中国特色》，《国际问题研究》2010
年第6期。

上海市政府新闻办公室编《大海的激荡，人类的追求——世界百
位名人谈上海世博》，上海译文出版社，2010。

史安斌：《媒体在公共外交中的三重角色》，《公共外交季刊》2011
年冬季号。

孙家正：《面向21世纪的中国文化》，《对外大传播》2001年第
8期。

檀有志：《国际话语权视角下中国公共外交建设方略》，中国社会
科学出版社，2016。

唐世鼎主编《中央电视台的第一与变迁：1958～2003》，东方出版
社，2003。

唐小松：《从世博会看中国防御性公共外交》，《公共外交季刊》
2010年夏季号。

唐小松：《公共外交：信息时代的国家战略工具》，《东南亚研究》
2004年第6期。

唐小松：《论中国公共外交的两条战线》，《现代国际关系》2007
年第8期。

唐小松：《中国公共外交的发展及其体系构建》，《现代国际关系》
2006年第2期。

唐小松、王义桅：《从"进攻"到"防御"——美国公共外交战略
的角色变迁》，《美国研究》2003年第3期。

王冬梅、尹力：《从北京到莫斯科——中俄友谊之旅全记录》，中国国际广播出版社，2006。

王庚年：《新媒体国际传播研究》，中国国际广播出版社，2012。

王红续：《国际战略视野下的中国公共外交》，《国际关系学院学报》2010 年第 6 期。

王红续：《周恩来的公共外交实践与思想》，《公共外交季刊》2011 年秋季号。

王沪宁：《作为国家实力的文化：软实力》，《复旦大学学报》（社会科学版）1993 年第 3 期。

王亚妮：《抗战时期外国记者眼中的中国共产党》，《党史博览》2015 年第 9 期。

王义桅：《公共外交：塑造中国国际形象》，《解放日报》2003 年 9 月 25 日。

王义桅：《三个代表与中国公共外交》，《学习月刊》2003 年第 10 期。

〔美〕威廉·奥尔森等编《国际关系的理论与实践》，王沿等译，中国社会科学出版社，1987。

习近平：《加快推动媒体融合发展 构建全媒体传播格局》，《求是》2019 年第 6 期。

《习近平在联合国教科文组织总部的演讲》，《光明日报》2014 年 3 月 28 日。

新华社新闻研究所编《邓小平论新闻宣传》，新华出版社，1998。

〔美〕亚历山大·温特：《国际政治的社会理论》，秦亚青译，上海人民出版社，2000。

杨洁篪：《努力开拓中国特色公共外交新局面》，《求是》2011 年第 4 期。

于朝晖：《整合公共外交——国家形象建构的战略沟通新视角》，《国际观察》2008 年第 1 期。

余金城：《中国公共外交的内外维度：争论、概念、关系》，《观察与思考》2015 年第 7 期。

俞新天：《构建中国公共外交理论的思考》，《国际问题研究》2010年第 6 期。

〔美〕约瑟夫·奈：《美国霸权的困惑：为什么美国不能独断专行》，郑志国等译，世界知识出版社，2002。

〔美〕约瑟夫·奈：《软力量——世界政坛成功之道》，吴晓辉、钱程译，东方出版社，2005。

〔美〕约瑟夫·奈：《硬权力与软权力》，门洪华译，北京大学出版社，2005。

〔英〕詹姆斯·帕门特：《21 世纪新公共外交：政策和实践的比较研究》，叶皓等译，南开大学出版社，2016。

张健：《美国主流媒体涉华报道分析》，《国际观察》2007 年第1 期。

张立文：《和合与东亚意识——21 世纪东亚和合哲学的价值共享》，华东师范大学出版社，2001。

赵化勇主编《中央电视台发展史（1958～1997）》，中国广播电视出版社，2008。

赵可金：《公共外交的理论与实践》，上海辞书出版社，2007。

赵可金：《媒体外交及其运作机制》，《世界经济与政治》2004 年第 4 期。

赵可金：《中国公共外交的创新与发展》，《公共外交季刊》2017年春季号。

赵可金、陈碧琳：《中国共产党对文化外交的理论探索》，《当代世界与社会主义》2016 年第 1 期。

赵启正主编《公共外交与跨文化交流》，中国人民大学出版社，2011。

赵启正、雷蔚真主编《中国公共外交发展报告（2015）》，社会科学文献出版社，2015。

赵启正主编《公共外交战略》，学习出版社、海南出版社，2014。

赵毅、赵剑：《世界大国（地区）文化外交·中国卷》，世界知识出版社，2014。

《中国大百科全书》（社会学），中国大百科全书出版社，1991。

《中国大百科全书》（哲学卷），中国大百科全书出版社，1987。

中共中央编译局主编《中国共产党第十七次全国代表大会文件汇编》，人民出版社，2007。

中共中央文献研究室主编《十六大以来重要文献选编》（上），中央文献出版社，2005。

中共中央文献研究室主编《十五大以来重要文献选编》（上），人民出版社，2003。

中华人民共和国文化部对外联络局编《中国对外文化交流概览：1949～1991》，光明日报出版社，1993。

周启朋、杨闯等编译《国外外交学》，中国人民公安大学出版社，1990。

英文文献

Allen C. Hansen, *USIA*: *Public Diplomacy in the Computer Age* (Second Edition), New York: Praeger, 1989.

Elizabeth Becker and James Dao, "Bush Will Keep the Wartime Operation Promoting America", *New York Times*, February 20, 2002.

Grabriel A. Almond, *The American People and Foreign Policy*, New York: Frederick A. Praeger Publishers, 1966.

Göran Svensson, "China Going Out" or the "World Going In"? The Shanghai World Expo 2010 in the Swedish Media, *Javnost-The Public*, Vol. 20, Issue 4, 2013.

Hans N. Tuch, *Communicating with the World: US Public Diplomacy Overseas*, New York: St. Martin's Press, 1990.

Ingrid d'Hooghe, *The Expansion of China's Public Diplomacy System*, New York: Palgrave Macmillan, 2011.

Ingrid d'Hooghe, *The Rise of China's Public Diplomacy*, The Hague: Netherlands Institute of International Relations Clingendael, 2007.

Jan Melissen, *The New Public Diplomacy: Soft Power in International Relations*, New York: Palgrave Macmillan, 2005.

Jessica C. E. Gienow-Hecht and Mark C. Donfried, eds., *Searching for a Cultural Diplomacy*, New York and Oxford: Berghan Books, 2010.

Jian Wang, ed., *Shaping China's Global Imagination: Public Diplomacy through Communication*, New York: Palgrave Macmillan, 2010.

Johannes Schmidt, "China's Soft Power Diplomacy in Southeast Asia", *Copenhagen Journal of Asian Studies*, Vol. 26, Issue 1, 2008.

Joshua Kurlantzich, *Charm Offensive: How China's Soft Power is Transforming the World*, Yale University Press, 2007.

Kenneth King, *China's Aid and Soft Power in Africa: The Case of Education and Training*, Rochester, NY: James Currey, 2013.

Kenneth W. Thompson, ed., *Rhetoric and Public Diplomacy: The Stanton Report Revisited*, Lanham, Md: University Press of America, 1987.

Lien Donald, Oh Hoon Chang & Selmier W. Travis, "Confucius Institute Effects on China's Trade and FDI: Isn't It Delightful When Folks Afar Study Hanyu?", *International Review of Economics and Finance*, No. 21, 2012.

Lien Donald, "Financial Effects of the Confucius Institute on Chinese Language Acquisition: Isn't It Delightful That Friends Come From a Far to Teach You Hanyu?", *North American Journal of Economics & Finance*, Vol. 1, No. 24, 2013.

Malek, ed. , *News Media and Foreign Relations*, NJ: Ablex, 1997.

Mark Leonard, *Public Diplomacy*, London: The Foreign Policy Centre, 2002.

Monroe E. Price, Daniel Dayan, eds. , *Owning the Olympics: Narratives of the New China*, Ann Arbor, MI: The University of Michigan Press, 2008.

Nicholas J. Cull, "Public Diplomacy: Taxonomies and Histories", *The Annails of the American Academy of Political and Social Science*, Vol. 616, No. 1, 2008.

Paradise James, "China and International Harmony: The Role of Confucius Institutes in Bolstering Beijing's Soft Power", *Asian Survey*, No. 49, 2009.

Patrick O'Heffeman, *Mass Media Roles in Foreign Policy*, New York: Ablex Publishing House, 1991.

Philip H. Coombs, *The Fourth Dimension of Foreign Policy: Educational and Cultural Affairs*, New York and Evanston: Harper and Row, 1964.

Phyllis Kaniss, ed. , *The Annals of the American Academy of Political and Social Science*, Sage Publications, 2008.

Robert S. Fortner, *Public Diplomacy and International Politics: the Symbolic Constructs of Summits and International Radio News*, Westport, Conn. :Praeger, 1994.

Rumi Aoyama, *Chinese Diplomacy in the Multimedia Age: Public Diplomacy and Civil Diplomacy*, Tokyo: Waseda University, 2004.

Sook Jong Lee and Jan Melissen, ed. , *Public Diplomacy and Soft Power in East Asia*, New York: Palgrave Macmillan, 2011.

Stuart Murray, "Moving Beyond the Ping-Pang Table: Sports Diplomacy in the Modern Diplomatic Environment", *PD Magazine*, Vol. 9, 2013.

Terry Flew, and Falk Hartig, "Confucius Institution and the Network

Communication Approach to Public Diplomacy", *IAFOR Journal of Studies*, Vol. 1, No. 2, 2014.

Tsan-Kuo Chang, and Fen Lin, "From Propaganda to Public Diplomacy: Assessing China's International Practice and Its Image, 1950 – 2009," *Pubic Relation Review*, Vol. 40, No. 3, 2014.

Victor Cha, "The Asian Games and Diplomacy in Asia: Korea-China-Russia", *The International Journal of the History of Sports*, Vol. 30, No. 10, 2013.

Wilson P. Dizard, *Inventing Public Diplomacy: The Story of the U. S. Information Agency*, Boulder, Colo. : Lynne Rienner Publishers, 2004.

Yoel Cohen, *Media Diplomacy: The Foreign Office in the Communication Age*, London: Frank Cass Publishers, 1986.

后　记

从 2009 年博士毕业入职聊城大学，一晃已是十余载。十余年间，虽谈不上笔耕不辍，也陆陆续续发表了几篇公共外交领域的文章，也算是延续了我从博士阶段开始的公共外交研究。本书的成书经历了一个漫长而曲折的过程，写作历经几次中断，也多次遭遇资料查阅的困难和难以下笔的挣扎。断断续续写作的 6 年间，如果没有亲友师长的鼓励和支持，此书可能早已夭折。值此书出版之际，谨向一如既往帮助、鼓励、支持我的师长、同仁、领导、同事、家人表示由衷的感谢！

感恩我的恩师和诸位师长对我的不离不弃。博士毕业后，无论是在工作、生活中还是学术探索中，正是因为有着恩师和诸多师长一如既往的教诲、鼓励和支持，才让我这个学疏才浅之人也能够一直不断进取。我的恩师李爱华教授、刘玉安教授、顾銮斋教授虽已年逾花甲，但仍然不遗余力地帮我审阅书稿架构、提出写作修改意见。刘昌明教授的耳提面命，高继文教授、王学玉教授等诸位师长的谆谆教导，秦正为、李慧明、王发龙等诸位师兄弟的诤言，最是让我感激不尽。

感恩聊城大学政治与公共管理学院和马克思主义学院大家庭给予我的支持和帮助。来到聊城大学的十余年，得到了学院领导和同事们的热情关怀和帮助。黄富峰教授、魏宪朝教授、唐明贵教授、李华锋教授、于学强教授、刘子平教授、张华筠书记、姜爱风老师、李卫红老师、蔡连捷老师以及一起工作的同事们，在工作和生活上都给予我大力的支持和帮助，使我在政治与公共管理学院和马克思主义学院和谐的大家庭里得到不断锻炼和成长。

感恩我的家人对我的鼓励和支持。我的父母、公婆都是面朝黄土背朝天的普普通通的农民，他们的淳朴善良、开明大义和无私的爱给予我不断前进的力量。尤其是我的婆婆，从我儿子上幼儿园就跟着我辗转济南、聊城，十余年的陪伴让我们婆媳胜似母女。然而病魔最终也没能放过这样一个无私、善良、开明、大义的老太太，在跟病魔斗争了四年后，还是在2019年10月最终撒手人寰，没能最后在床前尽孝也成为我心中最大的遗憾。每每想起，心痛到不能自已！悠悠十载，儿子也已从黄口小儿成长为一名大学生，成为我工作的支持者和帮助者。感谢他们对我的理解与支持，愿他们永远健康、幸福、平安！

在本书的写作过程中，我参考、借鉴和引用了诸多国内外专家学者的相关研究成果，部分直接引用了他们的学术观点。在此，我向所有被引用的文章、书籍和资料的作者表示衷心感谢！还要特别感谢社会科学文献出版社的高明秀、于静静老师，她为书稿的修改校正付出了辛勤的劳动，正是有了她的努力才使得本书得以出版。

李德芳

2021 年 7 月 18 日

于江北水城——聊城

图书在版编目（CIP）数据

中国公共外交运行机制研究/李德芳著 . -- 北京：
社会科学文献出版社，2021.10
ISBN 978 - 7 - 5201 - 8933 - 0

Ⅰ.①中…　Ⅱ.①李…　Ⅲ.①外交 - 研究 - 中国
Ⅳ.①D82

中国版本图书馆 CIP 数据核字（2021）第 176612 号

中国公共外交运行机制研究

著　　者 / 李德芳

出 版 人 / 王利民
责任编辑 / 高明秀
责任印制 / 王京美

出　　版 / 社会科学文献出版社 · 国别区域分社 （010）59367078
　　　　　 地址：北京市北三环中路甲 29 号院华龙大厦　邮编：100029
　　　　　 网址：www. ssap. com. cn
发　　行 / 市场营销中心 （010）59367081　59367083
印　　装 / 三河市龙林印务有限公司

规　　格 / 开本：787mm × 1092mm　1/16
　　　　　 印张：19.25　字数：267 千字
版　　次 / 2021 年 10 月第 1 版　2021 年 10 月第 1 次印刷
书　　号 / ISBN 978 - 7 - 5201 - 8933 - 0
定　　价 / 128.00 元